裁判精要与规则适用丛书

保险纠纷
裁判精要与规则适用

人民法院出版社
《法律家》实践教学编委会　编

BAOXIAN JIUFEN
CAIPAN JINGYAO YU GUIZE SHIYONG

人民法院出版社

图书在版编目（CIP）数据

保险纠纷裁判精要与规则适用 / 人民法院出版社，《法律家》实践教学编委会编. -- 北京：人民法院出版社，2025.5. --（裁判精要与规则适用丛书）.
ISBN 978-7-5109-4356-0

Ⅰ. D923.65

中国国家版本馆CIP数据核字第2024QL5975号

保险纠纷裁判精要与规则适用

人民法院出版社、《法律家》实践教学编委会　编

策划编辑	李安尼
责任编辑	刘晓宁
封面设计	尹苗苗　李俊凯
出版发行	人民法院出版社
地　　址	北京市东城区东交民巷27号（100745）
电　　话	（010）67550572（责任编辑）　67550558（发行部查询）
	65223677（读者服务部）
客服QQ	2092078039
网　　址	http://www.courtbook.com.cn
E-mail	courtpress@sohu.com
印　　刷	三河市国英印务有限公司
经　　销	新华书店
开　　本	787毫米×1092毫米　1/16
字　　数	310千字
印　　张	18
版　　次	2025年5月第1版　2025年5月第1次印刷
书　　号	ISBN 978-7-5109-4356-0
定　　价	65.00元

版权所有　侵权必究

裁判精要与规则适用丛书
编辑委员会

总主编： 胡凤滨

成　员： 张　冬　张晓梅　徐　伟　张恩学

　　　　　王元庆　王国忠　张　春　沈春女

　　　　　李丹丹　聂国丰　王海伶　姜　丽

保险纠纷裁判精要与规则适用
编辑委员会

主　编：姜　丽

副主编：董玉凤　黎晓光　李　滨　陈　亮　关　冰
　　　　　张　岩　孙洪山　刘思明

成　员：王海伶　陈洪友　邵艳梅　房树仁　郭英杰
　　　　　陈诗萱　孙靖婷　那春立　曹营珠　宋卓琳
　　　　　李唯正　张亚娟　张劲松　孟东喆　魏俊斌
　　　　　杨　枫　张宪琳　陈新元　王如意　陈　曦
　　　　　杨文达　钱　诚

前 言

最高人民法院一向重视案例在司法审判中的作用，二十世纪五六十年代开始，就有通过编选案例来总结审判工作经验、指导审判工作的习惯。自1985年起，最高人民法院编辑的《最高人民法院公报》定期公开出版发行，并在《最高人民法院公报》中发布典型案例，登载该案例的裁判摘要或裁判要点。2010年最高人民法院发布《关于案例指导工作的规定》，建立了在司法审判中"类案参照适用"的规则与制度。同时，最高人民法院规定了作为"类案"标准的"指导性案例"的来源、甄选、审查、发布的规则。到目前为止，最高人民法院已经发布一定数量的指导性案例。这些案例对统一法律适用、提高审判质量、维护司法公正起到了相当大的作用。

但与此同时应当看到，最高人民法院对推出指导性案例较为慎重，而司法实践中对指导性案例的需求量又很大，现有指导性案例尚不能完全满足司法实践中对指导性案例的需求。因此，就需要有其他具有一定权威性和规范性的典型案例在司法审判工作中类比参考适用。

基于上述情况，为满足司法实践需求，人民法院出版社与《法律家》实践教学编委会共同推出了《裁判精要与规则适用丛书》。本丛书从最近几年最高人民法院公布或者最高人民法院相关职能部门编发的案例中精选部分对我国司法审判工作有一定指导与示范作用的典型案例，提炼出体现认定事实和适用法律裁量标准范式的"裁判要旨"，在法理上深入论述，并着重指出比照适用的要点。

本丛书为开放式丛书，本次编纂拟推出4册，分别为《建设工程施工合同纠纷裁判精要与规则适用》《公司纠纷裁判精要与规则适用》《保险纠纷裁判精要与规则适用》《贪污贿赂罪裁判精要与规则适用》。每一分册在体例上均包含案例信息、基本案情、判决主文、裁判要旨、重点提示五个部分。

本丛书具有以下显著特色：

1. 案例权威，内容丰富。本丛书选取的案例主要来自最高人民法院指导性案例、最高人民法院公报案例、最高人民法院发布的典型案例、《人民司法》

选登案例、《人民法院案例选》选编案例等，并依托案例大数据资源，对审判实践中较常见的争议点进行归纳总结，抓住案件认定事实和适用法律的关键点，并对审判实践中适用案例时要注意的问题，作了重点提示。

2.实用方便，指导实践。该丛书对选取的案例进行逐个梳理，通过对案例基本案情、判决主文、裁判要旨的提炼，法律修订前后的对比，编辑出契合司法实践中常见问题的裁判规则，对解决类似问题具有一定的参考作用。

本册为《保险纠纷裁判精要与规则适用》，依据《保险法》及其司法解释等进行编写，并包含最新典型案例，以期为读者提供丰富的法律适用借鉴。

最后，要着重强调，正是由于本丛书所选取案例的裁判法官们具有深厚的学术造诣、严谨的执法态度以及在司法实践中积极探索的精神，才使本丛书中的案例能够成为司法实践中具有指导参考作用的案例，成为中国法学理论界、法律实务界和社会各界学习、研究、适用法律的重要参考，在此特表示感谢。

人民法院出版社
《法律家》实践教学编委会
二〇二五年四月二十三日

目 录

第一章 保险纠纷裁判的基本原则

一、最大诚信原则 ·· 1
  保险欺诈的情况下，被保险人能否要求撤销与保险公司达成的
  销案协议 ·· 1

二、保险利益原则 ·· 4
  人身保险合同中保险利益原则的探究 ·· 4

三、损失补偿原则 ·· 6
  保险不可获利原则的适用 ··· 6

四、近因原则 ··· 9
  1. 保险合同纠纷中举证责任的承担 ··· 9
  2. 静止车辆发生交通事故保险公司赔偿责任的认定 ························· 12
  3. 近因原则在保险领域中的适用 ·· 15

第二章 保险合同的订立

一、保险合同的订立方式 ·· 18
  1. 保险公司工作人员在网上代投保人激活保险的认定 ····················· 18
  2. 保险合同的成立是否必须签发保险单 ··· 21

二、电子保单的成立与生效 ··· 24
  1. 电子保险合同的效力认定 ··· 24
  2. 卡式保险的生效与转让效力认定 ··· 26

第三章 保险合同的主体与内容

一、保险合同的当事人 ··· 29

1. 保险经纪人的认定……………………………………………29
　　2. 自助保险卡转让后的持卡人是否享有保险权利…………32
  二、保险合同的权利义务…………………………………………34
　　1. 交强险保险人能否因投保人的欺诈行为行使合同撤销权……34
　　2. 带病投保超过两年时保险公司的赔偿责任………………36
　　3. 被保险人因交通肇事犯罪赔付精神抚慰金后能否向保险人索赔……38
  三、保险合同的内容………………………………………………41
　　1. 保险合同中的疾病释义条款是否属于免责条款…………41
　　2. 保险合同中最终合意形成的真实意思表示的认定………43
　　3. 免责条款中未列明的鉴定费用应否由保险人承担………45
　　4. 保险合同格式条款效力的认定……………………………47
　　5. 按事故责任比例赔付的隐性免责条款的效力认定………50
　　6. 事故责任免赔率条款是否属于保险免责条款……………52
　　7. 高保低赔条款是否属于免责条款…………………………55
  四、保险价值与保险金额…………………………………………57
  （一）保险价值与保险金额的适用………………………………57
　　1. 享受国家补贴的保险标的的保险金额认定………………57
　　2. 保险标的物范围的具体认定………………………………59
　　3. 新车购置价作为保险金额时能否也作为保险价值………62
  （二）定值保险与不定值保险……………………………………65
　　1. 不定值保险中，保单与合同约定的新车购置价不同时如何认定……65
　　2. 财产保险合同中未约定保险价值时保险赔偿金额的认定……68
  （三）足额保险、不足额保险与超额保险………………………71
　　1. 机动车商业保险中超额保险的认定及责任承担…………71
　　2. 保险标的物的残值归属……………………………………74

第四章　保险格式条款的司法规制

  一、保险人的提示说明义务………………………………………77
  （一）禁止性规定条款的提示义务………………………………77
　　1. 无证驾驶电瓶车发生交通事故时保险公司应否免赔……77

  2. 驾驶人记满十二分时发生交通事故保险人能否免责…………81
 （二）保险人的明确说明义务……………………………………83
  1. 保险合同免责条款生效的法律要件……………………………83
  2. 保险合同中免责条款的适用……………………………………86
  3. 保险人明确说明义务的履行……………………………………88
  4. 第三者责任险中家庭成员免责条款的效力认定………………91
  5. 保险人向投保人代理人履行提示说明义务的效力能否及于投保人…93
  6. "停运损失不予赔偿"条款的效力认定…………………………96
  7. 机动车辆损失险中的比例赔付条款是否属于免责条款………99
 二、保险格式条款的解释规则………………………………………101
  1. 工程质量潜在缺陷保险的投保人能否任意行使合同解除权…101
  2. 保险合同格式条款的争议与解释………………………………104
  3. 无证驾驶超标两轮电动车时保险人的保险责任………………106
  4. 应否运用限缩解释规则对三责险免责条款进行解释…………109
  5. 不利解释原则在保险领域的适用………………………………111
  6. 发动机进水免责条款的适用……………………………………114

第五章　投保人的义务

 一、如实告知义务……………………………………………………117
  1. 保险合同解除中不可抗辩条款的适用…………………………117
  2. 驾驶员"顶包"致事故原因无法查明的保险责任认定………119
  3. 投保人履行如实告知义务的前提………………………………122
  4. 如实告知制度下投保人和保险人信息搜集义务的分配………125
  5. "两年不可抗辩"条款的理解与适用…………………………128
  6. 保险合同成立后保险人合同解除权的行使……………………131
  7. 投保人未履行如实告知义务时不可抗辩条款的适用…………134
 二、通知义务…………………………………………………………136
 （一）危险增加的通知义务………………………………………136
  1. 保险标的危险程度增加的认定…………………………………136
  2. 共享出行发生交通事故时的保险理赔责任认定………………139

（二）出险以后的及时通知义务……………………………………142
　　发生交通事故后驾驶员未报警的保险责任认定………………142

第六章　保险人的理赔义务

　1. 重复保险的认定及理赔…………………………………………145
　2. 家用车辆存在网约车与顺风车业务交叉情形时的理赔责任认定……148
　3. 保险人能否因被保险人放弃保险利益而拒赔……………………151
　4. 机动车车主放弃车损赔偿请求权能否构成保险免赔事由………154
　5. 投保人在宽展期内逾期未更换驾照的保险理赔责任认定………157
　6. 特种车辆在专项作业中发生事故能否在交强险内获赔…………160
　7. 刑事和解协议对保险人理赔责任的影响…………………………163
　8. 对非医保用药条款理解存在歧义时保险人理赔责任的认定……166
　9. 非营运车辆替代性交通费损失的认定与赔付……………………169
　10. 被保险人在车外被本车伤害时能否在商业三责险范围内获赔……171
　11. "准驾不符"的免责条款能否当然免除保险人的理赔责任……174
　12. 保险人已向被保险人理赔完毕可否免除对受害人的赔偿义务……176
　13. 同一车辆购买两份交强险的理赔责任认定……………………178

第七章　保险代位求偿权

一、代位求偿权的适用范围……………………………………………181
　1. 保险人代位求偿时应否扣除已获取的再保险赔偿………………181
　2. 保险代位求偿权的基础是否限于侵权产生的赔偿请求权………184
二、代位求偿权行使对象的限制………………………………………187
　1. 代位求偿权的行使条件…………………………………………187
　2. 获得重复赔偿的被保险人应否返还保险金……………………190
　3. 保险代位求偿权的行使对象……………………………………193
三、代位求偿权的其他法律问题………………………………………196
　1. 侵权人未实际执行生效判决时被保险人可否要求保险人赔偿……196
　2. 有效仲裁协议能否约束保险代位求偿权人……………………199
　3. 免费停车致车辆受损时保险人能否向车位所有人主张代位求偿权……202

第八章 人身保险合同

一、人身保险合同概述
1. 保险公司对外卖"众包骑手"的保险事故能否免赔……205
2. 人身保险合同中复效期间的法律性质认定……208
3. 人身保险新型产品中保险人的信息披露义务……210

二、意外伤害保险合同
学校为免除己方责任与家长签订的补偿协议能否免除保险赔偿责任……213

三、健康保险合同
投保老年人健康保险是否履行如实告知义务的认定……218

四、人寿保险合同
保险人单方改变保费缴纳方式致投保人未及时缴费时保单的效力……220

第九章 财产保险合同

一、财产损失保险合同

（一）企业财产保险合同
财产保险合同中意外事故的认定……223

（二）运输保险合同
共同保险中出单方违法对外赔付后对共保人的赔偿责任……227

（三）机动车辆保险合同
1. 增驾实习期内驾驶牵引挂车发生事故时保险赔偿责任的认定……230
2. 联合收割机应否投保机动车交通事故强制保险……233
3. 从事顺风车是否改变了车辆的使用性质……236
4. 责任保险的被保险人给第三者造成损害的保险赔付问题……239
5. 价格鉴证意见能否独立认定保险车辆损失……241
6. 主、挂车相撞后，主车驾驶人是否属于商业三责险的赔付对象……244
7. 保险人应否对驾驶人的好意施惠行为承担赔偿责任……247
8. 因暴雨造成机动车发动机损坏的保险理赔问题……249
9. 随车指导的教练是否为本车保险事故的第三者……251
10. 驾驶证过期且未换领期间发生事故的保险人应否理赔……254
11. 车辆因被盗起火造成的损失是否属于盗抢险赔偿范围……257

二、责任保险合同 259
　1. 上门静脉输液致死是否属于医疗责任险免赔情形 259
　2. 雇主责任纠纷中的原告主体资格认定 262
　3. 关于责任保险的适用问题 264

附录　保险纠纷相关法律规定 268

第一章 保险纠纷裁判的基本原则

一、最大诚信原则

保险欺诈的情况下,被保险人能否要求撤销与保险公司达成的销案协议

【案例】刘×前诉××财产保险股份有限公司江苏分公司保险合同纠纷案

案例信息

案例来源:《最高人民法院公报》2013年第8期(总第202期)
审判法院:江苏省宿迁市中级人民法院
判决日期:2011年11月2日

基本案情

2009年12月,刘×前在××财产保险股份有限公司江苏分公司(以下简称财产保险公司)为其车辆投保了机动车商业保险和机动车交通事故责任强制保险,保险期间均为2009年12月至2010年12月。2010年4月,刘×前驾驶上述车辆发生交通事故,致路上线路、绿化带、路边房屋及一辆小型客车受损。后经交警部门认定,刘×前驾驶车辆所载货物超高造成此次事故,应负全部责任。在交警部门主持下,刘×前赔偿了绿化带损失、广播电视站线路损失、电信局线路损失、车损、房屋损失共计51 215元,刘×前现已实际赔付了上述费用。刘×前向财产保险公司理赔过程中,财产保险公司认为上述车辆未在财产保险公司处投保货险且车辆所载货物超高,上述事故并非保险赔偿的范围。后财产保险公司又与刘×前以电话形式就涉案事故达成销案协议。

另查明,刘×前投保的商业险条款约定:"……第七条下列损失和费用,

保险人不负责赔偿：（一）被保险机动车发生意外事故，致使第三者停业、停驶、停电、停水、停气、停产、通讯或者网络中断，数据丢失、电压变化等造成的损失以及其他各种间接损失……（六）被保险人或驾驶人的故意行为造成的损失……第九条保险人依据本保险合同约定计算赔款的基础上，保险单载明的责任限额内按下列免赔率免赔：负全部事故责任的免赔率为20%、违反安全装载规定的，增加免赔率10%……"

刘×前以其是在财产保险公司的误导下才与财产保险公司达成销案协议为由，提起诉讼，请求判令撤销该销案协议。

财产保险公司辩称：刘×前已经口头放弃理赔，并与我公司达成销案协议。刘×前上述投保车辆发生事故的原因系超高超载，且没有经过我公司定损，根据双方订立的机动车第三者责任保险条款第7条第1款和第6款，该事故不属于保险赔偿的范围。

一审判决后，财产保险公司不服，提起上诉。

刘×前辩称：一审判决认定事实清楚，适用法律正确，请求维持原判。

判决主文

一审法院判决：撤销原告刘×前与被告财产保险公司就涉案保险事故达成的销案协议。

二审法院判决：驳回上诉，维持原判。

裁判要旨

保险公司利用被保险人的知识盲区，在明知保险事故属于保险赔偿范围内的情况下，隐瞒被保险人能够获得保险赔偿的真实情况，诱导被保险人放弃保险赔偿并与其签订销案协议。保险公司的该行为已经构成保险合同欺诈，被保险人有权向人民法院申请撤销上述协议。

重点提示

当今社会中，保险诈骗的方式与手段层出不穷，不仅包括投保人、被保险人对保险人进行欺诈，同时也包括保险人对投保人、被保险人的欺诈行为。司法实践中，认定投保人能否要求撤销与保险公司达成的销案协议的问题时，应当注意以下三点：（1）保险纠纷中违背诚信原则的体现。保险赔付的机制使投保人或被保险人交付较少保险费即可在发生保险事故后获得较大金额的保险赔偿。故投保人、保险人为了骗取保险金或保险人为了不赔付，双方违背诚信原则均可构成保险合同欺诈。在保险纠纷中违背诚信原则主要体现以下几点：一是对于投保人或被保险人，为骗保并获取不正当利益故意不告知保险公司有关保险合同的重要信息；在保险事故发生后未告知保险公司事故的发生；向保险公司提供虚假的信息进行虚假理赔、重复理赔等。二是对于保险公司或其公司人员，在销售保险产品时故意夸大事实诱导投保人签订保险合同购买保险产品；在发生保险事故后的保险合同履行过程中，保险公司违背合同约定拒不履行合同义务；阻碍投保人向其履行如实告知义务等。此外还存在保险公司与投保人或被保险人双方恶意串通骗保的行为。（2）保险公司诱导投保人或被保险人放弃保险赔偿并与其签订销案协议的行为构成保险合同欺诈。行为人基于欺诈的故意，故意陈述错误事实或故意隐瞒真实情况诱导对方，对方因其诱导作出错误判断并作出不真实的意思表示就构成欺诈。在保险事故发生后，保险公司作为专业理赔机构应当依据其专业知识在判定保险事故属于保险合同赔偿范围时应当告知投保人或被保险人并进行理赔。若其知道或应当知道保险事故属于赔偿范围，却故意未告知投保人或被保险人可以获取保险金的真实情况，同时诱导投保人或被保险人与其签订销案协议的，应认定投保人或被保险人因保险公司的欺诈行为作出了错误的意思表示，保险公司的行为因违背诚信原则而构成保险合同欺诈。（3）投保人或被保险人有权向人民法院撤销保险公司诱导其签订的销案协议。《民法典》第149条规定："第三人实施欺诈行为，使一方在违背真实意思的情况下实施的民事法律行为，对方知道或者应当知道该欺诈行为的，受欺诈方有权请求人民法院或者仲裁机构予以撤销。"由此可知，基于重大误解、欺诈、胁迫或另一方处于危困状态违反真实意思表示签订的合同属于可撤销的合同。那么保险公司以欺诈的手段诱导投保人或被保险人签订的销案协议即属于可撤销的合同。投保人或被保险人向人民法院请求撤销该销案协议的，人民法院应当予以支持。

二、保险利益原则

人身保险合同中保险利益原则的探究

【案例】卢×平诉中国××财产保险股份有限公司重庆分公司保险合同纠纷案

案例信息

案例来源：最高人民法院中国应用法学研究所《人民法院案例选》2022年第6辑（总第172辑）

审判法院：重庆市第一中级人民法院

判决日期：2020年1月10日

案　　号：（2019）渝01民终10676号

基本案情

2017年1月，贵州××建设集团有限责任公司（以下简称建设集团）向中国××财产保险股份有限公司重庆分公司（以下简称财产保险公司）为位于重庆南川××乡的重庆南×高速公路总包部×××标段工程（以下简称涉案工程）的建筑施工人员投保建筑施工人员团体保险，其中《意外伤害保险条款》保险责任意外伤害，每人保额80万元；《意外医疗保险条款》保险责任意外医疗，每人保额8万元；保险期间自2017年1月至2021年7月。2018年3月，卢×平在涉案工程中用行车吊运钢筋时，被掉落的钢筋砸伤右手，后被送至南川区人民医院检查治疗，经诊断为右手拇指近节指骨开放性粉碎性骨折、右手拇指远节指骨粉碎性骨折，于同年4月出院，共花费医疗费19 498.20元。同年7月，重庆市南川区人力资源和社会保障局作出《认定工伤决定书》，载明：上述伤害属于工伤。同年12月，卢×平向重庆市南川区劳动人事争议仲裁委员会就其工伤保险待遇申请仲裁。2019年1月，该委作出《仲裁裁决书》，载明：2018年3月，卢×平在建设集团所建工程中受伤并送医治疗。卢×平由朋友介绍到建设集团工作，建设集团并未给其缴纳工伤保险；裁决建设集团向卢×平支付一次性伤残补助金、一次性医疗补助金、一次性伤残就业补助金、停工留薪期工资、护理费、住院伙食补助费、鉴定费、交通费等共计

162 032 元。同年 5 月，重庆市南川司法鉴定作出鉴定意见，卢×平右手拇指之损伤属 9 级伤残。

卢×平以其向财产保险公司申请保险理赔未果为由，提起诉讼。

一审判决后，财产保险公司不服，提起上诉。

卢×平辩称：一审判决认定事实清楚，适用法律正确，请求驳回上诉，维持原判。

判决主文

一审法院判决：财产保险公司支付卢×平意外伤残保险金 16 万元及意外医疗保险金 11 338.18 元。

二审法院判决：驳回上诉，维持原判。

裁判要旨

保险利益原则是保险合同生效的效力要件。在人身保险合同纠纷中，投保人对被保险人具有保险利益时，保险合同才具有法律效力。建设工程领域涉及人身保险合同的，当保险人对被保险人身份存在质疑并认为被保险人与投保人之间不存在劳动关系而拒绝承担保险赔偿责任时，人民法院应当从宽适用保险利益原则，对劳动关系进行广义理解。

重点提示

保险利益是指投保人或者被保险人对保险标的具有的法律上承认的利益。在保险法的发展中，保险利益占据着举足轻重的位置。人身保险利益的适用问题包括对人身保险利益性质的界定、主体的适用、时间适用等几个方面。司法实践中，人身保险利益的适用问题包括对人身保险利益性质的界定、主体的适用、时间适用等几个方面，在司法实践中，对投保人或被保险人是否具有保险利益的问题进行认定时，应当注意以下三点：（1）保险利益原则是人身保险合同生效的前提条件。为了防止道德风险的出现，平衡保险市场的秩序，保障投保人与被保险人的合法权益，我国设立了保险利益原则。保险利益原则在各类保险合同中均适用，保险利益原则是保险合同的生效要件。即对于财产保险，在投保人或被保险人与保险人签订财产保险合同时，应当确保投保人或被保险人对保险标的必须具有保险利益，否则财产保险合同无效；对于人身保险，投保人为被保险人与保险人签订人身保险合同时，应当确保投保人对被保险人必须具有保险利益，人身保险合同才具有法律效力。因此，保险利益原则构成人身保险合同的效力要件。（2）保险利益原则的认定。保险利益必须合法并经法律承认，且不得违反相关法律规定。其属于确定的、能够依据金钱进行衡量的经济上的利益。无法确定的、无法用金钱衡量的非经济利益不属于保险利益。保险利益原则适用于包括人身保险合同、财产保险合同在内的全部保险合同。对于人身保险合同，在投保时投保人对被保险人的保险利益就已经存在。而对于财产保险合同，只有当保险事故发生时，投保人或被保险人对保险标的的保险利益才存在。（3）提供劳务的流动性较大的施工人员也属于被保险人。一般来说，在建设工程领域中人身保险的被保险人应当是与建筑施工单位依法签订劳动合同，并在施工现场从事劳务的管理人员和施工人员。但在实务中，为了提高工作效率、降低公司成本并减轻责任，经常会出现将工程转包分包给包工头的现象，再由包工头招聘农民工进行施工。故农民工与承接工程的施工单位之间并不能够直接建立劳动关系。因此，当保险人认为农民工不具被保险人身份并认为农民工与建筑施工单位之间不存在劳动关系而拒绝履行保险赔偿责任时，人民法院应当从宽适用保险利益原则，广义地理解劳动关系，将在项目工程中提供劳务但具有流动性的农民工等施工人员认定为被保险人。

三、损失补偿原则

保险不可获利原则的适用

【案例】林×阳诉太平财产保险有限公司威海××支公司财产保险合同纠纷案

案例信息

案例来源：最高人民法院中国应用法学研究所《人民法院案例选》2020年第5辑（总第147辑）

审判法院：山东省威海市中级人民法院

判决日期：2019年12月28日

案　　号：（2019）鲁10民终2920号

基本案情

2018年9月，林×阳为其小型客车向太平财产保险有限公司威海××支公司（以下简称太平财险威海公司）投保机动车损失保险，保险期间为2018年9月至2019年9月，保险金额为40 569元。2019年1月，林×阳在驾驶其被保车辆时与马×驾驶的小型面包车相撞，造成双方车辆受损，小型面包车驾驶人马×和同乘人受伤，经交警部门认定，林×阳负全责。后威海××汽车维修有限公司（以下简称汽修公司）对林×阳的车辆进行维修。经林×阳委托，汽修公司在拆检时太平财险威海公司在场，其工作人员对受损的汽车配件进行了检查和拍照且并未对车辆受损范围提出异议。后汽修公司购买配件对维修汽车时，未再次通知太平财险威海公司对配件进行检验并未对修复完的车辆进行复查。车辆维修期间，林×阳委托威海××价格评估有限公司（以下简称评估公司）对车辆维修费用进行评估，之后评估公司出具评估认定车辆维修费用为12 560元。

林×阳以其与太平财险威海公司就理赔金额未达成一致为由，提起诉讼。诉讼期间，太平财险威海公司向人民法院申请对车辆维修费用进行重新鉴定，经人民法院委托的鉴定评估公司鉴定涉案车辆修复费用为11 135元。后林×阳将诉讼请求中的车辆维修费变更为11 135元。

一审判决后，林×阳不服，提起上诉。

判决主文

一审法院判决：被告太平财险威海公司赔偿原告林×阳车辆维修费6000元、施救费400元，共计6400元，驳回原告林×阳其他诉讼请求。

二审法院判决：驳回上诉，维持原判。

裁判要旨

为了保护被保险人并充分弥补其遭受的损失，我国设立了保险不可获利原则，其是保险法领域十分重要的原则之一。基于该原则，在保险事故发生并造成被保险人损失时，保险人赔偿被保险人的保险金额应当恰好弥补被保险人遭受的实际损失，禁止被保险人通过投保获取额外利益，进而保障保险人和其他广大被保险人的合法权益。

重点提示

保险作为一种风险转移手段，投保人与保险人签订保险合同并交付保险费用后，在保险期间发生保险事故的，保险人应当向被保险人支付保险赔偿金，以此充分弥补被保险人的财产损失。司法实践中，认定保险不可获利原则的适用问题时，应当注意以下两点：（1）保险不可获利原则的认定。保险不可获利原则，是指在财产保险合同中，发生保险事故并造成被保险人损失时，保险人赔付被保险人的保险金额不得超过被保险人实际遭受的损失。具体来说包括以下几点：一是被保险人要想获得赔偿必须保障其受损具有实际保险利益，并能以金钱进行赔偿。二是只要能够完全弥补被保险人的实际损失，那么保险人可以自行选择对被保险人进行赔付的方式。三是保险人在赔偿时应当综合比较被保险人损失、保险金额和保险利益，最终将被保险人获赔的保险金额限定在实际损失的范围之内。该原则是保险法的重要原则之一，旨在防范被保险人因保险获得额外利益、引发道德风险的同时，也有助于保障保险理赔市场的稳定发展。（2）由于保险公司原因造成被保险人获得超过其实际损失的利润的，保险公司及其直接负责人均应受到一定行政处罚。根据《保险法》第116条、第161条、第171条有关保险公司给予被保险人实际损失以外的利润的相关规定可知，保险公司从事保险业务活动时向投保人、被保险人、受益人支付保险合同约定以外的保险费回扣或者其他利益的，保险监督管理机构可责令保险公司改正并处以一定罚款；情节严重的，限制其业务、吊销其业务许可证。对于直接负责人，也应当对其处以一定罚款；情节严重的，撤销其职业资格，以此保障保险理赔行业的健康运转。

四、近因原则

1. 保险合同纠纷中举证责任的承担

【案例】吴×帮、倪×凤等诉××养老保险股份有限公司等人身保险合同纠纷案

案例信息

案例来源：最高人民法院中国应用法学研究所《人民法院案例选》2022年第10辑（总第176辑）

审判法院：上海市静安区人民法院

判决日期：2021年3月8日

案　　号：（2020）沪0106民初40529号

基本案情

2020年4月，上海××网络通信工程有限公司（以下简称网络公司）在××养老保险股份有限公司（以下简称养老保险公司）、××养老保险股份有限公司上海分公司（以下简称养老保险公司分公司）为吴×贵在内的10名员工投保团体意外伤害保险与意外伤害团体医疗保险等，保险金额均为500 000元，保险期间为2020年4月至2021年4月。2020年6月，吴×贵被先后送往上海市××区大场医院（以下简称大场医院）、××市同济医院（以下简称同济医院）进行抢救，两院均出具了病危通知书。后吴×贵家属办理自动出院手续，两院救治过程产生医疗费共计28 230.60元。嗣后，吴×贵在转送至建湖县××人民医院（以下简称建湖县医院）途中死亡。同月，建湖县医院防保科出具死亡证明载明，吴×贵于120救护车转院途中（未到医院）突然死亡，死亡原因为脑损伤。次日，建湖县公安局上冈派出所加盖公章。

另查明，《平安团体意外伤害保险（2013版）条款》第4条第1款规定：被保险人因遭受意外事故，并自事故发生之日起180日内因该事故身故的，本公司按其意外伤害保险金额给付意外身故保险金，对该被保险人的保险责任终止。第22条释义："意外事故：指外来的、突发的、非本意的、非疾病的使身体受到伤害的客观事件。"保险单特别约定第2条：意外伤害保险仅承担意

外身故责任及猝死责任,猝死是指非意外的,突然发生的急性症状,且直接、完全因此急性症状突然发作后的 48 小时内不幸身故,且直接致死原因无法确定的。

吴×帮、倪×凤、吴×明向养老保险公司与养老保险分公司申请理赔。2020 年 8 月,养老保险公司与养老保险分公司以保险事故不属于保险责任范围为由拒绝理赔。

吴×帮、倪×凤、吴×明以养老保险公司与养老保险分公司拒绝理赔为由,提起诉讼,请求判令养老保险公司与养老保险分公司支付吴×帮、倪×凤、吴×明身故保险金 500 000 元、医疗责任保险金 28 230.60 元。

养老保险公司与养老保险分公司共同辩称:两公司对吴×帮、倪×凤、吴×明的诉讼请求存在异议。吴×贵死因系高血压病导致的脑干出血,并非意外事故,不属于保险赔偿范围。

判决主文

一审法院判决:对原告吴×帮、倪×凤、吴×明的诉讼请求不予支持。

裁判要旨

保险合同关系本质上也是一种民事法律关系,故民事诉讼中的举证责任分配原则在保险合同纠纷中同样适用。在保险公司以被保险人的损失不属于保险责任范畴而拒绝履行赔偿责任时,投保人、被保险人或受益人应当对保险事故发生的性质、原因及损失程度等承担初步的举证证明义务。投保人等未完成初步举证证明义务的,无法适用近因原则确认保险责任,并承担举证不能的不利后果。

重点提示

举证责任又称证明责任,是指民事诉讼主体依据法定职权或举证负担对其提出的主张提供证据并予以证明的责任。因保险合同本质上也属于民事法律关系,故民事诉讼中的举证责任分配原则同样适用于保险合同纠纷。司法实践中,认定保险合同纠纷中举证责任的承担问题时,应当注意以下三点:(1)近因原则是确认保险责任的基本原则。保险责任是在保险事故发生后,保险人依据保险合同的约定向被保险人或受益人赔偿或给付保险金的合同责任。而根据《保险法》第 2 条规定："本法所称保险，是指投保人根据合同约定，向保险人支付保险费，保险人对于合同约定的可能发生的事故因其发生所造成的财产损失承担赔偿保险金责任，或者当被保险人死亡、伤残、疾病或者达到合同约定的年龄、期限等条件时承担给付保险金责任的商业保险行为。"由此可知，当导致保险事故发生的原因包含在投保人与保险人签订的保险合同约定范围内时，保险人才会向被保险人进行理赔，即产生保险责任。其中，与保险合同中约定的赔偿事项原因一致的，最直接有效、能够起到赔偿决定性作用的原因就是近因。其能够判断事故与保险标的受损之间的因果关系，系能够确定保险赔偿责任的一项基本原则。（2）民事诉讼中举证责任的分配。根据《民事诉讼法》第 67 条第 1 款"当事人对自己提出的主张，有责任提供证据"，以及《最高人民法院关于适用〈中华人民共和国民事诉讼法〉的解释》第 91 条规定的人民法院确定举证证明责任的承担应当依照的原则可知，举证责任分配具有法定性。一般来说，我国民事诉讼举证责任分配采取"谁主张，谁举证"的原则，即由主张法律关系存在、变更、消灭或权益受损的当事人提供证据，对其主张的法律关系事实承担证明责任。同时也存在一些例外情况，我国针对一些特殊领域，规定了举证责任倒置的例外规则。（3）保险合同纠纷中的举证责任分配。保险法律关系与民事法律关系本质上是相同的，因此，在无特殊情况时民事诉讼中的举证责任在保险纠纷诉讼中同样适用。同时，《保险法》第 22 条第 1 款规定："保险事故发生后，按照保险合同请求保险人赔偿或者给付保险金时，投保人、被保险人或者受益人应当向保险人提供其所能提供的与确认保险事故的性质、原因、损失程度等有关的证明和资料。"由此可知，保险事故发生后，投保人、被保险人或者受益人应当对保险事故发生的性质、原因及损失程度等具有初步的举证证明义务。上述人员提供了能够充分证明保险事故属于保险责任范畴的证明材料时，就应当视为已经完成了举证责任。在投保人、被保险人、受益人完成初步举证证明责任后，若保险人拒绝理赔，此时应当转为由保险人承担举证证明责任。即投保人等完成初步举证证明义务系保险人在拒绝理赔情况下承担举证证明责任的前提。此外，若投保人等未完成初步举证证明义务，导致无法适用近因原则确认保险责任的，其应当承担举证不能的不利后果。

2. 静止车辆发生交通事故保险公司赔偿责任的认定

【案例】谢×珍诉周×平、温州××公交有限公司等机动车交通事故责任纠纷案

案例信息

案例来源：最高人民法院《人民司法·案例》2016年第11期（总第742期）
审判法院：浙江省温州市中级人民法院
判决日期：2016年1月11日
案　　号：（2015）浙温民终字第3314号

基本案情

2015年3月，周×平驾驶大型普通客车在路上行驶时，与谢×珍驾驶的三轮车发生碰撞，三轮车受碰撞后撞上了曹×瑞停放在人行道的小轿车，造成谢×珍受伤，三轮车以及隔离栏受损的交通事故。经交警认定，周×平承担事故全部责任，谢×珍、曹×瑞不承担事故责任。后经有关机构鉴定，谢×珍构成十级伤残，误工期120日，护理期60日，营养期60日。

另查明，周×平系温州××公交有限公司（以下简称公交公司）雇员，事发时在履行职务。××人寿财产保险股份有限公司温州鹿城区支公司（以下简称人寿鹿城公司）承保有责大型普通客车交强险，××太平洋财产保险股份有限公司温州分公司（以下简称太平洋温州公司）承保无责轿车交强险。

谢×珍以交通事故造成其人身及财产损失为由，提起诉讼，请求判令周×平、公交公司、人寿鹿城公司、太平洋温州公司赔偿其医疗费、住院伙食补助费、营养费、护理费、误工费、交通费、残疾赔偿金、精神损害抚慰金、鉴定费以及车辆损失费等共计120 825.5元。

人寿鹿城公司、太平洋温州公司辩称：首先，医疗费、住院伙食补助费存在重复计算情况，应减去。其次，谢×珍提供的三轮车发票时间有误，且车辆无定损，缺乏赔偿依据。

公交公司辩称：误工费、护理费标准过高，应按照每天80元计算，且交通费及精神损害抚慰金过高。另外，谢×珍提供的三轮车发票时间有误，且车辆无定损，应不予赔偿。

一审判决后，人寿鹿城公司不服，提起上诉称：首先，根据相关法律规定，无过错机动车方保险公司，应在机动车强制保险无责任死亡伤残限额及无责任医疗费用限额范围内承担赔偿责任。其次，被扶养人生活情况应由公安机关等人口信息管理部门出具证明，村委会证明不具备相应的效力，故本公司不应承担被扶养人生活费的赔偿责任。综上，请求依法改判本公司在97 539.35元范围内承担赔偿责任。

太平洋温州公司及公交公司辩称：事故为谢×珍驾驶的三轮车遭受碰撞后再行碰撞小轿车所导致，而碰撞发生时该小轿车处于静止停放状态，不应属于交强险保险范围，所以本方不应承担交强险无责任限额的赔偿责任。

谢×珍辩称：法律法规并未否定村委会对于被扶养人生活情况的证明效力，并且本人在一审庭审中已说明未加盖派出所公章的原因。

判决主文

一审法院判决：被告人寿鹿城公司赔付原告谢×珍赔偿款108 501.46元；被告公交公司赔偿鉴定费1960元；驳回原告谢×珍的其他诉讼请求。

二审法院判决：驳回上诉，维持原判。

裁判要旨

在认定交通事故时，应当着重判断交通事故发生时车辆的状态。若此时车辆处于静止停放状态，那么该车辆并不会导致事故损害结果，同样也不符合保险赔偿认定的近因原则。此外，处于静止停放状态的车辆不满足交通事故构成要件中车辆应当投入到运行中的特点。而交强险的赔付虽不以责任为前提，但需要有因果关系的存在，静止停放的车辆与交通事故损害缺乏因果关系，故静止车辆的保险公司无须承担交强险无责任赔偿限额内的赔偿责任。

重点提示

交强险无责任限额，是指在被保险人对车辆交通事故的发生不应承担责任时，保险公司对事故机动车车上以及被保险人以外的人身、财产受损人员的赔偿限额。司法实践中，认定静止车辆被撞保险公司是否需在交强险无责任赔偿限额内承担赔偿责任的问题时，应当注意以下三点：（1）处于静止停放状态的车辆不构成交通事故。构成交通事故要求处于运行状态下的机动车因其运行造成他人受损,同时行为人也具有过错。机动车在运行中表示其已经作为交通运输工具投入运行中,并可能会对周围环境中的人身、财产权益造成危害。机动车的运行不仅包括机动车处于运动状态的各种情形,亦包括机动车虽未运动但仍处于道路交通中的各种情形。而静止停放的机动车并不具有处于运行中的特点,且较长时间静止停放在不影响交通位置的车辆不属于投入运行中,即不会被认为其与非机动车发生的事故属于道路交通事故,也就不应由交强险进行理赔。(2)保险公司在交强险无责任赔偿限额范围内承担赔偿责任的条件。交通事故发生后,被保车辆被认定为无责时,交强险会在无责任限额内对受害第三人受到的损害进行赔付。一般来说,保险公司在以下几个条件下会在交强险无责任赔偿限额范围内承担赔偿责任:一是要求符合近因原则。我国保险法中并未对近因原则作出明确的规定,但在实务中大多都以该原则界定事故是否属于保险理赔范畴。近因原则的适用要求保险人承担赔偿责任的范围应限于以承保风险为近因造成的损失。即若近因属于保险责任范围内,保险人则应当承担保险责任。二是要求被保车辆发生了交通事故并应当由交强险进行赔偿。三是要求系被保险人驾驶被保车辆在使用过程中发生的道路交通事故。四是要求交强险赔偿责任对象是第三者受害人。五是要求道路交通事故损失并非受害人故意造成的。根据《机动车交通事故责任强制保险条例》的规定,被保险机动车在交通事故中无责任时,保险公司也应承担赔偿责任,但无责任并不意味无条件,交通事故责任作为一种侵权责任,因果关系仍是这种侵权责任的必备要件,亦是赔偿应当考虑的一个基本因素,即交强险无责赔偿是以损害结果与无责车辆存在一定因果关系为前提。(3)对于静止车辆被撞保险公司在交强险无责限额内不承担责任。根据前述有关保险公司在交强险无责任赔偿限额范围内承担赔偿责任的条件可知:首先,事故车辆与静止车辆的碰撞属于引起损失的间接的、不起决定作用的因素,不符合近因原则。其次,静止停放在路边的车辆并未处于运行之中,并不符合交通事故的构成要件,也就不符合交强险赔偿的构成要件。最后,交强险的赔付需要有因果关系的存在。静止停放的车辆与交通事故损害的发生并无因果关系,不符合侵权责任的构成要件,即不应承担侵权责任。综上,保险公司对于静止停放的车辆不应承担交强险无责赔偿责任,而应由承保事故车辆的保险公司承担给付保险金的责任。

3. 近因原则在保险领域中的适用

【案例】重庆××汽车运输有限公司诉××财产保险有限公司重庆分公司财产保险合同纠纷案

案例信息

案例来源：最高人民法院《人民司法·案例》2015年第22期（总第729期）

审判法院：重庆市渝中区人民法院

判决日期：2013年12月23日

案　　号：（2013）中区民初字第07078号

基本案情

2011年3月，重庆××汽车运输有限公司（以下简称运输公司）为其车辆向与××财产保险有限公司重庆分公司（以下简称保险公司重庆分公司）投保了商业第三者责任险等保险并签订了保险合同，保险期间为1年。该合同约定，在保险期间内，保险车辆在合法使用过程中发生意外事故，致使第三方遭受人身伤亡或财产损失，由保险人承担经济赔偿责任；同时还约定因车载货物掉落、泄漏、腐蚀造成的任何损失和费用，保险人免责。同年10月，运输公司驾驶员汪某驾驶上述车辆，在行驶途中因操作不当致使车辆侧翻，车载货物洒落至侧面房屋，造成该车以及房屋墙体、屋外停放的摩托车等物部分受损。后经交警大队认定，汪某负全责。事故发生后，保险公司重庆分公司以各种理由拒不到事发现场进行定损，并以赔偿金额过高为由，要求对损失评估，运输公司对损失进行评估后，保险公司重庆分公司又以事故不在理赔范围内拒赔。

运输公司以保险公司重庆分公司未按保险合同约定履行赔偿责任为由，提起诉讼，请求判令保险公司重庆分公司根据其投保的保险，在商业第三者责任险范围内赔偿其向受损方支付的赔偿金和评估费。

保险公司重庆分公司辩称：运输公司驾驶员驾驶被保险车辆因洒落货物导致的三方物损不属于商业第三者责任险的赔偿范围，依据保险合同约定，车载货物掉落、泄露、腐蚀造成的任何损失和费用，保险人不负责赔偿，本案事故符合免责条款的约定，且经投保人签字生效，其对免责条款亦尽到了明确说明义务，故不应承担赔偿责任。

判决主文

一审法院判决：被告保险公司重庆分公司赔偿原告运输公司商业第三者责任保险保险金 32 340.8 元，并支付运输公司房屋损失评估费 3500 元；驳回原告运输公司其他诉讼请求。

裁判要旨

依据近因原则，只有在导致保险事故发生的近因属于保险责任范围内时，保险人才承担相应的保险责任。在保险领域，近因原则的适用能够直接关系到保险人对于保险责任的承担以及被保险人对于保险金的取得。

重点提示

近因原则如何适用在实务操作上具有一定的难度。应当综合分析近因原则在保险领域的适用情况，从而确定保险公司的保险责任。司法实践中，认定近因原则在保险领域中适用的问题时，应当注意以下两点：（1）保险法中近因原则的认定。近因原则，是指通过判断事故的发生与保险标的受损之间是否具有因果关系，从而判断保险公司保险赔偿责任的一项基本原则。其中，近因会直接造成保险标的受损，这是造成损害发生的最直接有效的原因。在保险法领域，近因原则要求标的物损失的发生必须与保险公司和投保人之间签订的保险合同中约定的保险事故之间存在因果关系，即只有当导致保险事故发生的近因属于保险合同约定的保险责任范围内时，保险人才会承担相应的保险责任。（2）适用近因原则的情形。依据原因的数量以及时间的不同，近因原则的适用可以包括单个原因发生造成损失、多种原因连续发生造成损失、多种原因间断发生造成损失以及多种原因同时发生造成损失四种情形。一是单个原因造成损失的情形。因原因单一，故不易出现争议，仅需认定该原因是否属于能够使保险标的损失的决定性因素，是否属于意外伤害。二是多种原因连续发生造成损失的情形。在此情形下，若前因的产生使后因得以连续或后因系前因自然延长的结果，那么前因就是近因。若前因系保险合同中约定的保险责任范围，保险人就应当承担相应的保险责任。三是多种原因连续发生造成损失的情形。在此情形下，虽也有前因后因，但"两因"之间并无因果关系，前因的产生不会使后因连续，后因也不会因前因自然延长而生成。若后因打断了前因与保险标的损失的因果关系，前因就会变为远因。若后因未打断前因与保险标的损失的因果关系，那么前因仍为近因。此时，前因属于保险合同约定保险责任范围，保险人则应当承担保险责任。四是多种原因同时发生造成损失的情形。在此情形下，存在没有前后因果关系的多种原因，近因应当是造成保险标的损失的直接的、决定性的原因。此时，应当分情况讨论保险人是否应当承担保险责任。第一种是当同时造成保险标的受损的原因都属于保险合同约定的保险责任范围时，保险公司应承担全部保险赔偿责任。第二种是当同时造成保险标的受损的原因都不属于保险责任范围时，保险公司不承担任何保险赔偿责任。第三种是当同时造成保险标的受损的原因的一部分属于保险责任范围时，保险公司仅需负责该部分的保险赔偿责任。

第二章 保险合同的订立

一、保险合同的订立方式

1. 保险公司工作人员在网上代投保人激活保险的认定

【案例】王×芹、尹×芹、张×诉××人寿保险股份有限公司北京市分公司意外伤害保险合同纠纷案

案例信息

案例来源：最高人民法院《人民司法·案例》2016年第35期（总第766期）
审判法院：北京市第三中级人民法院
判决日期：2016年4月5日
案　　号：（2016）京03民终3048号

基本案情

张×明与王×芹、尹×芹、张×分别为母子关系、夫妻关系、父女关系。2014年11月，××人寿保险股份有限公司北京市分公司（以下简称人寿保险公司）业务员陈×华与张×明签订保险合同，保险费100元，保险期间为1年，保险激活的次日保险合同生效。其中保险合同载明："被保险人遭受意外伤害，并自该意外伤害发生之日起180日内，因该意外伤害导致身故的，本公司按本合同约定的保险金额扣除已解付伤残保险金后的余额，给付身故保险金，本合同终止。因下列情形之一导致被保险人身故或伤残的，本公司不承担起付保险金的责任……（七）被保险人酒后驾驶、无合法有效驾驶证驾驶和或驾驶无有效行驶证的机动车。"2015年7月，张×明驾驶无号牌的宝田牌三轮电动摩托车与李×远临时停放的重型自卸货车相撞，造成两车受损、张×明受伤的后果，后张×明经抢救无效死亡。经北京市××区公安局交通大队认定：李×远与张×明分别存在驾驶超载机动车在道路上临时停车、无证驾

驶无号牌的机动车的交通违法行为，对交通事故的发生负同等责任。

王×芹、尹×芹、张×以张×明发生交通事故，人寿保险公司应当进行理赔而拒绝理赔为由，向法院提起诉讼，请求法院判令人寿保险公司赔偿其死亡赔偿金。

人寿保险公司辩称：双方签订保险合同，意思表示真实，且其向张×明明确了保险合同中的责任免除条款。交通事故认定书已经确定张×明驾驶的车辆未经交管部门登记，该行为与交通事故的发生具有一定的因果关系，其有权依据责任免除保险条款第7项的规定拒绝赔付。故请求驳回王×芹、尹×芹、张×的诉讼请求。

一审判决后，人寿保险公司不服，提起上诉称：第一，本公司与投保人张×明通过网络激活形式投保保险，订立保险合同。在合同订立过程中，本公司已经通过网页的形式对保险责任以及责任免除等履行了明确的说明义务，根据免责条款第5条第7项的规定，对张×明的交通事故的发生，本公司无须支付保险金。第二，本公司与张×明之间系通过网络方式订立的保险合同，具体采用网络激活的方式，保险人或其代理人将保险卡激活，视为张×明作出投保的意思表示，应对其行为的后果承担责任。因而，本公司以网页履行条款说明义务，对双方均发生法律效力。第三，张×明作为持有驾驶证的驾驶人应当明确其存在的交通违法行为，交管部门已经认定其存在违法行为，可作为本公司责任免除的依据。故请求撤销一审法院判决，改判驳回被上诉人王×芹、尹×芹、张×的诉讼请求。

王×芹、尹×芹、张×辩称：不同意人寿保险公司的上诉请求，请求驳回上诉，维持原判。

判决主文

一审法院判决：被告人寿保险公司于判决生效之日起7日内给付原告王×芹、原告尹×芹、原告张×保险金11万元。

二审法院判决：驳回上诉，维持原判。

裁判要旨

在通过网络订立保险合同的过程中，激活注册订立的保险单的操作主体是否为投保人本身并不会影响保险合同的订立。即保险公司工作人员可以代投保人在网上激活保险进而签订保险合同，且该代为激活行为不属于代理行为。此外，保险公司工作人员代投保人在网上激活保险后仍应当向投保人履行相应的提示说明义务，告知投保人免责条款。

重点提示

随着保险行业的不断发展，网络、电子等被运用其中。与此同时也引发了此类保险合同的纠纷。司法实践中，探究保险公司工作人员在网上代投保人激活保险的认定问题时，应当注意以下三点：（1）保险公司工作人员代投保人通过网络方式订立的保险合同有效。合同的订立具有多种表现形式，但都要满足合同订立的有效要件。即当一方发出要约，另一方作出承诺，双方的意思表示真实且合同内容、订立方式符合法律法规的规定时，才可以认定合同有效成立。因此，当保险公司通过网络途径设置保险激活程序并由保险公司激活时，该方式就属于投保人与保险人双方依据其真实意思表示以数据电文订立保险合同的情形。若该保险合同内容不违反法律规定，且订立过程亦不违反法律规定，那么在保险公司与投保人之间就成立了合法有效的保险合同。同时，由谁激活该网络保单并不会影响合同的订立与效力。（2）保险公司工作人员代投保人激活保单的行为不属于代理行为。保险公司工作人员依据投保人提供的信息在网络上代投保人激活保单，属于投保人与保险公司之间直接订立保险合同的行为，投保人并无委托保险公司工作人员进行代理的意思表示。因此，该行为仅使保险人与投保人之间构成保险合同关系，在保险公司、投保人、投保人代理人之间不存在三方的法律关系，即保险公司工作人员代为激活保单的行为不构成代理行为。（3）保险公司工作人员代投保人激活保单时也应当向投保人履行提示说明义务。因保险公司工作人员代投保人激活保单订立的保险合同与一般的保险合同并无本质上的区别，故也应当遵守《保险法》中有关保险人负有明确说明义务的相关规定。同时，《最高人民法院关于适用〈中华人民共和国保险法〉若干问题的解释（二）》第12条也规定："通过网络、电话等方式订立的保险合同，保险人以网页、音频、视频等形式对免除保险人责任条款予以提示和明确说明的，人民法院可以认定其履行了提示和明确说明义务。"由此可知，保险公司的工作人员在激活过程中，应当向投保人展示电子保单中的免责条款，并确认投保人已经明确知悉。此时才可以认定保险公司工作人员在激活保单的过程中向投保人履行了保险合同订立过程中责任免除条款的明确说明义务。

2. 保险合同的成立是否必须签发保险单

【案例】云南××物流有限公司诉中国××财产保险股份有限公司曲靖中心支公司财产损失保险合同纠纷案

案例信息

案例来源：《最高人民法院公报》2016年第7期（总第237期）
审判法院：最高人民法院
判决日期：2015年4月30日
案　　号：（2013）民申字第1567号

基本案情

云南××物流有限公司（以下简称物流公司）用手机投保了云AXXXXX、云AXXXXY挂车在内的36辆汽车公路运输货物，中国××财产保险股份有限公司曲靖中心支公司（以下简称财保公司）的业务员曾某先用笔记录了口述投保内容，而后又补录。2011年8月，财保公司向物流公司出具了保单尾号为16的《国内公路运输货物保险单》，随后开具了保险费7630.85元的发票。云AXXXXX、云AXXXXY挂车在启运的当天，因左后轮起火致车辆和车上装载的33 000公斤2010阿根廷/BIF片烟被烧毁，货物损失金额共计2 372 007元。事发后的第二天，物流公司通过网上银行将保险费转入曾某的银行卡，按照双方签订的《国内公路运输货物保险单》中的约定，保险公司不承担保险责任。物流公司虽然未收到《公路货物运输保险条款》，以及未在尾数为16号的保单上签章，但长期与财保公司有保险业务且实际收到了保单，应当知道《公路货物运输保险条款》和保单中的内容。物流公司签章的《货运险赔偿确认书》，以及与财保公司于同日签订的《赔偿协议书》，且按照协议一次性了结。

物流公司以其与财保公司建立货物运输保险关系，发生保险事故后，其在向财保公司进行保险索赔过程中受到欺诈、所签协议内容显失公平为由提起诉讼，请求法院判令：撤销物流公司、财保公司于2011年8月30日签订的《赔偿协议书》及《货运险赔偿确认书》；财保公司赔偿物流公司保险款2 372 007元（扣除已支付的498 800元，尚欠物流公司保险赔偿款1 873 207元）。

一审判决后，物流公司不服，提起上诉称：一审法院认定事实不清，适用法律错误。一审法院未采信本公司举证的证明《云南省非车险重大案件报告单》，此证据可证实财保公司承认与本公司之间的货运险保险合同关系及保险标的已出险等情况，而向其上级公司上报的事实。因此，一审法院认定的事实不清；一审法院未认定财保公司应履行明确说明义务、未认定财保公司不再享有合同解除权及其他抗辩权而不予赔偿的权利，以及财保公司只赔偿498 800元显失公平。所以，一审法院适用法律错误，请求撤销原审判决，改判支持其诉求。

一审判决后，财保公司不服，提起上诉称：一审判决遗漏及错误认定案件事实，物流公司有欺诈行为，本公司与物流公司签订并履行13号保险单是事实；本公司对16号保险单的内部录单时间错误；物流公司工作人员交付投保单及转账保险费时均未告知本公司工作人员发生交通事故；本公司签订《赔偿协议书》与16号保险单均属于重大误解，物流公司假意接受《赔偿协议书》骗取本公司与其签订保险单的行为属于欺诈，物流公司应当返还本公司所支付的赔偿金。请求撤销原审判决第二项，改判支持其一审反诉请求。

二审判决后，物流公司不服，申请再审称：原一、二审法院判决驳回撤销《赔偿协议书》及《货运险赔偿确认书》的请求，实属程序违法、适用法律错误。本案财保公司应承担保险赔偿责任。原一、二审法院均认定本案的《国内公路运输货物保险合同》成立，但又认定财保公司不承担保险责任，属适用法律错误。综上，请求撤销一审、二审判决；由财保公司赔偿本公司保险赔偿款1 873 207元；原一、二审案件受理费由财保公司负担。

判决主文

一审法院判决：驳回原告物流公司的诉讼请求；驳回被告财保公司的反诉请求。

二审法院判决：驳回上诉，维持原判。

再审法院裁定：驳回再审申请人物流公司的再审申请。

裁判要旨

保险合同以当事人双方意思表示一致为成立要件，即保险合同以双方当事人愿意接受特定条件拘束时，保险合同即为成立。签发保险单属于保险方的行为，目的是对保险合同的内容加以确立，便于当事人知晓保险合同的内容，能产生证明的效果。根据《保险法》第13条1款关于"投保人提出保险要求，经保险人同意承保,保险合同成立。保险人应当及时向投保人签发保险单或者其他保险凭证,并在保险单或者其他保险凭证中载明当事人双方约定的全部内容"之规定,签发保险单并非保险合同成立时所必须具备的形式。

重点提示

司法实践中,对于保险人与投保人订立保险合同后,未及时向投保人出具保险单的,是否影响保险合同效力的问题始终存在争议,在解决此类问题的过程中,应当注意以下两点:(1)缔结有效保险合同的法定程序。保险合同的订立,应当遵循《保险法》的有关规定,保险合同的订立必须具备以下四项条件:①要约与承诺,其中要约就是指以缔结合同为目的,希望相对人予以承诺的意思表示,在订立保险合同的过程中,通常先由投保人向保险人提出要约,而承诺则是指受约人在收到要约后,对要约的全部内容表示同意并作出愿意订立合同的意思表示,即投保人提出投保申请后,保险人通过对投保单的审核、对保险标的的查勘,以及对投保人的询问,确定承保的具体条件,对投保人作出承保的承诺,作出承诺的方式可以包括保险人在投保单上签章、保险人向投保人出具保险费收据、保险人向投保人出具保险单或暂保单等保险凭证以及其他书面形式表示同意承保。②合法有效的对价,在保险合同的订立过程中,投保人的对价是支付保费和同意遵守合同的规定,保险人的对价是承诺当被保险人发生承保损失时按合同规定履行赔偿或给付义务,二者应当是对等的。③双方当事人均具有法定资格,保险合同的投保人必须具有订立合同的民事权利能力和民事行为能力,未成年人、精神病患者等通常不具有订立保险合同的法定资格,而保险人通常是具备从事保险业务资格的法人,自然具有订约能力。④保险合同应当具有合法性,即必须涉及合法的保险标的,对于承保非法获得或违禁走私物品的保险合同无效、承保责任明显违反公共利益的保险合同无效、可能产生鼓励投保人或被保险人错误行为后果的保险合同也无效。(2)保险单的含义及主要内容。《保险法》对于保险合同的形式并未作出明确规定,既没有明确规定必须采取书面形式,又没有禁止口头形式,但为了便于双方履行合同,也为了避免日后发生纠纷,通常采用书面形式,而保险单就是保险合同可以采取的书面形式之一。保险单,又称"保单",是保险人与被保险人签订保险合同的书面证明,其主要内容包括:①双方对有关保险标的事项的说明,包括被保险人名称、保险标的的名称及其存放地点或所处状态、保险金额、保险期限、保险费等；②双方的权利和义务，如承担责任和不予承担的责任等；③附注条件，指保险条款或双方约定的其他条件以及保单变更、转让和注销等事项。保险单是签订保险合同的主要表现形式，其本质是保险合同的简化形式，还可采用具有法律效力的预约保险单，保险凭证或暂保单等形式。《保险法》第13条第1款规定："投保人提出保险要求，经保险人同意承保，保险合同成立。保险人应当及时向投保人签发保险单或者其他保险凭证。"由此可知，保险合同自投保人提出要约，保险人对要约作出承诺时起，保险合同成立，虽然《保险法》要求保险人在保险合同成立后向投保人出具保险单，但签发保险单并非保险合同成立的要件，保险人未签发保险单并不影响保险合同的效力。

二、电子保单的成立与生效

1. 电子保险合同的效力认定

【案例】严×梅诉中国平安××保险股份有限公司无锡分公司等保证保险合同纠纷案

案例信息

案例来源：最高人民法院中国应用法学研究所《人民法院案例选》2023年第5辑（总第183辑）

审判法院：江苏省无锡市锡山区人民法院

判决日期：2021年12月28日

案　　号：（2021）苏0205民初6464号

基本案情

为申请借款，严×梅注册了平安××App并按步骤操作申请了借款，借款方案通过后，根据资金要求选择了中国平安××保险股份有限公司无锡分公司（以下简称平安财险无锡分公司）投保了个人保证保险，网上投保过程中严×梅多次勾选了本人已知悉并确认。投保成功后，严×梅在第三方平台上完成注册、借款信息确认、银行卡信息确认、借款合同确认、存管银行开户及授权等环节后，提交借款信息。光大银行方审核通过后进入最终签约，严×

梅阅读《付款金额确认书》等文件后签字并点击签约，签约完成后，保险单出单，该保险单载明被保险人为光大银行，保险金额50万元，以及理赔条件、违约责任等内容。同日，严×梅与光大银行武汉分行签订的《借款合同》载明严×梅向该银行借款50万元用于经营性支出，并约定了其他事项。此后，严×梅获得并使用了上述50万元借款，再按约归还了11期款项。

另查明，深圳市××互联网信息服务有限公司拥有平安××App经营权，平安××融资担保有限公司为该App提供融资服务。

严×梅以其对于保险内容、金额以及扣费方式均不知晓，平安财险无锡分公司并未与其签订保险合同，且该保险费的费率违反强制性规定，属于无效合同为由，提起诉讼。

判决主文

一审法院判决：驳回原告严×梅的诉讼请求。

裁判要旨

电子保险合同是保险行业中目前新兴的一种签订保险合同的形式。电子保险合同是保险公司经网络平台展示其保险产品，并通过电子数据形式，向投保人提供的一种保险合同，其具有法律效力。

重点提示

随着网络时代的到达，电子合同在人们的日常生活中被广泛应用。与签订纸质合同相比，当事人在签订电子合同时涉及的步骤更为复杂。因此，需要注意的事项也就更多。且随着越来越多的人使用电子合同，产生的电子合同纠纷也越来越多。司法实践中，探究电子保险合同的效力认定问题时，应当注意以下三点：（1）电子保险合同与纸质保险合同具有同样的法律效力。《民法典》第469条第1款、第3款规定："当事人订立合同，可以采用书面形式、口头形式或者其他形式。""以电子数据交换、电子邮件等方式能够有形地表现所载内容，并可以随时调取查用的数据电文，视为书面形式。"《保险法》第13条第2款规定："保险单或者其他保险凭证应当载明当事人双方约定的合同内容。当事人也可以约定采用其他书面形式载明合同内容。"由此可知，我国已经在相关法律中明确规定数据电文属于书面形式且能够作为记载保险合同内容的形式。即电子保险合同与纸质保险合同均为保险合同的书面方式，且具有相同的法律效力，能够作为投保人或被保险人进行理赔的依据。（2）电子保险合同的成立与生效。电子保险合同又称为电子保单，其是指保险公司利用数字化手段为投保人签发的具有保险公司电子签名的电子化保险合同。《民法典》第491条规定："当事人采用信件、数据电文等形式订立合同要求签订确认书的，签订确认书时合同成立。当事人一方通过互联网等信息网络发布的商品或者服务信息符合要约条件的，对方选择该商品或者服务并提交订单成功时合同成立，但是当事人另有约定的除外。"由此可知，电子保险合同的成立与生效的规定应当与一般合同相一致。一般来说，实务中电子保险合同的业务主要有网上业务以及保险卡业务两种。对于网上业务，投保人选择好保险人在网站上展出的保险产品后，按照网上投保流程填写被保险人信息，再经核对进行网上缴费最终达成保险协议并形成电子保单，此时保险合同成立并生效；对于保险卡业务，投保人购买保险卡，保险人收取保险费用，保险合同成立，无特殊约定下，保险合同成立且生效。（3）电子保险合同的特点。与纸质电子合同相比，电子保险合同具有以下特点：一是电子保险合同更为方便快捷，投保人无须到保险公司现场投保，仅需通过网络设备在互联网上进行操作即可，效率更高；二是电子保险合同更为节约与环保，电子保险合同为电子形式，使用时仅需在网络上查看与下载，无须打印，环保的同时也节约了成本；三是管理方便，在互联网上签订的电子保单均留有痕迹供随时查询，方便长期保存与管理，不用担心丢失与折损。

2. 卡式保险的生效与转让效力认定

【案例】刘×月、刘×燕诉××人寿保险股份有限公司开封中心支公司人寿保险合同纠纷案

案例信息

案例来源：《人民法院报》2014年10月23日刊载

审判法院：河南省开封市中级人民法院

判决日期：2014年1月1日

案　　号：（2014）汴民终字第1143号

基本案情

刘×伟系刘×月、刘×燕父亲。赵×平系××人寿保险股份有限公司开封中心支公司（以下简称开封人寿公司）的业务员。2013年6月，赵×平推荐刘×伟购买了终身寿险以及福星保险卡两份保险并缴纳了保费。在交付时，刘×伟发现其购买的保险卡的包装已被打开并且保险卡的密码涂层已被刮开。赵×平称此因保险公司代为激活所致，该保险合同已经生效。同年7月，刘×伟因交通事故致死，刘×月、刘×燕因此向开封人寿公司申请理赔。此后，开封人寿公司按照终身寿险向刘×月、刘×燕各支付2.5万元及相应利息。但对于刘×伟所投保的福星保险卡，开封人寿公司以该保险卡并未激活，该保险合同未生效为由不予理赔。

刘×月、刘×燕以刘×伟已投保福星保险卡并成功激活后，开封人寿公司却以拒绝理赔为由，提起诉讼，请求判令开封人寿公司和公司业务员赵×平共同赔偿其保险金5万元。

一审判决后，开封人寿公司不服，提出上诉。

判决主文

一审法院判决：被告开封人寿公司赔偿原告刘×月、原告刘×燕共计5万元。

二审法院判决：驳回上诉，维持原判。

裁判要旨

作为一种新型投保形式的卡式保险，激活是卡式保单生效最重要的步骤。在激活过程中，保险人也应当向投保人履行明确告知义务。同时，购卡人可自愿将其保险卡进行转让或赠与，在转让或赠与后持卡人即拥有了投保权，从而可要求保险人与其订立保险合同。

重点提示

卡式保险是当前互联网模式下新增的一种保险业务形式，属于卡形式的简易保险合同。其在业务流程中存在开卡与激活两个步骤，故实务中对于在哪一时间点该类保险合同应当生效的问题存在一定争议。司法实践中，认定卡式保险的生效与转让效力的问题时，应当注意以下三点：(1)卡式保险合同的成立与生效。在卡式保险投保业务流程中存在开卡与激活两个步骤，投保人按照保险投保网站设定的流程在网上激活保险卡后即取得相应保险保障权利，即在保险卡激活后投保人与保险人之间保险合同成立生效。在投保人与保险人的保险卡买卖交易中，符合保险人设定条件的投保人在持卡后享有在有效期限内激活保险卡的权利，同时也负有向保险人支付保费的义务。而保险人则享有收取保费的权利，在保险人出售保险卡并收取保费后，就应当视为保险人已经同意承保并应当与投保人订立保险合同。因此，保险卡的激活系该保险合同成立生效的要件。(2)保险人可以代投保人激活保险卡。投保人在保险人处购买保险卡后，投保人可自行激活保险卡，亦可以书面或口头的方式委托保险人或其代理人代为激活保险卡。但在投保人在场的情况下，未经投保人书面或口头授权，保险人或其代理人将保险卡激活的，应当推定投保人已授权保险人或其代理人代为激活保险卡。此外，在未经投保人授权代为激活且投保人未在场的情况下，保险人或其代理人主动代为激活保险卡的，应当视为保险人未向投保人履行明确告知义务，所产生的法律后果应当由保险人承担。(3)购买保险卡后，购卡人可自愿转让或赠与卡式保险。根据前述可知，购卡人购买保险卡后并不会直接使保险合同生效，而需要在网上进行激活。购卡人既可以为其自身投保并激活保险卡，也可以他人为被保险人，为他人投保并激活保险卡；既可为其本身投保，也可将保险卡转让或赠与他人，使投保权利随卡转让或赠与。即在购卡人将保险卡转让或赠与的情况下，参照债权让与理解，购卡人将投保权转让或赠与给持卡人，持卡人因此享有了投保权，从而有权要求保险人与其订立保险合同。

第三章　保险合同的主体与内容

一、保险合同的当事人

1. 保险经纪人的认定

【案例】××保险经纪有限公司诉××人民财产保险股份有限公司云南省分公司保险经纪合同纠纷案

案例信息

案例来源：最高人民法院中国应用法学研究所《人民法院案例选》2020年第2辑（总第144辑）

审判法院：云南省高级人民法院

判决日期：2018年5月30日

案　　号：（2017）云民终1106号

基本案情

2012年4月，云南省农业厅（以下简称农业厅）、云南省财政厅（以下简称财政厅）聘请××保险经纪有限公司（以下简称保险经纪公司）作为保险经纪人，并与其签订《保险经纪委托协议书》。约定将保险业务交由保险经纪公司安排，保险经纪公司仅从保险人处收取佣金。同时，上述两厅还委托保险经纪公司协助处理索赔、提供保险咨询、组织保险培训等。次月，保险经纪公司与财政厅签订政府采购项目委托代理协议，被委托人进行组织采购，双方约定保险经纪公司仅能收取标书费和中标服务费。保险经纪公司制作招标文件，载明保险经纪公司不收取本项目中标服务费，保险公司需每年向保险经纪人支付佣金，佣金按各中标保险公司报价的平均值收取，中标公司按各自承保比例分别支付。后××人民财产保险股份有限公司云南省分公司（以下简称人保云南分公司）等七家保险公司中标。2012年7月，财政厅及农业厅与人保云南分公司等七家保险公司签订保险服务协议，保险经纪公司作为保险经纪人。协议中确定人保云南分公司承保70%。后，七家保险公司与保险经纪公司签署《共保协议》，并约定保险经济佣金。2013年8月，保监会规定严禁从享受中央财政保费补贴的农业保险费中提取手续费或佣金，人保云南分公司遂停止支付2013年度之后的保险经纪佣金，因此产生本案纠纷。

另查明，《共保协议》系保险经纪公司同七家保险公司共同签订。因保险佣金支付而产生纠纷后，保险经纪公司分别起诉了七家保险公司，其余六家保险公司均以抗辩或提起反诉等不同形式，主张《共保协议》应当解除或被认定为无效。二审中，六家保险公司均对一审判决无异议，也不参加本案诉讼。

保险经纪公司以人保云南分公司收到全部保险项目保险费之后，并未按约定向其支付保险经纪佣金，经催告仍未支付为由，提起诉讼。

人保云南分公司答辩并反诉称：《共保协议》因违反了《政府采购法》，应属无效。保险经纪公司系接受云南省财政厅及农业厅的委托进行采购代理工作，故保险经纪公司的报酬应由两厅支付；即使《共保协议》有效，依据国家新文件，即情势变更原则，本公司也不应该向保险经纪公司支付佣金。

人保云南分公司反诉请求：解除与保险经纪公司签订的《共保协议》，判令本公司无须向保险经纪公司支付2013年度佣金。

保险经纪公司针对人保云南分公司的反诉辩称：国家新文件不能构成情势变更，人保云南分公司的合同目的是承保，新文件不会导致显失公平或合同目的落空，人保云南分公司的反诉请求无法律依据，遂请求驳回。

一审判决后，保险经纪公司不服，提起上诉。

判决主文

一审法院判决：原告保险经纪公司与被告人保云南分公司签订的《共保协议》中有关保险经纪佣金的条款无效；驳回原告保险经纪公司的诉讼请求；驳回被告人保云南分公司的反诉请求。

二审法院判决：驳回上诉，维持原判。

裁判要旨

保险经纪人基于投保人的利益，为投保人与保险人订立保险合同提供服务并依法收取佣金。其在为投保人提供服务时应当尽到勤勉义务，若因其未尽上述义务造成投保人受损的，就应当承担相应的赔偿责任。此外，保险经纪人与保险代理人在代表的利益主体、收费方式、责任承担等方面均存在明显不同。

重点提示

保险经纪人的设立能够帮助投保人确定投保方案、帮助其办理投保手续并进行后续理赔、为投保人评定并科普投保风险，使投保人充分了解投保过程中存在的风险。司法实践中，探究保险经纪人的认定问题时，应当注意以下三点：（1）保险经纪人的认定。保险经纪人既能够为投保人进行投保，又能够为保险人招揽保险业务。《保险法》第118条规定："保险经纪人是基于投保人的利益，为投保人与保险人订立保险合同提供中介服务，并依法收取佣金的机构。"由此可知，一般来说，保险经纪人应当具备保险行业的相关专业知识，在与投保人签订委托合同并收取佣金后，基于该合同约定，保险经纪人要依据当下保险市场行情为投保人制定保险方案并代表投保人与保险公司达成保险协议。且在帮助投保人进行投保的同时，保险人也能够从保险经纪人的保险经纪活动中获取一定利益，故保险人也应当向保险经纪人支付一定佣金。（2）保险经纪人在代投保人进行投保时应尽勤勉义务。保险经纪人在代投保人进行投保时，与保险公司达成保险协议的同时，也要在过程中尽到勤勉义务。首先，保险经纪人应当要利用其在保险行业专业的知识与丰富的经验，通过对比不同保险产品的优势为投保人选定最适合的保险产品。其次，保险经纪人也应当平衡投保人与保险公司之间的信息差，如实向投保人告知保险合同中的责任承担、责任免除等重要条款内容。交付保险条款，说明保险合同的责任范围、应当遵守的保险条件、免责情形等对投保人利益具有重要影响的内容，消除投保人与保险人之间的信息不对称。此外，若因保险经纪人未尽勤勉义务造成投保人、被保险人利益受损，那么保险经纪人就应当承担相应的赔偿责任。（3）保险经纪人与保险代理人的不同之处。《保险法》第117条第1款规定："保险代理人是根据保险人的委托，向保险人收取佣金，并在保险人授权的范围内代为办理保险业务的机构或者个人。"该法第118条规定："保险经纪人是基于投保人的利益，为投保人与保险人订立保险合同提供中介服务，并依法收取佣金的机构。"由此可知，保险经纪人与保险代理人多方面均存在明显区别。一是代表的利益主体不同，保险经纪人代表着投保人的利益，而保险代理人则与保险人之间存在代理与被代理关系，代表着保险人的利益。二是收取佣金的方式不同，保险经纪人依据保险业务的性质收取佣金，而保险代理人则依据有关部门规定的收费标准收取佣金。三是责任承担方面有所不同，保险经纪人因其保险业务上的过失造成投保人受损的，应当由其自身承担责任。而保险代理人出现过失造成投保人受损的，则应当由保险人承担责任。

2. 自助保险卡转让后的持卡人是否享有保险权利

【案例】顾×华诉××人寿保险股份有限公司江苏分公司人身保险合同纠纷案

案例信息

案例来源：最高人民法院《人民司法·案例》2012年第8期（总第643期）
审判法院：江苏省南京市鼓楼区人民法院
判决日期：2011年7月15日
案　　号：（2011）鼓商初字第396号

基本案情

2010年4月，顾×华为其多名公司员工购买了××人寿保险股份有限公司江苏分公司（以下简称保险公司江苏分公司）出售的"特惠保自助保险卡"，施×华亦包括在内。后施×华委托他人以自己为被保险人激活了该卡。电子保单载明：保险责任期限为1年，意外伤害最高保险金额3万元，被保险人职业类别与赔付比例对应为1~3类100%，4类80%，5类40%，6类20%；依据被保险人出险时所从事的工作确定其职业类别，并按规定的比例赔偿。同时附带的产品说明手册中附有《团险职业分类表》，还说明在网上激活时，投保人须先阅读保险条款等内容，并在投保声明页面中"本人已详细阅读投保须知和保险条款，对各项保险责任和除外责任均已了解并同意"的提示内容下方，点击"同意"后，才能激活生成电子保单。2010年12月，施×华在安装维修塔机时，不慎坠落，经抢救无效死亡。然而，施×华出险时从事的工作与《团险职业分类表》中的4类人员相对应。后顾×华为受害者垫付了医疗费用并向其家属支付赔偿款，同时取得接受理赔款权益转让承诺书。

顾×华以其已经接受理赔款的权益但向保险公司江苏分公司索赔未果为由，提起诉讼，请求判令保险公司江苏分公司赔偿保险金3万元。

判决主文

一审法院判决：保险公司江苏分公司赔偿顾×华保险金 2.4 万元。

裁判要旨

在通常情形下，卡式电子保单中的自助保险卡的购卡人是投保人。然而在自助保险卡被转让的情况下，购卡人亦将卡及其附随的获得相应保险保障的投保权利予以转让，从而受让人亦即通过激活自助保险卡的方式成为投保人。

重点提示

随着保险产业的飞速发展，越来越多的人选择通过互联网或网络应用程序等新型方式购买保险产品。自助保险卡就是现如今流行的新型保险产品之一。司法实践中，认定自助保险卡购卡人将保险卡转让后的持卡人是否享有保险权利的问题时，应当注意以下三点：(1) 卡式电子保单交易的情形。卡式电子保单成交的整个交易投保过程均在网络上完成，不存在通常的书面投保单，属于完全网络电子化的保险业务。一般来说，卡式电子保单交易包括以下两种情形：一是被保险人特定，购卡人购买自助保险卡目的就是给特定的人进行投保，并在购买后就以该特定的人为被保险人激活该保险卡。此时，该购卡人就是投保人。二是被保险人不特定，购卡人购买自助保险卡目的是将该卡转让或作为单位福利、礼物等赠与他人，不存在特定的人作为被保险人。此时，购卡人虽在购买自助保险卡时向保险人支付的保费，但其不一定就是该卡的激活人。在转让或赠与后，投保的权利也应当随卡一并转让或赠与最终的持卡人，该持卡人便享有投保权利并受到相应的保险保障。(2) 购卡人将保险卡转让后，持卡人享有相应的保险权利。卡式电子保单交易的形式，使在一般保险合同订立阶段应当履行的告知、提示说明义务等合理地移至保险卡的激活完成阶段。购卡人购买保险人出售的自助式保险卡，按照保险人在网上设定的投保流程，在保险卡规定的有效激活时间内，既可以为自己投保作为被保险人激活保险卡，亦可以将自助保险卡转让或赠与，当该卡被转让或赠与时，应认定原投保人将该卡及其附随的获得相应保险保障的投保权利亦予以转让或赠与，从而受让人或被赠与人亦即通过激活自助保险卡的方式成为投保人。(3) 自助保险卡的设置对投保人与保险公司来说均具有益处。现如今，越来越多的人选择购买自助保险卡，在网上进行激活享受保险服务。对于投保人，其不必花费大量时间到保险公司线下办理保险手续，仅需在网上短时间内就能完成保险信息的登记，使用自助保险卡投保更为高效便捷。对于保险公司，作为保险公司重要投保手段之一的自助保险卡激活。投保人购买和激活自助保险卡能够使其更好地了解投保人的需求和意愿。使保险公司在满足投保人需求的同时又能更好地推广和销售自己的保险产品。

二、保险合同的权利义务

1. 交强险保险人能否因投保人的欺诈行为行使合同撤销权

【案例】××财产保险股份有限公司吉林中心支公司诉邓×全财产损失保险合同纠纷案

案例信息

案例来源：最高人民法院《人民司法·案例》2017年第11期（总第778期）

审判法院：江苏省南通市中级人民法院

判决日期：2016年3月15日

案　　号：（2015）通中商终字第00527号

基本案情

2012年3月，邓×全向如皋市××汽车贸易有限公司（以下简称汽车贸易公司）购买了一辆变型拖拉机，并挂靠登记在叶集试验区××运输服务有限公司（以下简称运输服务公司）名下，双方约定：汽车贸易公司负责办理该车辆所投交强险，邓×全只需向公司缴纳相关保险费用。次年2月，邓×全委托第三方持伪造的销售发票、车辆合格证，以未上牌新车的名义向××财产保险股份有限公司吉林中心支公司（以下简称财保吉林公司）申请投保交强险，并填写投保单。当日，邓×全获得财保吉林公司签发的保险单。后财保吉林公司发现邓×全投保时所交的材料与事实不符。

财保吉林公司以邓×全提交的车辆销售发票系伪造构成欺诈为由，提起诉讼，请求撤销与邓×全签订的保险合同。

邓×全辩称：自己已缴纳保险费，财保吉林公司已承保并出具交强险保单，双方合同即已成立且有效，请求判令驳回财保吉林公司诉讼请求。

一审判决后，财保吉林公司不服，提起上诉称：《保险法》第16条与《合同法》第54条在构成要件上为交叉关系，不应适用特别法排除一般法的情形；邓×全明知其车辆不能正常上路、不允许承保交强险的情况，还伪造销售发票、车辆出厂合格证等进行投保，属于恶意的欺诈行为，符合合同欺诈情形，本公司不应当承担交强险责任。请求撤销原审判决，改判撤销双方签订的机动车交通事故责任强制保险合同。

判决主文

一审法院判决：驳回原告财保吉林公司的诉讼请求。
二审法院判决：驳回上诉，维持原判。

裁判要旨

保险公司在交强险理赔过程中发现投保人的车辆信息存在虚假状况，认为投保人在签订保险合同时存在欺诈行为，无权依据《民法典》有关合同欺诈的规定行使合同撤销权，仅能依据《保险法》和《机动车交通事故责任强制保险条例》的规定主张解除保险合同。

重点提示

交强险，是指由保险公司对被保险机动车发生道路交通事故造成受害人（不包括本车人员和被保险人）的人身伤亡、财产损失，在责任限额内予以赔偿的强制性责任保险。司法实践中，认定投保人存在欺诈行为时，保险公司能否行使合同撤销权的问题，应当注意以下三点：（1）交强险具有强制性。在交强险保险合同下，交强险作为一种特殊的强制险，设立目的在于让在交通事故中人身受到伤害的不特定第三人能够得到及时有效的治疗。其对于保险合同中的双方均具有强制义务，即机动车所有人具有投保交强险的法定义务，保险人对符合条件的机动车都有承保的义务。该义务不受投保人动机、投保车辆自身条件等因素的影响。当投保人的车辆符合投保条件时，即使投保人隐瞒车辆事实与保险人订立交强险合同，只要投保人的车辆符合投保条件，保险人就无权拒绝承保。（2）交强险投保人欺诈行为与保险人的承保行为不具有双重因果关系。欺诈中的因果关系需要受欺诈人因行为人的欺诈行为而存在错误认识，并基于该错误认识而作出一定意思表示。上述两种因果关系缺一不可，此时受欺诈人才可以行使欺诈撤销权。在交强险理赔过程中，当保险公司发现投保人存在故意伪造发票、车辆合格证等恶意欺诈投保行为时，基于交强险强制性的特点，具有交强险投保条件的投保人应当及时投保交强险，保险公司也不得拒绝或延迟承保。因此，交强险中投保人的欺诈行为与保险人承保行为不具有因果关系。保险人的承保行为基于交强险的强制性规定，投保人的欺诈行为并未影响保险人的意思表示。故交强险中投保人的欺诈行为与保险人的承保行为不具有能够行使撤销权的双重因果关系，即保险人无权行使基于合同欺诈的撤销权。（3）交强险中解除权的行使。区别于一般的保险，因交强险的强制与公共属性，我国相关法律中对于保险公司的解除权进行了严格限制。在判断保险人能否行使交强险解除权时，应当严格适用我国相关法律中有关解除权的适用条件规定，不得对解除权的适用范围进行随意扩大。一般来说，交强险的解除权包括以下两种情形：一是投保人未尽到告知义务。根据《机动车交通事故责任强制保险条例》中有关解除权的相关规定可知，投保人应当将被保机动车的型号、牌照、所有人与管理人证件信息等重要内容告知保险人，否则保险人将具有解除权。但上述解除权的行使需以书面形式告知投保人，若投保人在规定期间内履行了如实告知义务的，保险公司则不得解除合同。二是当被保机动车被依法注销登记、办理停驶、经公安机关证实丢失时，保险人有权解除合同。

2. 带病投保超过两年时保险公司的赔偿责任

【案例】陈×诉中国××人寿保险股份有限公司乐山中心支公司人寿保险合同纠纷案

案例信息

案例来源：最高人民法院发布的十九起合同纠纷典型案例（2015年12月4日）

审判法院：四川省乐山市中级人民法院

判决日期：2014年10月28日

案　　号：（2014）乐民终字第1079号

基本案情

2010年8月，陈×康因右肺腺癌入院治疗，后陈×康病情平稳遂出院。同月，陈×康之子陈×在中国××人寿保险股份有限公司乐山中心支公司（以下简称人寿保险公司乐山支公司）为其投保了8万元的身故险和附加重大疾病险，二人均在"询问事项"栏中病史、住院检查和治疗经历等项目处勾选了"否"，并在投保书中就信息真实性及保险公司已讲解免除保险人责任条款、合同解除条款等事项进行了确认。保险合同自次月生效。

2010年9月，陈×康再次因右肺腺癌入院治疗，直至2012年6月，其先后入院九次。2012年9月，陈×康向人寿保险公司乐山支公司申请赔付重大疾病保险金，并出示其2012年3月的住院病历。人寿保险公司乐山支公司调查发现，陈×康早在2010年3月入院治疗时便被确认为"肝炎、肝硬化、原发性肝癌不除外"，其在投保时故意未告知实情。因此，人寿保险公司乐山支公司决定解除保险合同，向陈×康和陈×送达了解除保险合同并拒赔的通知。另查明：2012年10月，陈×康和陈×曾向法院起诉请求人寿保险公司乐山支公司支付重大疾病保险金3万元，2012年12月，法院准许其撤诉。2014年3月，陈×康再次入院治疗，被诊断为右肺腺癌伴全身多次转移，出院后，于同月死亡。

陈×以人寿保险公司乐山支公司拒不支付保险金为由，提起诉讼，请求法院判令人寿保险公司乐山支公司给付陈×康的身故保险金8万元。

一审判决后，陈×不服，提起上诉。

判决主文

一审法院判决：驳回原告陈×的诉讼请求。

二审法院判决：驳回上诉，维持原判。

裁判要旨

投保人在投保时未向保险公司告知被保险人在签订保险合同前就已经存在的病情，系未履行如实告知义务，影响了保险公司是否承保的决定。即使申请赔付时已超过订立保险合同二年，但对于合同签订前已经存在的保险事故，保险公司有权在知晓其未告知实情的30日内拒绝赔付。

重点提示

投保人未如实向保险公司告知投保前就已经发生了保险事故，该行为系不诚信的、具有主观恶意的骗保行为，违反了保险合同相关的法律规定。司法实践中，认定投保人未告知签订保险合同之前已经存在的保险事故的，合同订立之日起两年后保险人是否有权解除合同的问题时，应当注意以下两点：（1）投保人在订立保险合同的过程中负有如实告知义务。根据《保险法》第16条第1款规定，订立保险合同，保险人就保险标的或者被保险人的有关情况提出询问的，投保人应当如实告知。根据上述规定，投保人负有如实告知义务。被保险人或者投保人必须要将保险标的中的重要事项如实告知保险人，并确保保险人能够全面、准确地掌握，以便正确地认识并评估危险状况，继而决定是否承保或者在何种条件下承保。告知范围是足以影响保险人决定是否承保和确定费率的重要事实，在人身保险中，比如被保险人的年龄、性别、健康状况、既往病史、家族遗传史等。如投保人故意或重大过失未履行如实告知义务，足以影响保险人决定是否同意承保或者提高保险费率的，保险人有权解除合同。（2）保险人行使解除权的期限为知道解除事由之日起30日。合同成立之日起超过二年的，保险人不得解除合同，但该不得解除合同的条件为在合同成立之日起二年内有新的事故发生，如果事故自保险合同订立起便存在，为避免恶意骗保现象发生、保护保险人的合法权益，规范保险秩序，法律赋予保险人解除合同的权利。综上所述，投保人负有如实告知义务。若投保人对保险公司隐瞒真实情况未如实告知，即使投保人申请保险金时已超过签订合同之日二年，但保险事故在合同订立前就已经存在的，保险公司在知晓当事人隐瞒真实情况之日起30日内有权行使合同解除权。

3. 被保险人因交通肇事犯罪赔付精神抚慰金后能否向保险人索赔

【案例】江苏省盱眙县××汽车运输公司诉中国××财产保险股份有限公司洪泽支公司责任保险合同纠纷案

案例信息

案例来源：《人民法院报》2014年5月15日刊载

审判法院：江苏省淮安市中级人民法院
案　　号：（2013）淮中商终字第 22 号

基本案情

叶 × 发系江苏省盱眙县 ×× 汽车运输公司（以下简称汽车运输公司）雇佣的驾驶员。汽车运输公司在中国 ×× 财产保险股份有限公司洪泽支公司（以下简称保险公司）为叶 × 发驾驶的机动车投保了机动车交强险和商业第三者责任险。2010 年 11 月，叶 × 发在驾驶上述车辆的过程中发生交通事故，该事故造成了王 × 道死亡的后果。交通部门经勘验后认定，该交通事故应由叶 × 发负全责。嗣后，汽车运输公司将对王 × 道家属的赔偿金交予叶 × 发，由叶 × 发向王 × 道家属支付了 6 万元精神抚慰金。

此外，另案法院已经针对叶 × 发的交通肇事行为作出刑事判决，且在刑事判决中以王 × 道亲属提出的精神损害赔偿没有法律依据为由，将该附带民事诉讼请求驳回。

汽车运输公司以其已经支付 6 万元精神抚慰金，保险公司应遵守保险合同约定为由，提起诉讼，请求判令保险公司给付保险金。

庭审后，汽车运输公司与保险公司对精神抚慰金数额达成合意，确定为人民币 5 万元。

一审判决后，保险公司不服，提起上诉。

判决主文

一审法院判决：被告保险公司向原告汽车运输公司给付保险金 5 万元。
二审法院判决：驳回上诉，维持原判。

裁判要旨

在因交通肇事犯罪而引起的侵权中，被侵权人或其近亲属有权在交强险保险合同中约定的精神抚慰金赔偿限额内获得精神损害抚慰金。在被保险人向被害人支付精神损害抚慰金后，保险人亦应当将此部分保险赔偿款支付给被保险人。

重点提示

所谓精神损害抚慰金，是指受害人或死者近亲属因受害人的生命、健康、名誉、人格自由等人格权受到侵害而造成人身、心理等方面的损害，从而向侵害人依法索取的精神抚慰费用。司法实践中，认定被保险人因交通肇事犯罪赔付精神抚慰金后能否向保险人索赔的问题时，应当注意以下三点：（1）精神损害赔偿属于交强险项下保险人的赔偿范围。《最高人民法院关于适用〈中华人民共和国刑事诉讼法〉的解释》第175条第2款规定："因受到犯罪侵犯，提起附带民事诉讼或者单独提起民事诉讼要求赔偿精神损失的，人民法院一般不予受理。"由此可知，一般情况下。因受到犯罪侵犯，对于权利人提起民事诉讼主张因人身、财产等权益受到侵害而要求赔偿精神损失的，人民法院一般不予支持。该条款对于精神损失赔偿问题的一般情况作出了规定。但对特殊情形，例如交通肇事犯罪中被害人的精神损害赔偿问题。因交强险具有的强制性以及交强险合同中双方应尽的权利义务，交强险是法律规定机动车辆必须投保的强制险。因在交强险项下保险人主要赔偿的范围中包括精神损害赔偿金，故被侵权人或其近亲属有权据此主张保险责任限额内的精神损害赔偿。（2）受害人近亲属具有精神损害赔偿请求权。根据《最高人民法院关于审理道路交通事故损害赔偿案件适用法律若干问题的解释》第13条第2款"被侵权人或者其近亲属请求承保交强险的保险公司优先赔偿精神损害的，人民法院应予支持"的规定可知，交通肇事后，受害人死亡，其近亲属有权向肇事车辆投保的保险人申请在交强险范围内进行赔偿的权利。（3）被保险人在向受害人或其近亲属支付精神损害赔偿金后，有权向保险人请求该部分赔偿款。由于精神损害赔偿是交强险项下保险人的赔偿范围，故被保险人有依据保险合同向被保险人主张损失赔偿的权利。且《最高人民法院关于审理道路交通事故损害赔偿案件适用法律若干问题的解释》第13条第2款确定了权利人的选择权，该效力应当及于已向受害人近亲属赔偿的被保险人。因此，被保险人有依据《保险法》第65条第3款"责任保险的被保险人给第三者造成损害，被保险人未向该第三者赔偿的，保险人不得向被保险人赔偿保险金"的规定在交强险保险合同中约定的精神抚慰金赔偿限额内向保险人请求赔偿的权利。

三、保险合同的内容

1. 保险合同中的疾病释义条款是否属于免责条款

【案例】温×雯诉××人寿保险股份有限公司广东分公司人身保险合同纠纷案

案例信息

案例来源：最高人民法院中国应用法学研究所《人民法院案例选》2023年第5辑（总第183辑）

审判法院：广东省广州市中级人民法院

判决日期：2021年9月6日

案　　号：（2021）粤01民终12850号

基本案情

温×雯与××人寿保险股份有限公司广东分公司（以下简称人寿保险分公司）签订《百年康盛保终身重大疾病保险合同》，该合同于2019年10月生效，保险金额为200 000元，保险期间终身，年缴保险费5350元，交费年限是20年。该保险合同条款中约定了"疾病释义"条款。2020年2月，温×雯因身体出现症状到清远中医院住院治疗，后又转至广州医科大学附属第三医院住院治疗。该院对温×雯病情的最后诊断如下：（1）左下肢深静脉血栓形成；（2）左下肢静脉炎和血栓性静脉炎；（3）孕8+周（早孕）。次月，温×雯向人寿保险分公司提出理赔申请。人寿保险分公司以温×雯的申请不符合《百年康盛保终身重大疾病保险条款》约定的保险金给付条件为由，拒绝赔付保险金。

温×雯以人寿保险分公司拒绝向其赔付保险金为由，提起诉讼，请求判令人寿保险分公司向温×雯赔付轻症疾病保险金70 000元，豁免自温×雯轻症疾病确诊之日后余下各期保费；人寿保险分公司返还温×雯已缴的第二期保险费5350元人民币；人寿保险分公司承担本案诉讼费用。

一审判决后，温×雯不服，提起上诉。

判决主文

一审法院判决：驳回原告温×雯的全部诉讼请求。

二审法院判决：撤销一审判决；被上诉人人寿保险分公司向上诉人温×雯支付保险金 70 000 元；被上诉人人寿保险分公司豁免上诉人温×雯 2020 年 2 月 7 日后的各期保险费；被上诉人人寿保险分公司向上诉人温×雯退还保险费 5350 元。

裁判要旨

当重大疾病保险合同中疾病释义条款与一般大众所理解的以及行业的诊疗标准不符，缩小保险理赔的范畴，且实际上不当地免除或减少保险人责任时，该条款应当被认定为保险合同免责条款。同时，只有当保险人向投保人履行提示说明义务后，该条款才可对投保人产生法律效力。

重点提示

作为投保人最常投保保险之一的重大疾病保险，其是用以保障被保险人在患有重大疾病时能够获得保险赔偿并及时治疗的保险。在重大疾病保险合同中，通常会约定疾病释义条款对各项疾病的种类等进行明确定义与说明。司法实践中，探究保险合同中的疾病释义条款是否属于免责条款的问题时，应当注意以下三点：（1）认定被保险人依据重大疾病保险合同中的疾病释义条款获得保险赔偿的争议。第一种观点认为，保险公司在重大疾病保险合同中约定疾病释义条款将各类疾病种类列举解释，且投保人仔细阅读并签字确认的。只有当被保险人所患的疾病在疾病释义条款所列举的疾病种类范围内时，保险公司才负有保险赔偿责任。第二种观点认为，保险公司在重大疾病保险合同中约定疾病释义条款将各类疾病种类列举解释，实际上系不当免除或减轻保险人保险责任的行为，属于保险合同免责条款，即应当依据保险合同免责条款的相关法律规定确定保险公司的保险责任。（2）重大疾病保险合同中的疾病释义条款属于免责条款。对于重大疾病，与一般疾病对比来说，治疗过程更繁杂、治疗成本、花销更大、可能产生的后果也更严重，以上是一般人对于重大疾病的理解。保险人依据相关法律规定在重大疾病保险合同中约定疾病释义条款，即采取列举解释的方式对疾病的种类进行限定，该行为符合保险领域的习惯，但保险人对重大疾病进行的列举式限定,应认定为限制了被保险人获得保险赔偿的权利,并减轻或免除了保险人的保险赔偿责任,故重大疾病释义条款属于免责条款。(3)保险人对于疾病释义条款应当尽到提示说明义务。根据前述可知,重大疾病保险合同中的疾病释义条款属于免责条款。因此,基于保险法中有关保险免责条款的相关规定,保险公司应向投保人就该条款履行提示说明义务,作出常人能够理解的解释说明,使投保人能够对其所投保的重大疾病保险中的重要事项能够知晓并理解。否则,该疾病释义条款将不属于保险合同的内容,也不会对投保人发生效力,保险公司仍应当承担保险赔偿责任。

2. 保险合同中最终合意形成的真实意思表示的认定

【案例】上海××物流有限公司诉中国平安××保险股份有限公司上海分公司等财产保险合同纠纷案

案例信息

案例来源:《最高人民法院公报》2023年第8期(总第324期)
审判法院:上海金融法院
判决日期:2021年6月25日
案　　号:(2021)沪74民终368号

基本案情

2018年3月,上海××物流有限公司(以下简称物流公司)在中国平安××保险股份有限公司上海分公司(以下简称平安财险上海分公司)处投保平安物流责任保险。保险单中载明,保险期限自2018年3月起1年。该保单特别约定部分载明:"本保单仅承保列明车牌号的承运车辆发生保险事故时的保险责任;被保险人在保险期限内更换承运车辆的,需提前1个工作日向保险人申报,否则保险人不承担保险责任。车辆牌照:沪BK××49;沪BK××Y9;沪EG××26;沪EG××35;沪EK××16;沪EK××35;沪ET××83;沪EK××96。"

2018年6月,车辆号牌为冀JU××50的重型半挂牵引车在货运途中发生交通事故,致使物流公司承运的货物受损,经交警部门认定,该重型半挂牵引车的驾驶员负事故全部责任。后物流公司向平安财险上海分公司报案,经平安财险上海分公司勘查后认定，事故车辆未曾向其申报，保险责任不成立，并出具《拒赔通知书》。

物流公司以平安财险上海分公司拒绝赔付为由，提起诉讼，请求判令支付物流公司保险金 1 832 944.20 元以及利息损失 1 988 758 元。

平安财险上海分公司辩称：涉案事故车辆并非物流公司所有，其未按约定向本公司申报变更车辆信息，故本公司有权拒绝赔偿。

一审判决后，物流公司不服，提起上诉。

平安财险上海分公司辩称：双方协商后签订的保险合同，涉及免责的条款已经对物流公司进行明确提示；涉案车辆并未提前申报，所有权也并非归物流公司所有。

判决主文

一审法院判决：驳回原告物流公司的诉讼请求。

二审法院判决：驳回上诉，维持原判。

裁判要旨

应当通过保险合同的相关内容判断保险合同当事人的真实意思表示。一般来说，包括投保单、保险单、保险收据、保险合同条款等内容。此外，保险合同各方当事人应当受到依法订立且生效的合同内容所约束，并无权以缔约过程中未形成最终合意的单方意思主张其保险合同权利。

重点提示

司法实践中，探究保险合同中最终合意形成的真实意思表示的认定问题时，应当注意以下两点：（1）判断保险合同当事人最终合意形成的真实意思表示的因素。《保险法》第 13 条规定："投保人提出保险要求，经保险人同意承保，保险合同成立。保险人应当及时向投保人签发保险单或者其他保险凭证。保险单或者其他保险凭证应当载明当事人双方约定的合同内容。当事人也可以约定采用其他书面形式载明合同内容。依法成立的保险合同，自成立时生效。投保人和保险人可以对合同的效力约定附条件或者附期限。"由此可知，探究保险合同当事人之间的真实意思表示，即投保人的投保想法以及保险人是否存在与投保人投保想法一致的保险产品时主要应当结合以下内容进行判断：投保单、保险单或其他保险凭证、保险条款等保险合同的组成内容。(2)当事人之间依据各方真实意思表示签订的保险合同具有法律约束力。与一般合同相对比，保险合同具有与一般合同相同的一些特征，但也存在一般合同不具有的特点。保险合同系合同当事人之间的一种法律行为，生效后，对当事人均具有法律约束力，即各方当事人均应当依据约定的合同内容履行自己的义务。因此，保险合同各方当事人依法受其订立的生效保险合同所约束，并无权以缔约过程中未达成最终合意的单方意思主张其保险合同权利。

3. 免责条款中未列明的鉴定费用应否由保险人承担

【案例】张×贵诉重庆××运输有限公司涪陵区××加油站等机动车交通事故责任纠纷案

案例信息

案例来源：最高人民法院《人民司法·案例》2019年第26期（总第865期）
审判法院：重庆市第三中级人民法院
判决日期：2018年7月17日
案　　号：（2018）渝03民终854号

基本案情

2016年3月，应×驾驶肇事车辆时因倒车撞坏了重庆市涪陵区××加油站（以下简称加油站）的彩钢棚柱，造成加油站彩钢棚受损的交通事故。经交警部门事故认定，应×负全部责任。张×贵系该肇事车辆的实际车主，该车挂靠在重庆××运输有限公司（以下简称运输公司）名下经营，且在××财产保险股份有限公司重庆分公司（以下简称财险公司）投保了交强险和商业三责险。2016年5月，财险公司委托中×保险公估股份有限公司对事故损失进行了评估并得出评估结论，该结论认为：因交通事故将立柱撞坏导致无法继续使用而损失的价值为500元。

加油站以其对评估结论存在异议为由，提起诉讼并提出鉴定申请，要求鉴定加油站钢架棚、钢架柱受损与与之连接的砖混结构房屋受损是否有因果关系，若存在因果关系，则应对损失进行评估。

一审法院委托民×财产保险股份有限公司对损失进行鉴定，鉴定意见为钢架棚、钢架柱损失以及房屋损失合计为9500元。加油站支付鉴定费5000元。两次鉴定产生鉴定费合计40 000元。诉讼中，加油站变更其诉讼请求，要求被保险人及保险人赔偿其各项损失共计48 500元。

一审判决后，张×贵不服，提起上诉。

加油站辩称：鉴定费4万元系该交通事故造成本站受损的损失，应由责任方承担。

财险公司辩称：对损失公估，是因为加油站怠于向财险公司报案，公司无法确认其损失的存在以及造成损失的原因，且加油站曾提出放弃索赔，故本公司不承担鉴定费。

判决主文

一审法院判决：原告加油站因交通事故所致的财产损失9500元，由被告财险公司在交强险和商业三责险范围内赔偿；原告加油站因交通事故所致的鉴定费用40 000元，由被告张×贵赔偿，被告运输公司承担连带赔偿责任；驳回原告加油站的其他诉讼请求。

二审法院判决：维持一审判决第一项、第三项；撤销一审判决第二项；鉴定费4万元，由被上诉人财险公司承担34 000元，被上诉人加油站承担2000元，上诉人张×贵承担4000元。

裁判要旨

交强险以及商业三责险合同中责任免除部分约定"因交通事故产生的仲裁或者诉讼费用以及其他相关费用"，保险人不负责赔偿和垫付，但并未明确鉴定费是否为免赔范围。当事人对"其他相关费用"是否包括鉴定费有不同的理解，这种情况下，保险人主张不承担鉴定费的，人民法院不予支持。

重点提示

在因交通事故而引发的纠纷中，对人身及财产损害情况进行司法鉴定是诉讼过程中常有的程序，但对于司法鉴定的费用应当由谁承担的问题，实务中争议较大。对于保险人在免责条款中约定的"因交通事故产生的仲裁或者诉讼费用以及其他相关费用"不予赔偿时，认定该免责条款的其他相关费用是否包含鉴定费时，应当注意以下两点：（1）诉讼费用并不包含鉴定费。根据《诉讼费用交纳办法》第 6 条规定,鉴定人在人民法院指定日期出庭发生的交通费、住宿费、生活费和误工补贴属于诉讼费用的一种,这项费用应当由败诉方承担。由此可知,诉讼费一般包括受理费、申请费以及有关人员出庭产生的交通、住宿、生活、误工费用等并由被诉方承担。而该办法第 12 条第 1 款规定:"诉讼过程中因鉴定、公告、勘验、翻译、评估、拍卖、变卖、仓储、保管、运输、船舶监管等发生的依法应当由当事人负担的费用,人民法院根据谁主张、谁负担的原则,决定由当事人直接支付给有关机构或者单位,人民法院不得代收代付。"即诉讼过程中因鉴定而产生的费用应当依据"谁主张、谁负担"的原则,由负有举证责任的一方承担鉴定费而并非被诉方。故鉴定费不属于诉讼费用。(2)保险合同中未明确鉴定费是否属于免责范围的,保险人应对鉴定费承担赔偿责任。发生交通事故后,经常会出现财产损失较少,但交通事故鉴定费较高的现象。在保险合同免责条款中规定,因交通事故产生的仲裁或诉讼费以及其他相关费用,保险人免责,但并未明确鉴定费是否免责的情况下,保险人虽对相关免责事项进行了提示和说明义务,但又没有证据证明其已就该"其他相关费用"的概念和内容向投保人尽到了明确说明义务,且鉴定费是否属于"其他相关费用"的范围也并不明确。故不能认定鉴定费属于保险合同免责条款中约定的"其他相关费用"。即保险合同中并未明确鉴定费是否属于免责范围的,保险人也应对鉴定费承担赔偿责任。此外,存在其他责任人的,也应承担一定的鉴定费。

4. 保险合同格式条款效力的认定

【案例】张×梅诉中国太平洋财产保险股份有限公司××分公司财产保险合同纠纷案

案例信息

案例来源:最高人民法院中国应用法学研究所《人民法院案例选》2017 年第 1 辑(总第 107 辑)

审判法院:江苏省南京市中级人民法院

判决日期:2016 年 6 月 17 日

案　　号:(2016)苏 01 民终 2538 号

基本案情

2014年12月，张×梅为其机动车向中国太平洋财产保险股份有限公司××分公司（以下简称太平洋保险公司分公司）投保交强险、机动车第三者商业责任险、车辆损失险，保险期间为1年。其中，车辆损失险规定了被保险人交通肇事后逃逸的，不论任何原因造成保险机动车的任何损失和费用，保险人均不负责赔偿。2014年12月，陈×驾驶被保险车辆与骑三轮电瓶车孙×国相碰，又碰到路边五辆机动车，造成五辆车受损。事故发生后，陈×本人未报警。陈×被交警大队询问并抽取其血样送检，经鉴定陈×血样中未检出乙醇成分。后陈×向太平洋保险公司分公司报案。2015的1月，太平洋保险公司分公司人员与陈×在交警大队谈话。同日，陈×签署放弃索赔声明书，载明："陈×造成本次事故后逃逸，放弃索赔，一切费用由其承担。"2015年7月，价格认证中心出具评估鉴定书，确定被保险车辆损失金额156 000元。张×梅支付了维修费156 000元。

张×梅以双方交涉未果为由提起诉讼，请求判令太平洋保险公司分公司赔偿车辆维修费156 000元、鉴定费4600元，共计160 600元，并承担本案诉讼费用。

一审判决后，太平洋保险公司分公司不服，提起上诉。

判决主文

一审法院判决：太平洋保险公司分公司支付张×梅车辆损失费156 000元、鉴定费4600元。

二审法院判决：驳回被上诉人张×梅的诉讼请求。

裁判要旨

判断保险格式条款是否具有效力时，应当审查其是否属于《保险法》第17条、第19条以及相关司法解释中规定的采用保险人提供的格式条款订立的保险合同的无效情形。

重点提示

随着保险产业的发展，格式条款越来越多地运用到保险合同中去，同时保险合同格式条款的出现也可能损害消费者的权益，因此，为了保障投保人、被保险人等的合法权益，加强对保险合同的管理，判断保险合同格式条款的效力就变得十分重要。司法实践中，认定保险合同格式条款效力的问题时，应当注意以下三点：(1)保险合同格式条款的法律特征。格式条款是双方当事人中处于优势地位的一方为了对自己有利的目的而提前拟定、并在订立合同时未曾与另一方协商的条款。保险合同格式条款的出现通常会由保险人对赔偿范围、处理方式、义务等进行明确规定，投保人未与其进行协商，仅能表示是否同意。因此，一般来说保险合同格式条款具有以下几点法律特征：一是采用保险人提供的格式条款订立的保险合同中，保险人相较投保人来说处于优势地位，其提出的格式条款可能会更加排除与投保人之间的协商；二是与其他合同的既可以以书面又可以以口头设立的形式相比，带有采用保险人提供的格式条款订立的保险合同原则上以书面形式设立；三是采用保险人提供的格式条款订立的保险合同具有稳定性。稳定性体现在对于已经设立的带有格式条款的保险合同，在合同双方均同意全部合同条款内容后不得再随意更改。(2)保险合同格式条款无效的常见情形。我国相关法律法规以诚信和公平正义原则为基础，对不利于被保险人的条款进行规定与限制。根据《保险法》第 17 条第 2 款以及第 19 条的规定可知，常见的保险合同格式条款无效情形主要有以下几种：一是为了保障投保人能够充分理解合同内容，避免出现信息差造成投保人利益受损，未将保险合同中免除保险人责任的条款内容以书面或者口头形式向投保人作出明确说明义务的条款无效；二是弱化了对投保人、被保险人、受益人利益的保护，若保险合同格式条款排除了投保人、被保险人或者受益人依法享有的权利，那么该条款无效；三是免除提供格式条款的保险人依法应当承担的义务、排除投保人、被保险人或者受益人主要权利的格式条款无效。即存在保险合同格式条款不当地免除或减轻保险人责任、加重投保人、被保险人、受益人责任或限制投保人、被保险人、受益人主要权利的情况时，该条款应当被视为无效。(3)保险合同格式条款无效的法律后果。保险合同格式条款的效力主要受到《民法典》和《保险法》的规范限制，确保该条款的合法性与合理性，对不公平的保险合同格式条款作出无效认定，保障投保人，被保险人和受益人的合法权益。保险合同格式条款被认定为无效后，该条款将不发生法律效力，同时也不会再约束合同双方。一方因该条款获得的财产应当予以返还，无法返还的也应当折价补偿。同时，因过错导致保险合同格式条款无效的一方也应当赔偿另一方因此所受到的损失。

5. 按事故责任比例赔付的隐性免责条款的效力认定

【案例】应×会诉中华××财产保险股份有限公司北京分公司责任保险合同纠纷案

案例信息

案例来源：最高人民法院《人民司法·案例》2015年第16期（总第723期）

审判法院：北京市第一中级人民法院

判决日期：2015年5月20日

案　　号：（2015）一中民（商）终字第4317号

基本案情

应×会为其所有的车辆在中华××财产保险股份有限公司北京分公司（以下简称中华保险公司北京分公司）投保了机动车交通事故责任强制保险以及商业第三者责任险（不计免赔），保险期间均为自2012年7月起1年，商业险的责任限额为20万元。次年1月，应×会驾驶该车辆时与宋××驾驶的电动三轮车发生碰撞，事故造成宋××受伤、两车损坏，应×会修理车辆花费维修费4360元。该交通事故发生在保险有效期内。事故发生后，公安机关交管部门未明确认定责任。2013年9月，宋××将应×会与中华保险公司北京分公司诉至法院，要求其赔偿损失。经该案判决书认定，对于超过交强险限额部分的损失，由应×会承担80%，宋××承担20%。该判决已经生效，中华保险公司北京分公司按照损失的80%对应×会进行赔付，余下872元未赔付。经查，《中华××财产保险股份有限公司家庭自用汽车损失保险条款》第26条规定："保险人依据被保险机动车驾驶人在事故中所负的事故责任比例，承担相应的赔偿责任。"该条款夹杂在处理赔偿事务的程序性条款中。

应×会以中华保险公司北京分公司未足额赔付车辆损失为由，提起诉讼，请求判令中华保险公司北京分公司赔付其车辆维修费872元。

中华保险公司北京分公司答辩称：事故发生后，本公司已经依据法院判决理赔了应×会车辆损失费用的80%，共计3488元。在本公司与应×会签订的商业第三者责任险中明确约定了应当按照主次责任进行赔付，故本公司不应当承担剩余 20% 车辆损失的费用。

一审判决后，中华保险公司北京分公司不服，提起上诉称：第一，依据保险条款规定，保险人依据被保险机动车驾驶人在事故中所负的事故责任比例承担相应的赔偿责任。而一审法院将按照责任比例赔付与应 × 会投保不计免赔险相混淆，适用条款错误。第二，保险存在的根本目的和价值在于赔偿损失，而按责赔付的规则是为了避免投保人因同一损失获得双重补偿，同时也更是为了保障投保人的权益。一审法院忽略了这一法理的重要规则，造成本公司承担额外的赔偿责任。第三，已经有生效的判决认定双方承担责任的比例，宋 × × 在事故中存在过错行为，承担 20% 的责任，理应承担对应 × 会的赔偿责任，而一审法院判决由本公司承担，属于认定事实不清。综上，一审认定事实有误，适用法律有误，请求撤销一审判决，依法改判。

应 × 会辩称：中华保险公司北京分公司应当承担相应的赔偿责任。同意一审判决，请求维持一审判决。

判决主文

一审法院判决：被告中华保险公司北京分公司赔付原告应 × 会车辆修理费 872 元。

二审法院判决：驳回上诉，维持原判。

裁判要旨

投保人与保险人签订的保险条款中约定，保险人依据在事故中所负的事故责任比例承担赔偿责任的，该条款免除了保险人全部或者部分责任，属于隐性免责条款。因隐性免责条款在本质也属于免责条款，故保险人对其也负有向投保人进行提示和说明的义务。

重点提示

保险合同条款中包含着保险责任、赔偿金额、责任免除等重要条款内容。但其中也存在着大量隐性的免除保险人责任的条款，即隐性免责条款。司法实践中，认定未进行提示和说明的按事故责任比例赔付的隐性免责条款是否有效的问题时，应当注意以下三点：（1）隐性免责条款本质上与免责条款相同。所谓隐性免责条款，是指虽在保险合同中并未以文字形式具体表述，但依据保合同条款的内容、性质、公平性等可以得出的隐性的免除保险人责任的条款。而免责条款则是指当事人在合同中约定排除或限制将来责任的条款。因此，相较于免责条款来说，虽然隐性免责条款不易被投保人发现，但其实质上属于隐藏在保险合同普通条款中的免责条款。故对于隐性免责条款的适用也应当参考我国保险法中对于免责条款的规定。（2）保险合同中约定按事故责任比例赔付的格式条款属于隐性免责条款。按事故责任比例赔付的格式条款，减轻或免除了保险人赔偿责任，排除了被保险人的权利，应认定为免责条款。又因该条款不在保险合同中责任免除项下，而存在于保险合同的其他程序性条款中，保险人在形式上未对该条款进行区别于其他条款的明显标注，不易引起投保人的重视。因此，按事故责任比例赔付的格式条款属于隐性免责条款。（3）保险人对隐性免责条款具有提示及明确说明义务，未尽说明义务的隐性免责条款无效。根据《保险法》第17条的规定可知，保险人与投保人签订保险格式合同的，保险人应当对保险合同中免除保险人责任的条款作出足以引起投保人注意的提示，并以书面或口头形式向投保人作出明确说明；未作提示或者明确说明的，该条款不产生效力。又依据前述可知，隐性免责条款与免责条款在本质上是相同的，其仅与免责条款在保险合同中的存在形式不同，两者均能够达到限制、减轻或免除保险人赔偿责任的免责效果。因此，保险人同样应当对隐性免责条款进行提示及明确说明，保险人未对保险合同中的隐性免责条款履行提示及明确说明义务的，该隐性免责条款无效。

6. 事故责任免赔率条款是否属于保险免责条款

【案例】胡×料诉中国人民财产保险股份有限公司××支公司等机动车交通事故责任纠纷案

案例信息

案例来源：《人民法院报》2015年9月10日刊载

审判法院：浙江省温州市中级人民法院

判决日期：2015年2月12日

案　　号：（2015）浙温民终字第18号

基本案情

2014年5月，刘×胜驾驶重型自卸货车与李×军驾驶的重型专项作业车发生碰撞。此次碰撞行为导致李×军驾驶的重型专项作业车侧翻，并碰撞到正好途经此地的胡×料驾驶的小型轿车。该事故最终造成李×军受伤，三辆车都受到不同程度的损伤。经××市公安局交警大队认定，刘×胜负此起交通事故的主要责任，李×军负事故次要责任，胡×料不负责任。事故发生后，胡×料为此支付修车费68 000元，拖车费880元，更换行驶证检测费100元、打钢印费60元、工本费15元。

另查明，李×军就职于××市环卫管理处。交通事故发生时，李×军正执行单位工作任务，其驾驶的重型专项作业车由中国人民财产保险股份有限公司××支公司（以下简称人保公司）负责承保，共承保交强险和限额20万元的商业三责险（未购买不计免赔的附加险），保险期限仍处于有效期内。其中，人保公司第三者责任保险合同中规定，"在责任限额内，保险人按下列免赔率免赔：负次要事故责任的，免赔率为5%"。刘×胜驾驶的重型自卸货车的挂靠单位为资溪县××货运有限公司，并投保于中国人寿财产保险股份有限公司××××支公司（以下简称人寿保险公司），共投保交强险和限额20万元的商业三责险，保险仍处于有效期内。

胡×料以机动车交通事故损害赔偿为由，提起诉讼，请求判令刘×胜、资溪县××货运有限公司、李×军、××市环卫管理处连带赔偿各项损失共计79 465元；人保公司、人寿保险公司在承保的交强险和商业三责险限额范围内直接赔付胡×料。

刘×胜辩称：本人对事故发生经过、责任认定没有意见。但胡×料主张的折旧费并不合理。

李×军辩称：本人是就职于××市环卫管理处的驾驶员，驾驶的车辆也归××市环卫管理处所有。此时交通事故在工作过程中发生。胡×料的损失应由保险公司赔偿。

××市环卫管理处辩称：本管理处对事故事实及责任认定没有异议。但认为胡×料诉称的部分赔偿项目不合理。保险公司应当在保险范围内先行赔付，不足部分由本管理处承担。

人寿保险公司辩称：本公司对本案事故事实及责任认定没有异议。但胡×

料诉请的赔偿项目部分缺乏依据且超出保险范围。

人保公司辩称：本公司事故发生的事实及责任认定没有异议。

一审判决后，人保公司不服，提起上诉称：一审法院对其未对免除保险人责任条款对投保人作出明确说明，认定该条款不产生效力的事实认识错误。

判决主文

一审法院判决：人寿保险公司在交强险范围内直接赔偿胡×料943.2元；在商业三责险范围内直接赔偿胡×料46 705.96元；人保公司在交强险范围内直接赔偿胡×料1389元；在商业三责险范围内直接赔偿胡×料20 016.84元；驳回胡×料的其他诉讼请求。

二审法院判决：维持一审判决第一项、第三项及诉讼费负担部分；撤销一审判决主文第二项；上诉人人保公司赔偿被上诉人胡×料20 405元；被上诉人××市环卫管理处赔偿被上诉人胡×料1000.84元。

裁判要旨

在商业第三者责任险中，保险公司可在被保险人未投保不计免赔率附加险的前提下，对于事故发生后所应承担的责任享有一定的免责比例，该免责行为合法合理，不属于保险免责条款，也并未减轻或免除保险公司责任。因此，对于上述免责行为，保险公司也无需向投保人履行提示说明义务。

重点提示

所谓事故责任免赔率，是指保险事故发生后，保险公司依据被保险人在事故中应当承担的责任比例，相对应地得出其无需赔偿的那部分比例。司法实践中，认定事故责任免赔率条款是否属于保险免责条款的问题时，应当注意以下三点：（1）事故责任免赔率条款的认定。为了降低投保风险，并满足保险行业越来越多样化的需求，投保人可以在投保汽车保险的同时附加投保不计免赔率附加险。从保险类别来说，不计免赔率附加险属于商业险中的附加险。在投保该险后，对于保险事故的发生，投保人就可以要求保险公司负责赔偿其按照投保险种免赔率计算的、应当由其自行承担的免赔金额，其中就包括事故责任免赔率。但在未投保不计免赔率附加险的情况下，一旦保险事故发生，保险公司根据投保人在事故中所承担的责任享有一定比例的免责额度。（2）事故责任免赔率条款不同于保险合同免责条款。投保人可自行选择是否投保不计免赔率附加险。但一般来说,投保人为其机动车投保机动车商业第三者责任险时大多都会附加投保不计免赔率附加险。投保该附加险,并不会减轻或免除保险公司责任,也不会排除被保险人的权利。其属于附加险的类别也进而证明了事故责任免赔率符合法律规定以及公平原则。因此,事故责任免赔率条款与我国保险法以及相关法律、司法解释中规定的保险合同免责条款存在不同。同时,相较于保险合同免责条款来说,保险公司上述免责行为也无需向投保人履行提示说明义务。(3)事故责任免赔率条款的作用。首先,在交通事故中,不计免赔率附加险的投保十分重要,它可以将投保人需承担部分赔偿责任转移由保险公司承担,从而使其能够在交通事故发生后获得最高的权益保障,帮助投保人在交通事故中减少损失。其次,能够告诫机动车驾驶人员遵守交通规则、增强行车安全意识,从而降低交通事故的发生率,切实践行交通法规。最后,也能够降低投保人的投保风险,并满足保险行业越来越多样化的需求。

7. 高保低赔条款是否属于免责条款

【案例】左××诉中国人民保险××公司阜宁支公司财产损失保险合同纠纷案

案例信息

案例来源:《人民法院报》2014年7月31日刊载

审判法院:江苏省阜宁县人民法院

判决日期:2013年1月1日

案　　号:(2013)阜益商初字第0001号

基本案情

2012年4月,左××在中国人民保险××公司阜宁支公司(以下简称人保阜宁公司)为其所有的重型自卸货车投保机动车车辆损失险,并按照新车购置价支付了保费。上述车辆的初始登记时间为2008年11月,人保阜宁公司按新车购置价为27万元的价格收取相应保费。同年7月,左××驾驶涉案重型自卸货车时,因操作不当发生侧翻,左××支出施救费用4000元。次日,交警大队对该起事故作出事故证明。价格认证中心于同年11月确定涉案重型自卸货车所受损失金额为 135 990 元，人保阜宁公司称其赔偿范围应当依照合同约定的在车辆事故发生时，不超过被保险机动车的实际价值的情况下，按照核定修理费用进行赔偿。由于按照月折旧率 1.2% 计算涉案货车现值低于车辆损失，应当推定为涉案重型自卸货车全损。左××与人保阜宁公司就此多次进行商议仍未得出结果。

左××以多次与人保阜宁公司就涉案货车所受损失赔偿问题进行协商未果为由，提起诉讼，请求判令人保阜宁公司赔偿该起事故损失 139 990 元。

判决主文

一审法院判决：被告人保阜宁公司在保险金额范围内对原告左××的损失承担赔偿责任。

裁判要旨

保险合同中约定的高保低赔条款能够免除保险人的部分赔偿责任，其本质上属于免责条款。因此，应当依据保险法有关免责条款的相关规定，由保险人向投保人如实提示和说明高保低赔条款内容。

重点提示

机动车保险市场中高保低赔的现象时有发生，保险行业对于保险合同中高保低赔条款的效力、性质以及是否属于免责条款的认定上均存在一定的争议。司法实践中，认定高保低赔条款是否属于免责条款的问题时，应当注意以下三点：（1）高保低赔条款不属于绝对无效的格式条款。实务中，学者们常常将保险标的的保险价值与实际价值的概念混同，认为二者其实是相同的。所谓保险价值，是指在保险事故发生时保险标的所具有的实际价值。根据保险法的相关规定，一般情况下，保险标的的保险价值与实际价值相同。但在机动车车辆损失保险中，保险标的的保险价值与实际价值并不完全相同。因当机动车受损维修的价格低于保险机动车实际价值时，被保险人可依据保险合同要求全额赔偿。故保险标的的保险价值也有超过实际价值的可能。此外，高保低赔保险条款也符合我国保险法中规定的损失补偿原则，即我国保险法允许被保险人通过投保方式确定保险价值，但被保险人也要遵循损失补偿原则，禁止被保险人在保险事故发生后基于保险赔偿获益。综上，保险合同中高保低赔条款并非无效格式条款。（2）保险合同中免责条款的认定与无效情形。当事人双方在合同中事先约定的、旨在限制或免除其未来责任的条款即为免责条款。依据《保险法》第17条第2款"对保险合同中免除投保人责任的条款，保险人在订立合同时应当在投保单、保险单或者其他保险凭证上作出足以引起投保人注意的提示，并对该条款的内容以书面或者口头形式向投保人作出明确说明；未作提示或者明确说明的，该条款不产生效力"的规定可知，保险合同免责条款具备下列情况时应当被认定为无效：①该条款显失公平；②以各种方式、手段订立的免责条款，损害国家、集体或第三人利益；③保险人未将格式合同免责条款内容对投保人予以提醒注意和详细说明的；④该条款给对方造成人身伤害；⑤因故意、重大过失致他人财产损失的免责条款。故保险合同中免责条款具有上述情形之一的，则应当认定为无效。（3）高保低赔条款属于免责条款，保险人应当将上述条款向投保人进行提示和明确说明，否则无效且对投保人不发生法律效力。从本质上看，高保低赔条款系免除保险人部分责任的条款，满足我国《保险法》第17条中规定的免除保险人责任的条款，故属于保险合同免责条款，即保险人也应当将高保低赔条款向投保人进行提示和明确说明。若保险人并未将高保低赔条款向投保人进行合理的提示和明确说明，则违反诚信原则且该条款对投保人不产生法律效力。

四、保险价值与保险金额

（一）保险价值与保险金额的适用

1. 享受国家补贴的保险标的的保险金额认定

【案例】王×豪诉××平安财产保险股份有限公司北京分公司财产保险合同纠纷案

案例信息

案例来源：最高人民法院中国应用法学研究所《人民法院案例选》2020年第11辑（总第153辑）

审判法院：北京市房山区人民法院

判决日期：2018 年 12 月 27 日

案　　号：（2018）京 0111 民初 16838 号

基本案情

2017 年 11 月，王×豪在××平安财产保险股份有限公司北京分公司（以下简称平安北分公司）为其机动车投保机动车商业损失保险（以下简称车损险）及不计免赔率险，车损险的保险金额为 169 801.2 元，保险期间自 2017 年 12 月至 2018 年 12 月。通过国家政策补贴，王×豪以 6 万元的价格购买该车辆。平安北分公司按照该车补贴前原价 169 801.2 元计算保险费用。2018 年 4 月，王×豪的父亲王×阁驾驶该车辆时发生交通事故，造成车辆受损。事故发生后，王×阁立即与平安北分公司联系，说明了事故情况、并向工作人员发送事故现场照片。后该车辆被送往北京西三旗×××汽车销售有限公司维修，维修费用 70 365 元。

王×豪以其向平安北分公司索赔遭拒为由，提起诉讼。

平安北分公司辩称：本公司同意在上述机动车商业损失险范围内进行赔偿，但对于王×豪主张的赔偿金额不同意。本公司认为应该按照实际购车价格的折旧价值进行赔偿。

判决主文

一审法院判决：被告平安北分公司赔偿原告王×豪保险金 70 365 元。

裁判要旨

保险价值是用以确定保险金额的基础。保险价值是客观的，因此基于其得出的保险金额也同样客观，并不会因国家的补贴而发生变化。

重点提示

随着汽车行业的不断变化发展，越来越多的新能源汽车被投入使用。针对新能源汽车，我国对购买该车的车主给予国家补贴。司法实践中，认定享受国家补贴的保险标的的保险金额认定的问题时，应当注意以下三点：（1）财产保险合同中保险金额的确定。被保险人在保险金额确定后才可向保险人进行索赔。对于保险金额的确定，《保险法》第 18 条第 4 款规定："保险金额是指保险人承担赔偿或者给付保险金责任的最高限额。"该法第 55 条第 1 款、第 2 款规定:"投保人和保险人约定保险标的的保险价值并在合同中载明的,保险标的发生损失时,以约定的保险价值为赔偿计算标准。投保人和保险人未约定保险标的的保险价值的,保险标的发生损失时,以保险事故发生时保险标的的实际价值为赔偿计算标准。"由此可知,保险价值是财产保险中用以确定保险标的的保险金额的重要基准。而所谓保险价值,是指保险合同当事人之间签订的保险合同中的保险标的的价值,或保险事故发生后保险标的的实际价值。此外,保险金额不应超过保险价值。(2)机动车损失保险中被保车辆保险金额的确定。车主购买机动车后,除了为其车辆购买交强险外,一般来说也会为车辆购买机动车辆损失保险。其能够保障车辆因自然灾害等意外事故受损后获得损失赔偿以及施救费用。对于一般的机动车辆,投保机动车损失险订立保险合同时,保险金额的确定一般有以下几种方式:一是以投保人与保险人在订立保险合同时协商约定的保险金额;二是以被保险车辆的新车购置价确定保险金额;三是在投保人与保险人在订立保险合同时未进行协商确定保险金额的情况下,以投保车辆损失险时被保车辆的实际价值,即基于新车购置价去掉折旧金额的金额确定保险金额。(3)享受国家补贴的新能源车的保险金额确定。近几年随着新能源车辆的普及,新能源车辆在汽车行业市场中也占据一定的比例。车辆易在行驶过程中发生事故,故为了保障其权益,车主大多会选择为其车辆投保车险。但在保险领域,我国法律并未明确规定有关新能源汽车保险理赔的相关规定,也不存在专门针对新能源车辆设计的保险,因此在处理此类车辆保险理赔中大多会采纳一般机动车辆的相关规定。为了鼓励更多的车主选择购买新能源车,我国对于车主在购买新能源汽车时会给予一定的补贴,因此会导致实际购车的价格比官方指导价格低。实务中,保险公司一般都按照官方指导价格计算保费,而保险金额的确定则以事故发生时被保险车辆的实际价值为基础。

2. 保险标的物范围的具体认定

【案例】烟台××食品有限公司诉中国××财产保险股份有限公司莱阳支公司财产损失保险合同纠纷案

案例信息

案例来源:最高人民法院民事审判第二庭《商事审判指导》2014 年第 1 辑

（总第 37 辑）

审判法院：最高人民法院

判决日期：2013 年 10 月 28 日

案　　　号：（2013）民提字第 121 号

基本案情

2008 年 8 月，烟台××食品有限公司（以下简称食品公司）与中国××财产保险股份有限公司莱阳支公司（以下简称保险公司莱阳支公司）签订财产保险合同，约定：保险期间为自 2008 年 8 月起 1 年，食品公司以 8 023 700 元对位于莱阳市经济开发区××路北天回路（房产证××街西武当山北）的房屋建筑投保，第一受益人为中国工商银行股份有限公司莱阳支行（以下简称工商银行莱阳支行），保险金额依估价确定依据，且每次事故绝对免赔额为 1000 元人民币或损失金额的 15%，两者以高者为准。2009 年 5 月，食品公司厂区内发生火灾。次日，保险公司莱阳支公司对火灾现场进行了勘察。之后，第一受益人工商银行莱阳支行出具《证明》一份，将该保险单受益人的全部权益转让给食品公司。食品公司多次向保险公司莱阳支公司索赔，但双方就保险合同的标的物范围等问题发生争议，食品公司认为保险标的物为其地址内所有房屋建筑，而保险公司莱阳支公司认为标的物仅为其中的三栋房屋，食品公司索赔未果。

食品公司以保险公司莱阳支公司不履行保险合同义务为由，提起诉讼，请求判令保险公司莱阳支公司赔偿其因火灾所受损失。

一审判决后，保险公司莱阳支公司不服，提起上诉。

食品公司答辩称：保险合同以及保险公司莱阳支公司的现场勘验记录可以证明，保险标的系本公司厂区的所有建筑，且保险金与保险价值相符，属于足额保险；投保单存在涂改痕迹不具有真实性，《抵押物清单》也不能作为认定保险标的的证据；公估报告的作出程序及内容正当、客观，应作为赔偿依据认定；本公司主张赔偿施救费用正当合法，保险公司莱阳支公司依法应予赔付，请求维持一审。

二审判决后，保险公司莱阳支公司不服，申请再审。

食品公司再审答辩称：根据保险目的与保险利益以及从保险价值角度看，保险标的物应为本公司的当时所有房屋建筑；投保单系保险公司莱阳支公司单方制作的格式文件，存在多处涂改痕迹，真实性可疑，对于保险合同的内容，应当以保险单列明的内容为准；保险合同产生歧义是因保险公司莱阳支公司没有尽到估价义务，理应由保险人为此负责；保险公司莱阳支公司对全部毁损现场进行勘察出具的非水险查账笔录，说明其承认保险标的为全部房屋建筑；本公司在提出施救费用请求时，已经提交了完备有效的证据，属于保险合同的赔偿范围，原审判决并无不当，请求驳回保险公司莱阳支公司的再审申请。

判决主文

一审法院判决：被告保险公司莱阳支公司于该判决生效后 10 日内赔偿原告食品公司保险金 3 054 478.45 元、施救费用 51 696.34 元。

二审法院判决：驳回上诉，维持原判。

再审法院判决：撤销一审、二审判决；申请再审人保险公司平安莱阳支公司向被申请再审人食品公司支付保险金 612 836.4 元、施救费用 25 848.17 元。

裁判要旨

投保人将盖有公司公章并带有涂改痕迹的投保单交付保险公司。在保险事故理赔阶段，投保人与保险公司之间对于保险标的物的范围发生争议的，应当以保险合同和投保单的记载内容确定争议事项。但当投保人交付的保单因带有涂改痕迹而无法直接确定保险标的范围时，则应当结合其他间接证据来认定，如果间接证据与投保单记载内容相符，那么带有涂改痕迹的保单也应当被认定为真实有效。

重点提示

投保单又称投保申请书，系投保人申请保险的一种书面形式，待保险人接受投保单后，保险责任即刻实行。司法实践中，认定与间接证据能够相互印证的存在涂改痕迹的投保单是否有效的问题时，应当注意以下三点：（1）投保单是投保人向保险人发出的订立保险合同的书面要约。投保单由保险人提供，待投保人填写完成后交付保险人，系投保人向保险人发出的书面保险申请。其主要内容包括投保人、被保险人的名称和住所、保险标的、保险期间、保险金额以及保险责任等信息，但在保险人签字盖章前，其仅为投保人的书面要约，待保险人接受后，就会成为保险合同中的一部分。此外，投保人在填写时应当确保填写的内容不存在隐瞒、欺诈等情形，否则将会影响保险合同的效力。（2）保险合同和投保单的记载内容能够认定保险标的物的范围。保险标的是指在保险合同中约定的、投保人对其享有利益的并且是可被投保的标的。首先，根据《保险法》第18条有关保险合同包含事项的规定可知，投保人与保险人签订的保险合同中应当包含保险标的，即投保人与保险人在签订保险合同时应当明确约定保险标的的范围。其次，保险合同属于要式合同，其通常由投保单、保险单以及其他相关文件等共同组成，而投保单是保险合同最为重要的组成部分，投保人在向保险人发出的投保单的内容中也同样包含着保险标的。因此，可以依据保险合同和投保单的记载内容来认定保险标的物范围。（3）投保单内容存在涂改痕迹但存在间接证据能够印证的，投保单真实有效。投保人向保险人交付的投保单内容被涂改而使双方对于保险合同内容存在争议时，应当结合双方当事人之间保险合同的附件等其他文书，以及保险目的、保险价值、交易背景等间接证据。如果间接证据之间能够相互印证并与投保单记载内容相符，那么就应当认定投保单具有真实性，投保单合法有效，并由保险人承担相应的保险责任。

3. 新车购置价作为保险金额时能否也作为保险价值

【案例】江×保诉××财产保险股份有限公司安徽分公司财产损失保险合同纠纷案

案例信息

案例来源：最高人民法院中国应用法学研究所《人民法院案例选》2013年第3辑（总第85辑）

审判法院：江苏省无锡市中级人民法院

判决日期：2012年11月7日

案　　号：（2012）锡商终字第0509号

基本案情

2009年5月，江×保在××财产保险股份有限公司安徽分公司（以下简称保险公司）为所有的载货汽车投保，包括车损险及不计免赔等险种，其中车损险责任限额为172 600元，保险期间为2009年5月起1年。保险单记载：投保时新车购置价为 172 600 元；保险单所附《营业用汽车损失保险条款》规定：保险金额以新车购置价确定时的赔偿，在发生车辆全损时，赔偿金额在保险金额内计算，保险金额高于事故发生时车辆实际价值的，按照事故发生时车辆实际价值计算赔偿数额；保险事故发生时车辆实际价值根据当时新车购置价格减去折旧金额计算；折旧金额＝保险事故发生时的新车购置价 × 被保险机动车已使用月数 × 月折旧率；在发生车辆部分损失时，以核定修理费用计算赔偿数额，但赔偿数额不能超出事故发生时车辆实际价值。

2009 年 9 月，高 × 驾驶涉案载货汽车出行，汪 × 乘坐该车辆，车上也装载了货物。该车辆行驶在高速公路上时与王 × 胜驾驶的重型厢式货车相撞，发生重大交通事故，致使高 × 死亡、汪 × 受伤、车上货物损坏。交通管理部门作出《道路交通事故证明》，载明：无法查明重型厢式货车在交通事故时的行驶状态。次月，相关部门作出《道路交通事故车、物损失评估鉴定书》，认定载货汽车的车损为 59 924 元。江 × 保而后支付了 53 924 元的车辆修理费、730 元的清障费。后高 × 家属向另案法院提起交通事故人身损害赔偿民事诉讼，另案法院作出生效判决认定，交通事故双方各负 50% 赔偿责任。保险公司于 2011 年 4 月向江 × 保给付了 12 500 元保险金。

江 × 保以高 × 驾驶其所有的载货汽车发生交通事故，承保人保险公司未全额赔付为由，提起诉讼，请求判令保险公司赔偿 52 624 元保险金。

保险公司辩称：本公司已经依据相关法律及保险合同赔偿了江 × 保 12 500 元保险金，故请求驳回诉讼请求。

一审判决后，保险公司不服，提出上诉。

判决主文

一审法院判决：被告保险公司支付江 × 保保险金 40 154 元；驳回原告江 × 保的其他诉讼请求。

二审法院判决：驳回上诉，维持原判。

裁判要旨

投保人与保险人订立保险合同，合同载明以新车购置价作为保险金额时，虽未明确规定保险价值，但其隐藏意思就是将新车购置价作为保险价值，并以此保险金额即保险价值作为赔偿限额，要求保险人承担保险责任。

重点提示

新车购置价是指消费者购买新车时应当支付的车辆购买价格，一般来说，新车购置价会作为保险合同签订地确定保险金额的依据。司法实践中，对于保险合同以新车购置价作为保险金额时能否同时作为保险价值的问题，应当注意以下两点：（1）新车购置价既可作为车辆保险价值，又可作为投保时的保险金额。因车辆的保险费用与车辆的价值紧密相连，而新车购置价又是判断车辆价值的一个重要参考因素。故车辆保险的价值主要基于车辆的新车购置价来确定。根据我国保险领域相关法律规定可知，车辆损失险的保险金额可以按投保时保险价值或实际价值确定，亦可以由被保险人与保险人协商确定，但保险金额不得超过保险价值，超过部分无效。投保人与保险人订立的保险合同中规定，以新车购置价作为保险金额时，该合同中虽未规定有关保险价值的内容，但实际上就是以新车购置价作为保险价值，保险人以此保险金额即保险价值作为赔偿限额承担相应的保险责任。（2）车辆损失赔偿的计算标准。《保险法》第55条规定："投保人和保险人约定保险标的的保险价值并在合同中载明的，保险标的发生损失时，以约定的保险价值为赔偿计算标准。投保人和保险人未约定保险标的的保险价值的，保险标的发生损失时，以保险事故发生时保险标的的实际价值为赔偿计算标准。保险金额不得超过保险价值。超过保险价值的，超过部分无效，保险人应当退还相应的保险费。保险金额低于保险价值的，除合同另有约定外，保险人按照保险金额与保险价值的比例承担赔偿保险金的责任。"由此可知，车辆损失险的赔偿一般应当分以下两种情况讨论：一是存在全部损失时，以保险金额计算赔偿金，但当保险金额高于车辆实际价值时，应当以不超过出险当时的车辆实际价值计算赔偿；二是存在部分损失时，以保险价值确定保险金额的车辆，应当按实际修理费用计算赔偿，但当保险金额低于车辆保险价值时，则应当按保险金额与保险价值的比例计算赔偿修理费用。保险车辆损失赔偿以不超过保险金额为限。

（二）定值保险与不定值保险

1. 不定值保险中，保单与合同约定的新车购置价不同时如何认定

【案例】李×清诉中国太平洋财产保险股份有限公司××分公司财产保险合同纠纷案

案例信息

案例来源：中国裁判文书网
审判法院：广东省阳江市中级人民法院
判决日期：2014年7月22日
案　　号：（2014）阳中法民二终字第68号

基本案情

2013年4月，李×清为赣K052××号牌重型自卸货车支付11 663.85元在中国太平洋财产保险股份有限公司××分公司（以下简称太平洋保险公司分公司）投保交强险和商业保险，保险期间均为1年。次月，李×清雇佣的司机唐×武在驾驶前述车辆时因操作不当致使车辆翻落，并造成车辆损坏、唐×武受伤、道路路面损坏、移动公司光缆损坏的后果。事故发生后，阳×市公安局交通警察大队出具《道路交通事故认定书》，认定唐×武承担此事故的全部责任，当天，太平洋保险公司分公司进行现场勘查，确认属保险责任。

李×清因此次事故，先后支付了以下费用：（1）因事故车辆赣K052××号牌重型自卸货车两吊一拖车费7400元。（2）协议支付损坏公路路产赔偿款3910元。（3）移动光缆损失价值评估鉴定费1300元，经鉴定，该标的损失为27 364元。（4）垫付司机唐×武治疗费用1719.37元。（5）支付事故车辆赣K052××号牌重型自卸货车的损失价值评估鉴定费6419元，经鉴定，该车无修复价值，车残值重量为12495公斤，残值市场价格以每公斤1.60元计算，另根据在互联网及湖北×××汽车贸易有限公司了解到东风牌EQ32××GE3重型自卸货车在鉴定基准日的重置价格为340 000元（包含车辆购置附加税）、该类型车辆的法定强制报废期止于2022年4月（15年），以及该车的现实使用情

况，最终评估鉴定意见确定"赣K052××号牌重型自卸货车整体价格鉴定值为160 548元"。

李×清以太平洋保险公司分公司应当赔偿车辆损失为由，提起诉讼，请求判令：太平洋保险公司分公司向李×清赔偿174 367元商业车辆损失险、1719.37元商业车上责任险（驾驶员）、32 574元第三者商业责任险。

太平洋保险公司分公司辩称：本公司确实作为事故车辆关于机动车交通事故责任强制保险、机动车损失保险、车上人员责任险、第三者商业责任险等险种的保险人，并指出事故车辆的交通事故损失赔偿按照保险条款处理；关于车辆损失赔偿问题，按推定全损处理。因其已超出出险时被保险机动车的实际价值，事故车辆的新车购置价为183 750元。根据规定计算，事故发生时的实际价值应当为44 835元，因而，同意按44 835元价值赔偿，事故车辆作为残值收回；同意予以赔偿医疗费1719.37元及公路路产损失3910元；赔偿交通事故造成第三者的财产损失，应当按中国移动公司预算申请表中显示的修复价格确定，予以赔偿27 015元；鉴定费，不予赔偿；另交通事故7400元施救费过高。

一审判决后，李×清不服，提出上诉称：保险人签订合同时不明确保险条款，涉案标的物的新购置价格不应当按照约定的价格，而应当按照重置价格计算。遂请求撤销一审的第四项判决，并改判太平洋保险公司分公司向其赔付商业车辆损失险和交通事故责任强制保险险金174 367元。

太平洋保险公司分公司辩称：涉案车辆经查，并没有在本公司投保交强险。并且投保人签订保险合同时不存在不明确条款的情况，另外，出险时涉案车辆载货11吨之多，已有明显的超载现象。根据《机动车损失保险条款》第8条第5项规定，应不予理赔；又根据《机动车商业第三者条款》第20条规定，应当增加10%的绝对免赔率。

判决主文

一审法院判决：被告太平洋保险公司分公司赔付原告李×清机动车交通事故责任强制保险保险金2000元、第三者商业责任险保险金30 574元、车上责任险（驾驶员）保险金1719.37元、车辆损失险56 853.25元；被告太平洋保险公司分公司退还多收原告李×清的保险费2326.57元；驳回原告李×清的其他诉讼请求。

二审法院判决：维持一审判决的前三项；变更一审判决第四项为被上诉

人太平洋保险公司分公司在车辆损失险赔偿限额内赔付上诉人李×清保险金110 447元；撤销一审判决第五项、第六项；驳回上诉人李×清的其他诉讼请求。

裁判要旨

对于不定值保险合同，认定出险时事故车辆实际价值的关键就是确定该车辆的新车购置价。在确定新车购置价时，如果保险单中记载的新车购置价与保险合同中保险条款约定的新车购置价不一致，那么就应当依据保险法的相关规定采取对被保险人等受益人更为有利的解释来确认新车购置价。

重点提示

所谓新车购置价，是指保险合同签订地购置与被保险机动车同类型新车的价格，无同类型新车市场销售价格的，由投保人与保险人协商确定。司法实践中，探究保险单与保险合同中约定的新车购置价不同时的争议认定问题时，应当注意以下两点：(1)车辆的新车购置价系认定出险时车辆实际价值的重要因素。保险标的的保险价值，既可以由投保人和保险人在保险合同中事先约定，又可以按照保险事故发生时保险标的的实际价值确定，后者即为不定值保险合同。不定值保险合同是指保险双方当事人对保险标的的价值并不事先确定，而是在保险事故发生后进行估算价值、确定损失的保险合同。而确定保险标的的价值通常以市场价格为准，若不易确定，可以用重置成本减折旧的方法来确定保险标的的价值，即出险时的实际价值＝出险时的新购置价×(1-保险机动车已使用月数×月折旧率)。因此，依据上述关于保险标的价值的计算公式可以看出，出险时的新购置价为认定出险时车辆的实际价值重要因素。(2)保险单与保险合同中约定的新车购置价不同且存在争议时，应当采取对投保人更为有利的解释来确认新车购置价。保险合同中的保险条款是保险人事先拟定的，已经充分考虑了保险人的自身利益的条款。保险人因其自身的专业强及财力地位处于优势地位，而被保险人或者受益人则相对处于弱势一方，又因《保险法》第30条规定："采用保险人提供的格式条款订立的保险合同，保险人与投保人、被保险人或者受益人对合同条款有争议的，应当按照通常理解予以解释。对合同条款有两种以上解释的，人民法院或者仲裁机构应当作出有利于被保险人和受益人的解释。"综上可知，对出险时的新购置价存在异议时，应当依据上述相关规定采取对被保险人等受益人更为有利的解释来确认新车购置价。

2. 财产保险合同中未约定保险价值时保险赔偿金额的认定

【案例】陈×梁诉中国人民××保险股份有限公司阿荣旗支公司财产损失保险合同纠纷案

案例信息

案例来源：最高人民法院民事审判第二庭《商事审判指导》2012年第1辑（总第29辑）

审判法院：最高人民法院

判决日期：2011年11月24日

案　　号：（2011）民提字第238号

基本案情

阿荣旗×××木制品有限公司（以下简称木制品公司）于2002年3月在中国人民××保险股份有限公司阿荣旗支公司（以下简称保险公司）为陈×梁投保固定资产保险。同年8月，陈×梁又以阿荣旗×××木制品厂为被保险人在保险公司进行投保。次月，阿荣旗×××木制品厂与原木制品公司厂房发生火灾，造成厂房及设备严重烧毁，但火灾原因不明。灾后陈×梁向保险公司提供索赔单证并请求保险公司索赔，但保险公司拒绝赔偿。后该企业停工停产。

陈×梁以保险公司尚未支付保险赔偿金为由提起诉讼。

另查明，木制品公司已于2002年6月经股东会议决定解散且办理了注销手续，并由陈×梁承担公司解散清算后的一切债权债务。2003年4月，保险公司委托专业机构对其损失进行公估，得出公估理算金额总值140 400元。在诉讼期间，一审法院提出指定鉴定人对陈×梁投保标的价值进行鉴定，但保险公司并未同意。后该法院指定呼伦贝尔××会计师事务所进行鉴定。鉴定结果为上述保险标的价值为214 550.40元。并在开庭期间对上述鉴定报告书进行质证，但陈×梁认为法院自行鉴定的行为违反法定程序，其不参与质证。保险公司认可鉴定结论。

一审判决后，陈×梁不服，提起上诉称：一审法院违背法律规定，依职权委托鉴定部门作出鉴定。在其提出异议后，违反法律程序又再一次委托该部门鉴定并出具了一样的鉴定报告且未出席判决，上述鉴定报告内容不真实。请求二审法院查明事实依法改判。

保险公司辩称：原判认定事实清楚，证据充分，适用法律适当。请求二审法院在查清事实的基础上，依法驳回陈×梁的上诉请求，维持原审判决。

二审判决后，保险公司不服，申请再审称：一、二审判决以定值保险作为本案适用法律的依据的行为并不正确；申诉人应当以保险合同约定的保险价值作为赔偿依据进行理赔。请求撤销二审判决，维持一审判决。

陈×梁辩称：一、二审法院将保险合同中约定的"重置价值"作为案件定案依据是合法有效的；鉴定评估报告不合法；保险公司请求部分赔偿没有事实依据；一审法院以阿荣旗法院判决结果作为判决赔偿的根据并无法律依据；本人缺席质证系一审法院和评估机构的原因；武汉××机械厂设备价目表能够证明保险标的出险时，重置价值高于保险合同的保险金额。

再审判决后，陈×梁因不服，申请再审称：再审判决认定事实和适用法律错误；依据阿荣旗法院判决房屋赔偿并无法律依据；再审判决无权改变一审法院委托鉴定评估报告的结论；保险公司应当赔偿保险金利息、交通费等各项费用共计 97 659.40 元，承担诉讼费用 39 752 元。

保险公司辩称：保险公司已经完成赔偿义务；在赔偿陈×梁的损失时，应当以出险时的重置价值为作为依据。涉案保险标的重置价值已由法院委托的专业机构鉴定，故应作为认定火灾损失的依据；陈×梁并未提供出险时重置价值的证据。故请求驳回陈×梁申诉请求。

判决主文

一审法院判决：被告保险公司向原告陈×梁支付保险赔偿金 300 383.40 元、房屋租金及看护人员工资等其他损失合计 12 118 元。驳回原告陈×梁的其他诉讼请求。

二审法院判决：撤销一审判决第一项、第二项，维持第三项；被上诉人保险公司支付保险赔偿金 142 万元。

再审法院判决：撤销二审判决及一审判决第一项、第二项；维持一审判决第三项，驳回再审被申请人陈×梁的其他诉讼请求；申请再审人保险公司向再审被申请人陈×梁支付赔偿金 426 726.60 元并支付看护人员工资及损失 53 239 元。

最高人民法院判决：驳回申请再审人陈×梁再审请求，维持原再审判决。

裁判要旨

当事人之间并未在保险合同中对保险价值作出明确约定的，该保险合同属于不定值保险合同。保险事故发生后，对于不定值保险合同，在确定保险赔偿金额时，不仅要判断事故损失比例，还要判断保险事故发生时保险标的实际价值，并以实际价值计算保险赔偿金额。

重点提示

一般来说，财产保险大多采用不定值保险合同的形式。所谓不定值保险合同，是指保险双方当事人并未在保险合同中对保险标的的价值进行确认，而在保险事故发生后再进行价值的估算，从而确定事故损失的合同。司法实践中，探究保险双方当事人并未在财产保险合同中约定保险价值时保险赔偿金额的认定问题时，应当注意以下两点：（1）不定值保险合同中应当以保险标的的实际价值确定保险赔偿金额。在保险合同中，双方当事人对于保险标的的保险价值有约定的，属于定值保险合同；而双方并未对保险标的的保险价值进行约定的则属于不定值保险合同。《保险法》第 55 条第 2 款规定："投保人和保险人未约定保险标的的保险价值的，保险标的发生损失时，以保险事故发生时保险标的的实际价值为赔偿计算标准。"由此可知，对于投保人与保险人未对保险标的的保险价值进行约定的不定值保险合同，当发生保险事故并造成保险标的受损时，应当以保险事故发生时保险标的的实际价值作为依据计算保险赔偿金额。（2）不定值保险合同与定值保险合同的辨析。在财产保险中，以在订立保险合同时保险价值是否已经确定为依据，可将保险合同分为定值保险合同和不定值保险合同。根据前述有关不定值保险合同的概念可知，相对于定值保险合同来说，两者之间最大的不同就在于保险事故发生后赔偿金额的确定。在定值保险合同中，仅需依据保险标的损失的比例即可确定保险赔偿金额；而在不定值保险合同中，确定保险赔偿金额时，不仅要确定保险标的的损失比例，同时也要确定保险事故发生时保险标的实际价值，并应当以该实际价值为依据计算保险赔偿金额。

（三）足额保险、不足额保险与超额保险

1. 机动车商业保险中超额保险的认定及责任承担

【案例】 上海××汽车运输服务有限公司诉中国××财产保险股份有限公司××分公司机动车保险纠纷案

案例信息

案例来源：最高人民法院《人民司法·案例》2020年第26期（总第901期）

审判法院：江苏省苏州市中级人民法院

判决日期：2019年6月24日

案　　号：（2019）苏05民终2262号

基本案情

大连××物流有限公司（以下简称物流公司）系辽B×××××重型半挂车的登记所有人，而上海××汽车运输服务有限公司（以下简称汽车运输公司）则为该车辆的实际所有人。2016年3月，汽车运输公司为该车辆在中国××财产保险股份有限公司××分公司（以下简称财保公司）处投保保险金额为24万元的车辆损失险，保险期间自2016年4月至2017年4月，保单中载明新车购置价为24万元。2016年7月，孙×林驾驶该车辆时发生交通事故导致车辆受损。次月，经评估确认该车辆存在不同程度的受损，已经报废。

汽车运输公司以其与财保公司就理赔事宜协商未果为由，提起诉讼，请求判令财保公司支付车辆理赔损失240 000元、施救费7000元、评估费3000元。

财保公司辩称：汽车运输公司主张的施救费、评估费价格过高，评估费不属于保险责任范围，而施救费已超出保险责任限额，故本公司不予赔付。

一审判决后，财保公司不服，提起上诉称：本案的争议焦点在于事故发生时涉案车辆的实际价值。首先，没有证据表明保险单上载明的保险金额是涉案车辆在投保时的实际价值，双方签订的保险条款中约定了三种确定保险金额的方式，本案中双方选定的是"新车购置价"，而非车辆实际价值。其次，汽车运输公司投保的车辆损失险合同系不定值保险合同，保单上记录的金额并非一定是保险车辆投保时的实际价值。再次，涉案车辆发生事故时已实际使用了

70个月，当时新车价格为24万，故涉案车辆在投保时的价格绝对不会是24万元。复次，涉案车辆一旦发生事故需要使用全新零配件予以维修，在保险期限内涉案车辆完全有可能发生多次保险事故进行维修，保险金额约定为24万元并非本公司多收保费的结果。最后，涉案车辆投保时已经使用了70个月，事故发生时车龄大约73个月，若对涉案车辆的全损按照新车标准赔付，违背财产保险中应当遵循的损失补偿原则，还会滋生保险理赔中的道德风险。综上所述，涉案车辆应当按照保险条款中约定的折旧率计算出险时的实际价值，为新车购置价扣减80%的折旧，结果为48 000元，该数额扣除车辆残值才应当为汽车运输公司的合理主张。故请求二审法院撤销一审判决并依法改判。

汽车运输公司辩称：首先，保险合同签订时约定的车辆价值为双方当事人认可的价值，且本公司按照该价值缴纳了保费，故财保公司应当依据诚信原则按照保险金额理赔；其次，财保公司在一审中并未提供证据证明涉案保险合同为不定值保险合同，其主张赔偿48 000元与本公司缴纳保费不成比例，违反诚信原则，且其对免责条款未尽到提示与说明义务，故其主张涉案合同为不定值保险合同，以及车辆实际价值赔偿无事实与法律依据。故请求二审法院依法驳回财保公司的上诉请求。

判决主文

一审法院判决：被告财保公司向原告汽车运输公司支付保险理赔款22.3万元。

二审法院判决：驳回上诉，维持原判。

裁判要旨

在机动车商业保险中，经常出现非因投保人所致的超额投保情形，人民法院在审理由此导致的纠纷时，若机械适用《保险法》第55条第3款，既不符合维护诚信的立法本意，又存在引发群体性事件的隐患。在保险公司不能证明投保人存在过错的情况下，应依法认定保单所载明的保险金额即保险公司所认可的被保险车辆投保时的实际价值。

重点提示

所谓超额保险是指保险金额大于保险价值的保险，为避免投保人或被保险人在保险赔偿中获得额外利益等道德风险的出现，应当在依据超额保险是否存在恶意与欺诈、并区分善意超额保险与恶意超额保险后，确认保险人应当合法承担的责任。司法实践中，探究机动车商业保险中超额保险的认定问题时，应当注意以下三点：（1）对《保险法》第55条第3款的理解。投保人与保险人订立保险合同时，双方确定的保险金额超过保险价值时就构成超额保险。根据被保险人是否存在恶意，可将超额保险分为善意超额保险与恶意超额保险。《保险法》第55条第3款规定："保险金额不得超过保险价值。超过保险价值的，超过部分无效，保险人应当退还相应的保险费。"由此可知，当出现保险合同中规定的保险金额超过保险价值的情形时，保险人依据损失补偿原则对被保险人承担责任，其对于保险金额中超过保险价值的部分并不承担责任。但上述规定过于概括，实务中应当区分善意超额保险与恶意超额保险。对于善意超额保险，系被保险人出于善意，高估了保险标的的价值或由于保险市场的变化，最终造成保险金额超过保险价值的结果。此时，保险人在承担赔偿责任时，可按保险标的实际价值比例相应减少一定的保险金额和保险费。对于恶意超额保险，系被保险人欺诈产生，其为了能够在保险事故发生时获得更多的赔偿，在双方订立的保险合同中故意多报保险标的的价值，最终造成保险金额超过保险价值的结果。此时，保险人在承担赔偿责任时，有权解除合同并要求被保险人赔偿损失或不予退还多出的保险费。（2）适用损失补偿规则应以诚信原则为前提。根据《保险法》第55条的有关规定可知，我国法律允许投保人和保险人在保险合同中协商确定保险标的的保险价值，投保人和保险人未协商约定保险价值的，当发生保险事故并造成保险标的损失时，保险人要赔偿该事故发生时保险标的的实际价值，同时规定了保险金额超过保险价值的例外情况，但并非所有的上述情形都适用保险法规定的超过部分无效的法律后果。诚信原则作为保险法的基本原则，其他任何原则的适用都应以诚实信用为前提，《保险法》第55条第3款的立法目的在于防止投保人以制造保险事故的方式谋取不正当利益，若导致超额保险的主要原因在于保险公司，且保险公司从超额保险中获取利益的情况下，应当优先适用诚信原则而非损失补偿规则。（3）机动车被保险人有理由认为保险人明知保险超额。对于发生在机动车投保过程中的超额保险的情况而言，众所周知，机动车属于消耗性产品，随着不断地使用，机动车的保险实际价值必然会降低。而保险公司作为专业机构，其对于机动车保险价值的了解程度必然大于被保险人。保险公司通常都会在保险合同条款中约定机动车价值的折旧率，以此计算机动车的损失价值。故更能说明保险公司明知除投保机动车为新车外，其他非首次投保的机动车价值必然会低于新车购置价。基于此，保险公司为了能够获得更多的利润，在明知道《保险法》中明确规定不得超额保险的情况下仍然欺骗被保险人投保超出保险标的实际价值的超额保险，即保险公司明知保险超额。

2. 保险标的物的残值归属

【案例】豫北××系统股份有限公司诉中国人寿财产保险股份有限公司××市中心支公司财产保险合同纠纷案

案例信息

案例来源：最高人民法院《人民司法·案例》2017年第26期（总第793期）

审判法院：河南省新乡市中级人民法院

判决日期：2016年6月25日

案　　号：（2016）豫07民终1769号

基本案情

2014年7月，豫北××系统股份有限公司（以下简称豫北公司）从韩国××工程有限公司（以下简称韩国公司）处购买价值169万美元的九台设备，双方签订了货物买卖合同。次年4月，豫北公司就上述设备向黄岛海关报关。同月11日，豫北公司就上述九台设备向中国人寿财产保险股份有限公司××市中心支公司（以下简称人寿保险公司）投保国内公路货物运输保险，且缴纳了5245.76元保险费。人寿保险公司当日出具保单载明：投保人为豫北公司，被保险人为豫北公司，保险金额为1049.1520万元人民币，并详细注明了九台设备的名称。两日后，上述设备在转运过程中，因起吊高度不够且受雨天影响，运输司机在倒车时撞上货物导致货物侧翻，该货物的买入价格为23.7578万美元。保险事故发生后，豫北公司通知了人寿保险公司。

豫北公司以人寿保险公司应依照投保设备的全部价值承担保险合同的保险理赔责任为由，提起诉讼，请求判令人寿保险公司向豫北公司赔付保险金美元23万余元（折合人民币147万余元）。

人寿保险公司辩称：待本次事故发生原因、经过以及相关责任人均查明后，本公司才可予以赔付；豫北公司应当依据《保险法》的相关规定，无条件提供致使保险事故发生的相关责任人的基本情况，并配合本公司进行追偿；豫北公司应当以符合证据规则的相关证据作为依据主张赔偿金额。

一审判决后，人寿保险公司不服，提起上诉称：首先，韩国公司不具有司法鉴定资质，且其与豫北公司有利害关系，故其出具的鉴定报告既无法律效力又无证明力，一审法院依据该鉴定报告认定保险标的的残值，属于认定事实错误。其次，根据法律规定，保险标的的残值通常应抵扣赔款，本案保险标的的残值在国外，且豫北公司与韩国公司存在合作关系，判决将残值抵扣赔款更加合理，而一审法院判决残值归属本公司加重了本公司的成本，属于适用法律错误。综上，请求改判本公司不承担赔偿责任或发回重审。

豫北公司辩称：首先，双方签订的保险合同合法有效，且保险事故发生在保险期内，人寿保险公司理应赔偿。其次，由于国内鉴定机构无法鉴定受损设备残值价值，经人寿保险公司同意才由韩国公司对受损设备进行残值鉴定，韩方的鉴定报告也经过了韩国公证机关公证和我国驻韩国使领馆认证，合法有效。且人寿保险公司在一审时也并未对该鉴定报告的真实性提出异议。其重新鉴定的请求不能成立。

判决主文

一审法院判决：被告人寿保险公司向原告豫北公司赔付保险金23.7578万美元。

二审法院判决：变更一审法院判决为上诉人人寿保险公司向被上诉人豫北公司赔付保险金21.9778万美元；本案受损设备权益（残值1.78万美元）归被上诉人豫北公司所有。

裁判要旨

保险人可依据《保险法》的保险标的物残值归属的相关规定，待其足额履行赔付义务后取得保险标的物残值。但对于此类案件，人民法院在审理时也应当充分考虑到当事人的意思表示以及便利程度等，应当主动将保险标的物残值的处理问题向双方当事人进行说明。当由被保险人取得保险标的物残值更为便利时，人民法院可以判决由被保险人取得保险标的物残值的价值，并在保险人应赔付的保险金中扣除该残值价值。

重点提示

保险事故的发生并未造成保险标的全部灭失时，该受损的保险标的就会存在残值。实务中，对于保险标的残值以及残值的归属问题经常会存在一定争议。司法实践中，认定保险标的物的残值归属问题时，应当注意以下两点：（1）应当以保险人履行保险赔偿责任保险的情况作为依据确认保险标的残值的权属。《保险法》第59条规定："保险事故发生后，保险人已支付了全部保险金额，并且保险金额等于保险价值的，受损保险标的的全部权利归于保险人；保险金额低于保险价值的，保险人按照保险金额与保险价值的比例取得受损保险标的的部分权利。"由此可知，基于财产保险仅赔偿被保险人实际损失的特点，被保险人在财产保险赔偿过程中仅能获得保险标的实际价值的保险赔偿金，而不能获得额外收益。因此，保险人在依据保险合同支付了全额保险金之后，保险人就依法取得保险标的的残值。而一般来说，保险依法取得保险标的的残值具体有以下两种情形：一是被保险人投保足额保险且保险人赔偿全部赔偿金的，包括残值在内的受损保险标的的全部价值均属保险人；二是被保险人投保了不足额保险，即保险金额低于保险价值的，保险人依法按照保险金额与保险价值的比例取得受损保险标的的部分价值。（2）保险标的物的残值也可归属于被保险人。首先，意思自治原则作为民法的基本原则之一，同时也是合同领域的一项基本原则。故，任何单位和个人都不得非法干涉当事人之间在合同中约定的能够体现当事人意思表示且不违反法律和社会公共利益的合同内容。其次，被保险人是保险标的的所有者，熟悉保险标的的情况，由被保险人取得更有利于促进交易便捷、降低交易成本、减轻当事人诉累。因此，当保险人与被保险人自主协商同意从保险赔偿金中直接扣除残值，或者由被保险人取得保险标的物残值的价值更为便利时，从尊重当事人意思自治、降低商业成本的角度出发，人民法院可以判决保险标的的残值归属被保险人，并直接将残值从应给付被保险人的保险赔偿金中扣除。即保险事故发生后，人民法院可以判令保险标的物残值由被保险人取得，并在保险人赔付的保险金中扣除保险标的物残值的价值。

第四章　保险格式条款的司法规制

一、保险人的提示说明义务

（一）禁止性规定条款的提示义务

1. 无证驾驶电瓶车发生交通事故时保险公司应否免赔

【案例】简×华等诉中国平安财产保险股份有限公司××分公司等保险合同纠纷案

案例信息

案例来源：最高人民法院《人民司法·案例》2020 年第 26 期（总第 901 期）
审判法院：重庆市第一中级人民法院
判决日期：2020 年 9 月 23 日
案　　号：（2020）渝 01 民终 3401 号

基本案情

简×华、伍×素系简×新父母。2018 年 1 月，简×华购买了一台由成都××车业有限公司（以下简称车业公司）生产的《用户手册》显示电动自行车的二轮车，且未上牌照。同年 6 月，重庆××劳务有限公司（以下简称劳务公司）向中国平安财产保险股份有限公司××分公司（以下简称平安财险公司分公司）投保团体意外伤害保险和健康保险等险种，其中参保人员名单中包括简×新。后平安财险公司分公司向劳务公司出具短期健康保险和意外伤害保险保险单。保险责任明细中约定适用条款包括《平安附加意外伤害医疗保险条款》《平安附加意外伤害保险条款》《平安附加意外伤害住院津贴保险条款》，上述三个条款中都明确约定了，被保险人在无有效驾驶证驾驶或驾驶无有效行驶证的机动车期间遭受伤害导致身故或伤残的，保险人不承担给付保险金责任。

同年7月，简×新驾驶该二轮车时逆向行驶与叶×锋驾驶的无牌普通二轮摩托车碰撞。后简×新经抢救无效死亡。简×新生前未婚未育。同年8月，经交通事故司法鉴定所认定，简×新驾驶的二轮车属二轮电动轻便摩托车。重庆市公安局沙坪坝区分局交通巡逻警察支队认定此次事故系简×新、叶×锋双方的过错行为造成，简×新承担主要责任，叶×锋承担次要责任。此后，简×华、伍×素向平安财险公司分公司索赔，但平安财险公司分公司以事故属于保险条款约定之责任免除事由，拒绝赔偿保险金。

简×华、伍×素以其与平安财险公司分公司拒绝赔偿保险金为由，提起诉讼，请求判令平安财险公司分公司支付简×华、伍×素保险金349 000元。

平安财险公司分公司辩称：简×新未依法取得机动车驾驶证，且未佩戴安全头盔导致死亡，满足免责条款的约定，本公司不应当承担保险赔偿责任。

一审判决后，平安财险公司分公司不服，提起上诉称：第一，《道路交通安全法》并未规定电动自行车必然属于非机动车，只有符合相关国家标准的才属于非机动车，涉案电动车在质量、电压和最高车速方面均远超非机动车标准，经鉴定也认定为机动车，故任何人不能以不知道自己驾驶的车辆是否为机动车来作为免责事由，一审判决认定简×新不清楚车辆性质属事实认定不清。第二，涉案保险条款中约定在事故发生时处于无证驾驶或车辆无有效行驶证的危险情形下，本公司不承担给付保险金的责任，且该免责条款已经加黑加粗，投保人亦在投保单上盖章确认，现简×新在未办理有效驾驶证件的情况下驾驶不符合国家有关非机动车标准的电动车，本公司不应担责。第三，车业公司在产品手册中将涉案电动车标注为"电动自行车"致使简×新对车辆性质产生误解，系车业公司的过错，简×新因保险合同约定不能获得的赔偿应当由车业公司承担。第四，本案无证据表明投保人的投保行为已经征得简×新的同意，根据《保险法》规定，以死亡为给付保险金条件的合同，未经被保险人同意并认可金额的，合同无效，因此涉案保险合同应属部分无效。第五，住院津贴以住院期限和津贴日额计算，在未约定津贴日额的情况下，应当以简×新的实际收入作为计算依据，但简×华、伍×素并未举示有关简×新收入的证据，简×新住院10天后即去世，原审判决将9000元保险金全额判赔明显不当。故请求二审法院撤销一审法院判决，依法改判。

简×华、伍×素辩称：首先，简×新驾驶的电动车被鉴定为机动车仅是交警部门进行事故责任认定和确定赔偿比例的依据，不能作为认定该车是否符合保险合同约定的依据，涉案车辆未被纳入机动车管理范围，且相关购车收据及使用说明均反映其系电动自行车，简×新作为普通消费者，无法判断其是否符合机动车标准。其次，保险合同属于格式合同，对其理解发生争议时，应当作出不利于提供方的解释。最后，本案保险合同系单位给员工投保的意外险，无需征求简×新的同意。

车业公司述称：电动自行车在全国范围内均办理非机动车登记证，不能因某项指标不符合国标就否定其非机动车的属性；本案系保险合同纠纷，本公司并非合同相对方，不应担责。

判决主文

一审法院判决：被告平安财险公司向原告简×华、伍×素支付保险金349 000元。

二审法院判决：驳回上诉，维持原判。

裁判要旨

被保险人无驾驶证驾驶经鉴定为机动车的电瓶车身故后，如保险人未对保险条款中无证驾驶机动车的免责事由尽到充分提示说明义务，按照对机动车通常意义的理解，仍应当要求保险人依法承担理赔责任。

重点提示

交通事故中，会发生电瓶车被鉴定为机动车的情形，此时容易出现因对保险条款中无证驾驶机动车的理解发生争议而引发人身保险合同纠纷，对于无证驾驶电瓶车能否作为保险公司当然的免责事由问题，司法实践中应当注意以下三点：（1）对无证驾驶机动车免责条款的不同理解。实务中，对于投保人与保险人约定无证驾驶机动车免责条款的理解问题，存在着不同的观点。认为保险人对此类条款无需尽到提示说明义务的观点认为，根据《最高人民法院关于适用〈中华人民共和国保险法〉若干问题的解释（二）》第10条规定："保险人将法律、行政法规中的禁止性规定情形作为保险合同免责条款的免责事由，保险人对该条款作出提示后，投保人、被保险人或者受益人以保险人未履行明确说明义务为由主张该条款不成为合同内容的,人民法院不予支持。"故对于属于法律、行政法规中的禁止性规定情形的无证驾驶机动车行为,保险人无需尽到说明义务,只要此类情况发生,保险人应当免责。持无证驾驶的电瓶车被认定为机动车不能作为当然免责的事由观点的认为,根据《民法典》第 498 条的有关规定可知,对格式条款的理解发生争议的,应当按照通常理解予以解释。对格式条款有两种以上解释的,应当作出不利于保险人的解释。也就是说,在对电瓶车的性质存在不同理解的情况下,保险人应当按照有利于被保险人和受益人的解释向被保险人和受益人进行赔偿。(2)提示说明义务对保险合同中免责条款效力的影响。保险人应当在保险合同订立阶段尽到提示与说明义务,依法对保险合同条款中包含的专业术语以及相关文件内容,向投保人作出详细的解释与说明,便于投保人能够更好地理解其在保险合同中的权利与义务。实务中,主要从以下几个方面判断保险合同免责条款是否有效:首先,保险人对合同条款具有明确的说明义务,根据《保险法》的相关规定可知,投保人与保险人在保险合同中约定免除保险人责任的条款的,保险人对该条款具有明确的说明义务,即应当在保险单等保险凭证上作出能够使投保人注意的提示,并对该条款的内容向投保人进行明确的说明,未作提示或明确说明的,该免责条款并不发生法律效力。其次,保险人对其履行了明确说明义务负有举证责任,投保人对保险人履行法定告知义务并在相关文书上签字、盖章或者以其他形式予以确认的,应当认定保险人履行了该义务,但有证据证明其未履行上述义务的除外。(3)以法律、行政法规的禁止性规定作为免责事由不是免除提示说明义务的理由。前述分析中认为保险人无须尽到提示说明义务的原因是,保险条款中规定的免责事由是法律、行政法规的禁止性规定,但《最高人民法院关于适用〈中华人民共和国保险法〉若干问题的解释(二)》第 10 条中明确规定,即使是以法律、行政法规中的禁止性规定情形作为保险合同免责条款的免责事由的,保险人也应当对该条款作出提示。就无证驾驶的电瓶车被鉴定为机动车的情况而言,若投保人在购买保险的过程中,不存在恶意隐瞒电瓶车属性的情况的,不应认定投保人在主观方面存在过错,此时若保险人未对无证驾驶的免责事由作出提示和说明,则即使该免责事由属于法律、行政法规中规定的禁止性情形,保险人也不应当免除赔偿责任,否则有悖于诚信原则。

2. 驾驶人记满十二分时发生交通事故保险人能否免责

【案例】上海××运输有限公司诉中国太平洋财产保险股份有限公司××分公司财产保险合同纠纷案

案例信息

案例来源：《人民法院报》2015年10月22日刊载

审判法院：上海市第一中级人民法院

判决日期：2016年4月21日

案　　号：（2014）沪一中民六（商）申字第5号

基本案情

上海××运输有限公司（以下简称运输公司）在2011年9月为苏LK××××车辆（以下简称涉案车辆）在中国太平洋财产保险股份有限公司××分公司（以下简称保险公司）处购买了机动车第三者责任保险，保险金额为100万元，保险期间为2011年10月起1年。次年4月，运输公司驾驶员驾驶涉案车辆时与他人驾驶的浙D××××货车发生碰撞事故，经鉴定，双方负同等责任，此后查明运输公司驾驶员驾照已扣满十二分。此次事故系在保险期间内发生。运输公司在向对方支付赔偿金后，向保险公司进行理赔，保险公司拒绝。

运输公司以保险公司应当支付保险赔偿金为由，提起诉讼，请求法院判令保险公司赔付保险理赔款161 445.43元并承担诉讼费用。

保险公司辩称：运输公司的驾驶员在事故发生前就已经因违章被记满十二分，属无证驾驶，本公司依据保险合同约定不应承担保险赔偿责任。

一审判决后，运输公司不服，申请再审。

判决主文

一审法院判决：驳回原告运输公司的诉讼请求。

再审法院裁定：驳回再审申请人运输公司的再审申请。

裁判要旨

机动车驾驶人违章被记满十二分后，便不得再驾驶机动车，该规定属于法律禁止性规定。保险人将该法律禁止性情形规定为免责条款的免责事由时，仅需尽到提示义务而无需进行相应的解释说明。

重点提示

所谓禁止性规定，是指在法律条文中明确规定禁止某种行为或活动的规定。司法实践中，认定驾驶人记满十二分时发生交通事故保险人能否免责的问题时，应当注意以下三点：（1）应当分情况讨论机动车驾驶人驾驶证记满十二分是否属于无证驾驶。根据《道路交通安全法实施条例》第23条第1款规定："公安机关交通管理部门对机动车驾驶人的道路交通安全违法行为除给予行政处罚外，实行道路交通安全违法行为累积记分（以下简称记分）制度，记分周期为12个月。对在一个记分周期内记分达到12分的，由公安机关交通管理部门扣留其机动车驾驶证，该机动车驾驶人应当按照规定参加道路交通安全法律、法规的学习并接受考试。考试合格的，记分予以清除，发还机动车驾驶证；考试不合格的，继续参加学习和考试。"由此可知，当机动车驾驶人驾驶证累积记分达十二分时，其驾驶资格将会受到限制，但是否因此而失去机动车驾驶资格则应当分情况讨论。若机动车驾驶人在驾驶证记分满十二分后拒绝按规定参加道路安全学习及考试，那么其将失去驾驶资格，此时发生交通事故就属于无证驾驶；但若该机动车驾驶人按规定及时参加道路安全学习并考试合格，有关部门应当发还其驾驶证，此时发生交通事故就不属于驾驶人无证驾驶。（2）机动车驾驶人驾驶证记满十二分后不得驾驶机动车属于法律禁止性规定。为了维护社会公共利益以及社会秩序，我国在法律中规定了许多的禁止性条款，该类条款通常带有"禁止"或"不得"等表述，具有约束性与强制性。《道路交通安全法实施条例》第28条规定："机动车驾驶人在机动车驾驶证丢失、损毁、超过有效期或者被依法扣留、暂扣期间以及记分达到12分的，不得驾驶机动车。"因此该法律条款属于法律禁止性规定。（3）保险人将机动车驾驶人驾驶证记满十二分后不得驾驶机动车的法律禁止性规定纳入免责条款，只要尽到提示义务，该免责条款对投保人有效。《最高人民法院关于适用〈中华人民共和国保险法〉若干问题的解释（二）》第10条规定："保险人将法律、行政法规中的禁止性规定情形作为保险合同免责条款的免责事由,保险人对该条款作出提示后,投保人、被保险人或者受益人以保险人未履行明确说明义务为由主张该条款不成为合同内容的,人民法院不予支持。"由此可知,保险人在保险合同中将法定禁止性事由约定为免责条款,只需要尽到提示义务而无需对概念进行解释。因此,当保险人在保险合同中将机动车驾驶人驾驶证记满十二分后不得驾驶机动车的法律禁止性条款规定为免责条款并采取了加大加粗处理等提示方式时,可认定该免责条款对投保人生效。即投保人在其驾驶证被记满十二分的情况下驾驶机动车发生交通事故的,保险公司有权不予赔偿。投保人、被保险人或受益人不得以保险公司未对免责条款特别说明为由,主张该免责条款无效。

(二)保险人的明确说明义务

1. 保险合同免责条款生效的法律要件

【案例】王×顺等诉中国×××财产保险股份有限公司武夷山支公司等机动车交通事故责任纠纷案

案例信息

案例来源:最高人民法院《人民司法·案例》2020年第35期(总第910期)
审判法院:福建省南平市中级人民法院
判决日期:2020年5月26日
案　　号:(2020)闽07民终402号

基本案情

2018年7月,王×顺为其车辆向中国×××财产保险股份有限公司南平中心支公司(以下简称南平支公司)投保机动车交通事故责任强制险和神行车保机动车险,其中机动车损失险440 768元、车上司机责任险5万元,保险期间为1年。机动车损失险中约定了驾驶人有饮酒情形的,保险人不负赔偿责任的免责情形。神行车保机动车险的保险单中载明,保险人已就合同中涉及的免责条款等相关内容向投保人作出了明确说明。上述投保人声明栏以及黑体字标识处，投保人签章"王×顺"系他人所签。

2018年12月，王×顺将上述车辆转卖给王×中，并办理了车辆转移登记。2019年1月，王×中饮酒驾车致其死亡，并造成车辆及墙体损坏，交警认定王×中承担全责。

另查明，王×顺与郑×媚系王×中父母，林×君系王×中妻子并共生育一女王×婷、一子王×豪。

王×顺、郑×媚、林×君、王×婷、王×豪以南平支公司系王×顺驾驶机动车的报销人，应当就事故承担保险赔偿责任为由提起诉讼，请求判令中国×××财产保险股份有限公司武夷山支公司（以下简称武夷山支公司）以及南平支公司向其支付保险理赔款490 768元。

一审判决后，南平支公司不服，提起上诉。

判决主文

一审法院判决：被告南平支公司赔付五原告机动车损失险440 768元、车上司机责任险5万元，共计490 768元；涉案车辆由被告南平支公司自行处置，五原告需协助办理过户手续；驳回五原告的其他诉讼请求。

二审法院以调解结案。

裁判要旨

保险合同的订立，保险人应当以诚信原则为基础，对保险合同中有关条款尤其是免责条款的内容、含义以及法律后果等内容向投保人作出明确说明。出现免责情形后，若保险人不能证明其对该免责情形尽到明确说明义务的，应当认定保险人未就免责条款进行说明，保险人应当就投保人的损害承担理赔责任。

重点提示

为了平衡保险人与被保险人的利益，保险合同通常会约定一定的免责条款，用以免除或限制保险人的合同责任，但在司法实践中，就免责条款的效力问题而引发的争议时有发生，故在解决此类问题时应当注意以下两点：（1）保险合同中免责条款生效的法律要件。《保险法》第17条规定："订立保险合同，采用保险人提供的格式条款的，保险人向投保人提供的投保单应当附格式条款，保险人应当向投保人说明合同的内容。对保险合同中免除保险人责任的条款，保险人在订立合同时应当在投保单、保险单或者其他保险凭证上作出足以引起投保人注意的提示，并对该条款的内容以书面或者口头形式向投保人作出明确说明；未作提示或者明确说明的，该条款不产生效力。"由此可知，保险合同中免责条款生效应当满足以下几个法律要件：一是注意保险人行使提示、解释说明义务的时间节点，保险人应当在双方签订保险合同前或者正在签订时，将合同中的免责条款向投保人进行提示、解释和说明，此时该条款才具有法律效力；二是注意是否能够证明已经履行明确说明义务证据，投保人提出其已经收到了保险条款并注意到突出标注的免责部分的条款内容，其对于免责条款的概念、内容及其法律后果再经过保险人解释和明确说明后已经完全理解的，该点可以作为保险人主张其尽到明确说明义务的证据，但当有证据证明保险人并未履行免责条款的明确说明义务的，此时，该条款也将不具有法律效力。（2）说明义务的履行及举证责任主体。说明义务的履行人是保险人，而对于保险人是否已经完成履行说明义务，应当通过以下角度进行分析：①说明的内容，应当是保险合同的条款，尤其是免责条款，保险人应当就其概念、内容及法律后果向被保险人进行明确说明，而保险条款之外的内容则无需进行说明；②说明的形式，我国尚未通过立法形式对说明的形式作出明确规定，可以通过书面形式或口头形式，此外还可以借助电子邮件以及微信等网络形式进行说明；③说明的程度，保险人的说明应当达到一个普通人所应具备的知识和社会经验，能够与保险人在保险条款的认识上达成一致标准。在符合以上条件的情况下，才能认定保险人已经完整履行说明义务。而关于保险人已经完整履行说明义务的举证责任的承担问题，《最高人民法院关于适用〈中华人民共和国保险法〉若干问题的解释（二）》第13条第1款规定："保险人对其履行了明确说明义务负举证责任。"这是由于：首先，保险人的该项责任由我国相关法律解释作出明确规定，系一种法定义务，而并非基于当事人双方约定而产生合同义务，该义务的产生不以投保人要求作为条件，保险人应当主动向投保人履行，此外，基于《民事诉讼法》中规定的"谁主张，谁举证"的原则，保险人主张其已经履行了明确说明义务，那么就应当由保险人进行举证。其次，对于在保险合同纠纷中处于劣势地位的投保人，由保险人对于明确说明义务进行举证也更为合理，保险合同具有专业性，其存在较多的专业知识与术语，保险人作为该领域的专家，对保险合同则更为了解，因此，两者之间就存在着较大的信息差，容易造成相对不平衡的交易情形。故为了维护公平交易，使保险人与投保人处于平衡的状态，应当由保险人承担其是否履行明确说明义务的举证责任。

2. 保险合同中免责条款的适用

【案例】王×菊等诉××人民财产保险股份有限公司北京市分公司人身保险合同纠纷案

案例信息

案例来源：最高人民法院中国应用法学研究所《人民法院案例选》2020年第11辑（总第153辑）

审判法院：北京市第二中级人民法院

判决日期：2019年6月26日

案　　号：（2019）京02民终6042号

基本案情

2018年5月，邱×德在××人民财产保险股份有限公司北京市分公司（以下简称人保北京分公司）处投保了综合意外险，保单载明：意外身故、残疾给付的保险金额为10万元，保险期间为2018年6月至2019年6月，适用××人民财产保险股份有限公司意外伤害保险条款（以下简称意外伤害保险条款）。意外伤害保险条款中其中一条约定：被保险人酒后驾驶、无有效驾驶证驾驶或驾驶无有效行驶证的机动交通工具期间遭受意外伤害导致身故或残疾的，保险人不承担给付保险金的责任。2018年7月，梁×斌驾驶车辆牵引由邱×德驾驶的正三轮摩托车时，正三轮摩托车向左侧发生侧翻，导致邱×德受伤，后经抢救无效死亡。经认定事故原因为，邱×德未取得机动车驾驶证，驾驶安全设施不全也未佩戴安全头盔，机动车载物超过核定的载质量。同时，梁×斌未取得机动车驾驶证驾驶机动车牵引制动失效机动车时，未使用硬核连接牵引装置牵引，也是导致事故发生的原因。2019年9月，人保北京分公司以"被保险人酒后驾驶、无有效驾驶证驾驶或驾驶无有效行驶证的机动交通工具期间"这一规定为由，出具了拒赔通知书。

另查明，邱×德未取得机动车驾驶证，不具有机动车驾驶资格；其驾驶的正三轮摩托车状态为注销，不具有合法行驶资格。

王×菊等以人保北京分公司拒绝赔偿的行为侵犯其合法权益为由，提起诉讼。

一审判决后，人保北京分公司不服，提起上诉。

王×菊等辩称：一审判决认定事实清楚，适用法律正确。邱×德未在事故发生时正常驾驶车辆；事故发生的原因与邱×德是否有驾驶证以及车辆是否有行驶证并无关系；本案为人身保险合同纠纷案件，人保北京分公司提到的法律解释在本案中并不适用；本案中免责条款只是对无证驾驶期间出意外免责；司机梁×斌的笔录仅为其个人对事故的看法，事故的认定应以《司法鉴定意见书》为准；邱×德在车辆被牵引前的驾驶行为和本案无关，人保北京分公司无权随意扩大解释。

判决主文

一审法院判决：被告人保北京分公司向原告王×菊等赔偿保险金10万元。

二审法院判决：驳回上诉，维持原判。

裁判要旨

保险人与被保险人在保险免责条款中约定被保险人无证驾驶时保险人免责。但当被保险人车辆处于被牵引状态下时，不应认定被保险人正在驾驶。因此，即使被保险人无驾驶证，也不应认定其无证驾驶。即不属于被保险人无证驾驶的免责情形，保险人仍需向被保险人或相关人员进行赔偿。

重点提示

为了保障保险人的自身利益，同时也为了调整保险合同当事人之间的权利义务关系，我国明确了保险合同中可存在免责条款。所谓保险合同免责条款，是指保险人以保险合同与保险法中的相关法律规定为基础，在保险合同中约定某些情形出现时，保险事故发生后保险人无需承担保险事故损失、赔偿、保险金、保险责任的条款。司法实践中，认定保险合同中免责条款的适用问题时，应当注意以下三点：（1）保险合同中免责条款的效力。《保险法》第17条第2款规定："对保险合同中免除保险人责任的条款，保险人在订立合同时应当在投保单、保险单或者其他保险凭证上作出足以引起投保人注意的提示，并对该条款的内容以书面或者口头形式向投保人作出明确说明；未作提示或者明确说明的，该条款不产生效力。"由此可知，保险人对于保险合同中的免责条款存在明确说明义务。即保险合同中存在免责条款时，保险人应当将保险合同免责条款的含义、内容、意义、法律后果等，以书面或口头形式向投保人进行解释说明，确保投保人已经知悉。在保险人对于保险合同免责条款明确提示说明后，投保人、被保险人等相关人员主张保险合同免责条款无效的，人民法院不予支持。（2）保险合同中免责条款的适用。一般来说，保险合同免责条款可分为法定免责条款和约定免责条款，且约定免责条款不能超过法律规定事项。即在法律规定了法定的免责条款后，保险人不得另行约定高于法律规定事项且不利于投保人或被保险人的不利约定。在适用保险合同中的免责条款时应当注意：一是在适用保险合同免责条款时必须限制适用的范围，即不得随意扩大免责范围。当对于保险合同中的免责条款存在争议时，应当采取狭义或不利于保险人的方面进行理解。二是在适用保险合同免责条款时不得推断免责情形存在。即当保险合同中并未明确存在免责条款时，应当认定不存在免责条款。（3）保险合同中约定无证驾驶情形免责的认定。保险人与投保人在签订保险合同时约定被保险人存在无证驾驶行为造成保险事故的，保险人免责。同时，保险人对该条款作出明确解释说明的，该免责条款有效。但当被保险人车辆处于被牵引状态下时，被保险人仅能稍微控制方向和速度，对车辆的控制不属于驾驶。故即使被保险人未取得驾驶证，在上述状态下也不应认定被保险人无证驾驶。即不属于保险合同中约定的被保险人无证驾驶的免责情形，保险人仍需向被保险人或相关人员承担保险责任。

3. 保险人明确说明义务的履行

【案例】重庆市石柱土家族自治县××运输有限公司诉××人民财产保险股份有限公司石柱支公司财产保险合同纠纷案

案例信息

案例来源：最高人民法院中国应用法学研究所《人民法院案例选》2020年第6辑（总第148辑）

审判法院：重庆市第四中级人民法院

判决日期：2019 年 1 月 25 日

案　　号：（2018）渝 04 民终 1414 号

基本案情

重庆市石柱土家族自治县××运输有限公司（以下简称运输公司）在××人民财产保险股份有限公司石柱支公司（以下简称财保石柱支公司）为其所有的牵引汽车投保了机动车损失保险、第三者责任保险、车上人员（司机）责任险、车上人员（乘客）责任险。上述保险合同条款中均以加粗加黑的形式载明"实习期内驾驶公共汽车、营运客车或者执行任务的警车、载有危险物品的机动车或牵引挂车的机动车发生保险事故，保险人不予赔偿"的免责条款。2017 年 6 月，张×驾驶上述牵引汽车时发生交通事故，致使董×军住宅受损、××三星桥收购组的房屋受损、翁×洪的摩托车受损、××三星桥电表受损、××电站电杆受损、副驾驶室乘员陈×美受伤，共计损失 15 万余元，经认定张×对此次事故负全责。事故发生后，张×及时报险，财保石柱支公司的人员现场也进行了勘察定损，2017 年 10 月，财保石柱支公司向运输公司发出拒赔通知书。

运输公司以财保石柱支公司未尽到提示和明确说明义务为由，提起诉讼，请求判令财保石柱支公司赔付保险金 15 万余元。

财保石柱支公司辩称：本次交通事故只应当在交强险财产无责险 200 元限额内予以赔偿；驾驶事故车辆人员仍在实习期内，运输公司向本公司投保时，已就该免责条款作出书面的提示、说明义务。

一审判决后，财保石柱支公司不服，提起上诉。

运输公司辩称：财保石柱支公司未尽提示和说明义务，免责条款对本公司不发生效力。

判决主文

一审法院判决：被告财保石柱支公司赔付原告运输公司各类保险金共计 15 万余元。

二审法院判决：撤销原判，驳回被上诉人运输公司的诉讼请求。

裁判要旨

保险人与投保人签订保险合同时，对于合同中的免责条款，投保人明确表示其已经完全理解且保险人已经对免责条款的含义、法律后果等向其作出明确解释说明的，一般来说，应当认定保险人已经对免责条款履行了明确说明义务。

重点提示

随着保险行业的不断发展，人民的保险意识逐渐增强，越来越多的人选择以投保的方式维护自身利益。但基于投保人与被保险人等相关利益人员对保险知识认知缺乏，为了平衡保险合同当事人之间的利益，保险人履行说明义务就十分必要。司法实践中，认定保险人明确说明义务的履行问题时，应当注意以下三点：（1）保险人履行明确说明义务的认定。《保险法》第17条规定："订立保险合同，采用保险人提供的格式条款的，保险人向投保人提供的投保单应当附格式条款，保险人应当向投保人说明合同的内容。对保险合同中免除保险人责任的条款，保险人在订立合同时应当在投保单、保险单或者其他保险凭证上作出足以引起投保人注意的提示，并对该条款的内容以书面或者口头形式向投保人作出明确说明；未作提示或者明确说明的，该条款不产生效力。"由此可知，所谓保险合同中保险人的明确说明义务，是指保险合同中存在免除保险人责任的条款时，保险人应当在合同订立时对该条款向投保人作出明确提示。故保险人负有向投保人解释说明保险合同免责条款的义务。即保险人应当将保险合同免责条款的含义、内容、法律后果等向投保人进行明确说明。（2）保险人履行明确说明义务的说明程度。《最高人民法院关于适用〈中华人民共和国保险法〉若干问题的解释（二）》第11条第2款规定："保险人对保险合同中有关免除保险人责任条款的概念、内容及其法律后果以书面或者口头形式向投保人作出常人能够理解的解释说明的，人民法院应当认定保险人履行了保险法第十七条第二款规定的明确说明义务。"由此可知，当保险人对保险免责条款的解释说明能够使投保人的理解达到清晰的程度，即达到实质标准程度，才能够认定保险人履行了保险法规定的保险人的明确说明义务。在判断说明程度时，保险人在向投保人解释说明保险合同免责条款时，只要一般人能够理解就可以。但当面对存在认知不便的投保人时，还应更加细致为投保人进行解释说明。(3)投保人的理解声明能够确认保险人已经履行了明确说明义务。投保人以口头或者书面等形式发出声明明确表示，保险人已经将保险合同中免责条款的含义等内容向其告知并解释说明的，在没有证据证明投保人是在欺诈、胁迫或对保险合同免责条款存在重大误解的情况下作出上述声明的，就应当认定保险人已经尽到了明确说明义务。此外，投保人在声明中，必须表示经保险人对免责条款的解释说明，其已理解免责条款的法律含义。如果投保人在声明中未表示理解免责条款的法律含义，则其声明不构成理解声明。

4. 第三者责任险中家庭成员免责条款的效力认定

【案例】陈×1诉陈×2、中国人民财产保险股份有限公司××中心支公司机动车交通事故责任纠纷案

案例信息

案例来源：中国裁判文书网

审判法院：江苏省淮安市中级人民法院

判决日期：2015年6月4日

案　　号：（2015）淮中民终字第01126号

基本案情

陈×1与陈×2系两兄弟。2014年1月，陈×2驾驶小客车在倒车过程中撞倒陈×1，导致陈×1受伤，车辆受损。经交警部门认定，陈×2负该起交通事故的全部责任，陈×1无责任。陈×1在受伤后被送往医院住院治疗，后期又进行二次手术。经司法鉴定，陈×1的损害构成道路交通事故十级伤残。另外，肇事小客车在中国人民财产保险股份有限公司××中心支公司（以下简称保险公司）投保了交强险及限额为500 000元不计免赔第三者责任险，并且在第三者责任险保险合同文本中约定交通事故中被保险人及其家庭成员的人身伤亡的不予赔偿。

陈×1以其在该起事故中受到损害为由，提起诉讼，请求判令陈×2和保险公司赔偿相关费用合计120 092.02元。

保险公司答辩称：陈×1与陈×2系两兄弟，根据保险合同中家庭成员的人身伤亡免责的约定，保险公司对超出交强险部分的损失不应承担赔偿责任。

一审判决后，保险公司不服，提起上诉称：陈×1内固定尚未取出，不符合鉴定条件，对鉴定结果不认可；根据保险合同中免责条款的约定，本公司对超出交强险部分的损失不应承担赔偿责任。请求二审撤销原判，依法改判。

判决主文

一审法院判决：原告陈×1因交通事故所造成的损失费用合计118 002.02元，由被告保险公司在交强险限额内赔偿107 022元，在第三者责任险限额内赔偿10 980.02元，限判决生效后10日内付清。

二审法院判决：驳回上诉，维持原判。

裁判要旨

保险公司与被保险人在机动车第三者责任保险合同中设立将被保险人家庭成员在第三者范围内排除的条款系第三者责任险家庭成员免责条款。对于该免责条款，不应对家庭成员的免责范围作扩大解释，同时保险公司也应当尽到明确说明义务。

重点提示

在机动车第三者责任险保险合同中常常会设立投保人家庭成员成为交通事故中第三者免除赔偿责任的条款，该条款属于我国保险法领域规定的免责条款。对于上述条款我国尚未对其效力问题作出明确的法律规定，因此在实务中存在一定争议。司法实践中，探究第三者责任险中家庭成员免责条款的效力认定的问题时，应当注意以下两点：（1）第三者责任险中家庭成员免责条款的效力认定。第三者责任险保险合同属于格式合同。保险公司在保险合同中设立关于被保险机动车本车驾驶人及其家庭成员的伤亡不负赔偿责任的条款，属于免责条款。基于诚信原则以及公平原则，保险公司处于保险合同订立过程中的优势地位，且更具有专业性，由其向被保险人一方承担明确提示说明义务更有利于保护投保人、被保险人以及其他受益人的合法权益。同时《最高人民法院关于适用〈中华人民共和国保险法〉若干问题的解释（二）》第10条的规定："保险人将法律、行政法规中的禁止性规定情形作为保险合同免责条款的免责事由，保险人对该条款作出提示后，投保人、被保险人或者受益人以保险人未履行明确说明义务为由主张该条款不成为合同内容的，人民法院不予支持。"

由此可知，第三者责任险中家庭成员免责条款并非法律、行政法规中的禁止性规定，故保险公司不仅要在订立合同时在保险合同文本中作出足以引起投保人注意的提示，还要对该条款的内容以书面或者口头形式向投保人作出明确说明。如果保险公司未向投保人明确说明的，那么该免责条款无效。另外，是否尽到明确说明义务的举证责任应当由保险公司承担，保险公司无法举证证明其向投保人关于该条款明确说明的，推定保险公司未尽到明确说明义务。在保险合同履行过程中发生条款的免责事项时，保险公司仍需承担赔偿责任。（2）不应对第三者责任险中家庭成员的免责范围作扩大解释。所谓家庭成员免责条款，是指投保的机动车发生交通事故造成家庭成员人身伤亡、财产损害的，保险公司可依据该免责条款免除其保险赔偿责任。实务中对于此条款中家庭成员认定存在一定争议。一般来说，第三者责任险中的家庭成员是指在同一个户籍之内永久共同生活，每位成员的经济收入均当作家庭共同财产并用于家庭共同开支的人。同时，在交通事故中，被保险人造成其家庭成员受害的，若要求保险人承担赔偿责任，这种赔偿实质上仅为家庭公共财产的内部转移。因此，并非带有直系血缘关系的人就互为家庭成员。即不应简单地就将存在血缘关系、在同一户籍上的人划为第三者责任险中家庭成员的免责范围，否则会不当地将范围扩大。

5. 保险人向投保人代理人履行提示说明义务的效力能否及于投保人

【案例】邱×诉中国太平洋财产保险股份有限公司××中心支公司财产保险合同纠纷案

案例信息

案例来源：中国裁判文书网
审判法院：浙江省台州市中级人民法院
判决日期：2015年4月8日
案　　号：（2015）浙台商终字第38号

基本案情

2012年11月，邱×为其所有的初次登记时间为2010年12月、检验有效期至 2012 年 12 月的小轿车在中国太平洋财产保险股份有限公司××中心支公司（以下简称太平洋公司）投保机动车损失责任险、第三者责任保险、车辆人员险及不计免赔险等险种，保险期限为 1 年。保险费用为 12 378.04 元，车辆损失保险赔偿限额为 867 510 元，第三者责任保险赔偿限额为 500 000 元。其中机动车损失保险及机动车第三者责任保险另有附加条款：发生保险事故时保险机动车没有公安交通管理部门及其他相关管理部门核发的行驶证、号牌、临时号牌或临时移动证，未按规定检验或检验不合格，不论任何原因造成保险机动车的任何损失和费用，保险人均不负责赔偿。邱×的妻子王×在机动车辆保险责任免除明确说明书的投保人处写上签了邱×的名字。2013 年 11 月，邱×的小轿车在未进行年检的情况下由金×鑫驾驶，与毛×杰驾驶的未按规定检验的小型普通客车相撞发生事故，经交警部门事故责任认定，毛×杰负全部责任，金×鑫无责任。事故发生后，太平洋公司为邱×所有的小轿车定损金额为 37 200 元，为毛×杰驾驶的小型普通客车定损金额为 15 480 元。而后，邱×因该事故分别为两事故车辆支付维修费用 15 430 元及 37 200 元。邱×在事故发生后通过补检，行驶证检验有效期至 2014 年 12 月。

邱×以其与太平洋公司之间存在财产保险合同关系为由，提起诉讼，请求判令太平洋公司赔付保险金 50 630 元，并赔偿其利息损失。

太平洋公司辩称：邱×在本公司投保及其对投保车辆进行维修所产生的费用情况属实，但无证据证明其已经向金×鑫支付车辆因事故产生的维修费用。同时，事故发生时邱×投保的车辆未进行年检，根据保险条款的约定，车辆未按规定检验属于保险责任免除情形，本公司有权拒赔。

一审判决后，邱×不服，提起上诉称：投保单上仅有本人妻子签字，并无本人签字，太平洋公司将保险合同中的免责条款告知本人妻子，免责条款对本人无效，太平洋公司应予理赔。此外，免责条款中未出现"年检"字样，而车辆年检属于行政管理范畴，人民法院不宜扩大解释，本人车辆年审已通过，未过期。综上，请求撤销一审判决，依法改判。

太平洋公司辩称：首先，邱×妻子王×为其家庭用车向本公司投保，并在投保单及告知书上代为签字，属家事代理行为，保险合同有效。其次，保险条款中明确约定车辆未年检属于免责范围，而且该条款是双方自愿约定，根据合同意思自治原则，双方均应受该条款的约束。

判决主文

一审法院判决：驳回原告邱×的诉讼请求。

二审法院判决：驳回上诉，维持原判。

裁判要旨

投保人妻子作为代理人在投保单上签名的行为应当属于家事代理，保险人向投保人妻子履行的免责条款提示说明义务应当及于投保人，即应当认定保险人已经向投保人尽到了免责条款的明确说明义务，该免责条款对投保人产生法律效力。综上，保险人可以向投保人的代理人履行明确说明义务。

重点提示

由投保人妻子等家属代理投保并签订投保单的行为在保险领域十分常见，但对于保险人仅向投保人家属履行明确说明义务的法律效果能否及于投保人，即保险人能否仅向投保人代理人履行明确说明义务的问题在实务中存在一定争议。司法实践中，认定保险人向投保人的代理人履行提示说明义务的效力能否及于投保人的问题时，应当注意以下三点：（1）投保人的妻子在投保单上签名的行为应当属于家事代理。为了婚姻家庭和睦、维护夫妻双方的合法权益，同时维护社会交易安全，我国在法律上规定了家事代理制度。《民法典》第1060条第1款规定："夫妻一方因家庭日常生活需要而实施的民事法律行为，对夫妻双方发生效力，但是夫妻一方与相对人另有约定的除外。"因此，在保险法领域，投保人妻子作为代理人代替投保人在投保单上签名的行为便属于家事代理权的行使。（2）保险人能否向投保人的代理人履行明确说明义务的问题在实务中的争议。对于保险人能否向投保人的代理人履行明确提示说明义务的问题，实务中存在着两种不同的观点。第一种观点认为，保险人向投保人的代理人履行明确提示说明义务的行为不能及于投保人，保险人应当向投保人本人进行明确提示说明。该观点认为，投保人的代理人无权代替投保人成为保险人履行提示说明义务的对象，并规定必须将此类与投保人合法权益紧密相关的保险合同免责条款的内容向投保人本人进行明确提示说明。第二种观点认为，保险人向投保人的代理人履行明确提示说明义务的行为能够及于投保人，保险人可以向投保人的代理人履行明确说明义务。该观点认为，代理人代投保人投保过程中的行为应当视为投保人的行为，所产生的法律效果也应当及于投保人，即对投保人产生法律效力。保险人向投保人代理人就免责条款履行明确提示说明义务的，就应当视为已经向投保人履行。（3）保险人可以向投保人的代理人履行明确提示说明义务。从平衡保险人和投保人利益的角度出发，认定保险人可以向投保人的代理人履行说明义务，理由主要有以下几点：一是我国相关法律中对代理人不得代理的行为作出了明确的规定，即对于法律或当事人双方约定应当由本人作出的民事法律行为，代理人不得代理实施。一般来说，代理人不得代理的行为主要就是带有人身性质的行为。而代理人代投保人签订投保单购买保险的行并非带有人身性质的行为。同时，在代理人代为投保时，保险人向代理人所做的一切行为均视为向投保人所为。故投保人的代理人可以全程代理进行投保，也包括保险人向投保人的代理人履行明确说明义务。二是随着经济发展，出现了众多订立保险合同的方式，例如通过网络签订等。此种情况下，保险人很难分辨对方是投保人还是投保人的代理人，保险人仅能根据投保人提交的材料进行审查，若保险人必须向投保人本人进行免责条款的明确说明义务，则对保险人不利，或者保险人为减少风险将采用传统的面对面交流方式，也会制约保险产品的发展。三是投保人委托代理人购买保险的行为中，该代理人大多为投保人的家庭成员。根据家事代理的理论，因购买保险涉及家庭的整体利益，代理人购买保险时会尽职尽责，不会损害投保人的利益。即使因代理人转述时出现错误、根本未转述或转述时存在遗漏，给投保人造成损失，投保人仍可以依照委托关系要求代理人赔偿。

6. "停运损失不予赔偿"条款的效力认定

【案例】青岛××物流运输有限公司诉赵×岩、中国人民财产保险股份有限公司××市分公司机动车交通事故责任纠纷案

案例信息

案例来源：《人民法院报》2014年5月15日刊载

审判法院：山东省青岛市中级人民法院

判决日期：2014年5月9日

案　　号：（2014）青民五终字第38号

基本案情

2012年6月,赵×岩驾驶货车与张×洪驾驶的青岛××物流运输有限公司(以下简称物流公司)所属的车辆相撞,致两辆车受损停运。经交警部门认定,事故因赵×岩违反信号灯造成,其承担事故的全部责任。物流公司的营运车辆停运损失经鉴定为50 310元。赵×岩为该事故车辆在中国人民财产保险股份有限公司××市分公司(以下简称保险公司)投保了交强险、商业三责险以及不计免赔特约险,其中交强险的赔偿限额为122 000元。事故发生后,保险公司以商业三责险合同中约定"被保险机动车发生意外事故致使第三者停驶等损失不予赔偿"为由拒绝赔付。

物流公司以赵×岩、保险公司未赔偿交通事故损失为由,提起诉讼,请求判令赵×岩、保险公司赔偿车辆停运损失费50 000元。

赵×岩辩称:确实发生了交通事故,但物流公司提出诉讼请求赔偿的总额过高,本人能够承担物流公司提出的合理的损失赔偿。

保险公司辩称:物流公司主张的停运损失时间较长,标准过高,停运损失费、诉讼费属于间接损失,本公司不应承担。

一审判决后,保险公司不服,提起上诉称:物流公司的营运损失证据不足,且根据赵×岩与本公司的保险合同条款,本公司有权对物流公司停运期间的间接损失予以拒赔。故请求二审法院依法撤销原审判决,改判本公司不承担赔偿责任。

物流公司答辩称:一审法院对于停运损失的认定符合客观情况,停运时间的界定是因保险公司延期理赔导致车辆无法及时提走恢复营运造成的。一审法院认定事实清楚,适用法律正确,故请求二审法院驳回上诉,维持原判。

判决主文

一审法院判决:被告保险公司在交强险限额内赔偿原告物流公司经济损失人民币2000元;被告保险公司在商业三责险限额内向原告物流公司支付保险理赔款人民币48 000元;被告赵×岩在本案中不再向原告物流公司承担赔偿责任。

二审法院判决:维持一审判决第一项;撤销一审判决第二项;变更一审判决第三项为被上诉人赵×岩赔偿被上诉人物流公司48 000元。

裁判要旨

投保人与保险公司签订的机动车商业第三者合同险中约定"被保险车辆发生意外事故致第三者运营车辆停运损失不予赔偿"条款的，该条款属于保险公司的免除责任条款。在保险公司对该条款尽到提示和明确说明义务后，其有权依据该条款主张免除其保险赔偿责任。

重点提示

司法实践中，探究"停运损失不予赔偿"条款效力的认定问题时，应当注意以下三点：（1）"停运损失不予赔偿"条款属于保险合同中的免除责任条款，而非法定无效条款。投保人与保险公司签订的机动车商业第三者合同险中约定"被保险车辆发生意外事故致第三者运营车辆停运损失不予赔偿"条款的，该"停运损失不予赔偿"的条款内容实际上属于我国《保险法》第17条规定的有关免除保险人责任的条款。此外，虽然《最高人民法院关于审理道路交通事故损害赔偿案件适用法律若干问题的解释》第12条规定，当事人可以向侵权人请求赔偿其从事经营活动的车辆因道路交通事故而无法继续从事经营进而产生的停运损失。但我国相关法律法规中并未明文规定承保机动车商业第三者合同险的保险公司也应当赔偿上述损失，故该损失不属于保险公司的法定赔偿义务，即"停运损失不予赔偿"条款不属于法定的无效条款。（2）"停运损失不予赔偿"并非普通的合同约定条款。保险合同的免责条款是指在保险人提供给投保人或被保险人的保险条款中约定的免除或减轻保险人理赔责任的条款。若将"停运损失不予赔偿"等条款认定为普通的合同约定，则容易产生保险公司利用其专业知识滥用免赔机制的情形出现，不利于保障投保人、被保险人等的合法权益，导致保险失去其应有的功能，同样会阻碍保险行业的稳定发展。故"停运损失免赔"条款不能认定为普通的合同约定，应当认定为保险合同中的免赔条款，其效力应当通过免赔条款生效要件来认定。（3）已尽提示和明确说明义务的"停运损失不予赔偿"条款有效。通过前述分析可知，"停运损失不予赔偿"条款属于《保险法》第17条规定的"保险人责任免除条款"，根据该条规定，保险合同中规定有关于保险人责任免除条款的，保险人在订立保险合同时应当向投保人明确说明，未明确说明的，该条款不产生效力。由此可知，保险合同中的免责条款若要发生法律效力，保险公司应当履行明确说明义务及提示义务。此处的"提示"是指"足以引起投保人注意的提示",保险公司可以以投保单、保险单或其他保险凭证为载体作出提示,并在因免责条款发生纠纷后,对于其已经尽到提示及明确说明义务承担举证责任。保险公司足以证明其已就免责条款向投保人尽到提示与说明义务的,免责条款有效。即保险公司释明停运损失不赔条款的可以免责。

7. 机动车辆损失险中的比例赔付条款是否属于免责条款

【案例】严×义诉中国人民××保险股份有限公司上饶市分公司责任保险合同纠纷案

案例信息

案例来源:最高人民法院《人民司法·案例》2014年第14期(总第697期)

审判法院:江西省上饶市中级人民法院

判决日期:2014年5月9日

案　　号:(2013)饶中民二终字第112号

基本案情

严×义为其车辆于2013年1月在中国人民××保险股份有限公司上饶市分公司(以下简称人保上饶分公司)投保了机动车交通事故责任强制险(以下简称交强险)、商业第三者责任险以及机动车辆损失险等险种。其中,财产损失赔偿金额为交强险2000元,商业险28 900元。同月,严×义驾驶该车时与邱×林驾驶的电动车相撞,造成严×义投保的车辆受损。事故发生后,严×义报警并将车辆受损的事实告知了人保上饶分公司。经交警大队事故认定,邱×林负主要责任,严×义负次要责任。人保上饶分公司对严×义投保的车辆进行定损,金额为18 740元。严×义垫付了该车的维修费用为18 600元。嗣后,邱×林拒绝赔偿严×义的损失。严×义要求人保上饶分公司赔偿修理费,但人保上饶分公司称:依据《中国人民财产保险股份有限公司家庭自用汽车损失保险条款》第26条规定中的事故责任比例认定,仅同意赔偿严×义4980元,超出的部分应该由邱×林承担。对邱×林的责任,人保上饶分公司不同意为其履行代偿责任。保险双方不能就赔偿问题达成一致意见。

严×义以人保上饶分公司应承担赔偿责任为由,提起诉讼,请求判令人保上饶分公司赔偿被保险车辆修理损失费用18 600元。

一审判决后，人保上饶分公司不服，提起上诉称：依据《中国人民财产保险股份有限公司家庭自用汽车损失保险条款》第26条的规定，本公司应依据严×义在事故中所负的责任比例来承担受损车辆的修理费。一审法院未按照法律规定和保险合同约定判定本公司的赔偿金额。故请求判令本公司理赔金额为4980元，并驳回严×义的其他诉讼请求。

判决主文

一审法院判决：被告人保上饶分公司赔偿原告严×义车辆修理损失费18 600元。

二审法院判决：驳回上诉，维持原判。

裁判要旨

投保人与保险公司签订的机动车辆损失险中包含的比例赔付条款，属于《保险法》第17条第2款中规定的免除保险人责任的条款。对于此类条款，保险公司应当尽到提示与明确说明义务，否则该免责条款将不产生效力。

重点提示

保险人与投保人在机动车辆损失险中约定保险人依据被保险机动车驾驶人在事故中所负的事故责任比例承担相应赔偿责任的，该条款属于机动车辆损失险中的比例赔付条款。司法实践中，认定机动车辆损失险中的比例赔付条款是否属于免责条款的问题时，应当注意以下两点：（1）机动车辆损失险中比例赔付条款的认定。机动车辆损失险是财产损失保险的一种，其是指被保险人或其允许的驾驶员在驾驶被保车辆时，因受保险责任范围内的自然灾害或意外事故的影响而发生保险事故并造成保险车辆受损，由保险公司在合理范围内予以赔偿的一种汽车商业保险。对于机动车辆损失险中的比例赔付条款，根据《保险法》第55条有关保险赔偿计算标准的规定可知，保险赔偿的计算标准有以约定的保险价值为准和无约定时以保险事故发生时保险标的的实际价值为准的两种。而机动车辆损失险中的比例赔付条款就属于在保险赔偿的计算标准内再按保险事故责任比例赔偿，此种赔偿方式会使保险公司仅在被保险人在保险事故中负有责任时才承担赔偿责任，实际上减轻或免除了保险公司的责任，加重了被保险人的责任。因此，机动车辆损失险中比例赔付条款应当属于《保险法》第 17 条中规定的免除保险人责任条款。(2) 机动车辆损失险中比例赔付条款的效力。根据前述分析可知，比例赔付条款属于《保险法》第 17 条规定的免除保险人责任的条款，即采用保险人提供的格式条款而订立保险合同的，保险人应向投保人提供附格式条款的投保单，并向投保人对合同的内容进行说明；对保险合同中免除保险人责任的条款，在订立保险合同时，保险人应在相应的保险凭证上作出提示，该提示应足以引起投保人注意，并对该免责条款的内容向投保人进行明确说明，未作提示或者未明确说明的，该免责条款无效。由此可知，机动车辆损失险中比例赔付条款效力的认定应当以该条规定的保险人有无履行提示及明确说明义务为标准。若保险人无证据证明其对比例赔付条款向投保人尽到提示和明确说明的义务，则该条款不具备生效的条件和基础，应认定为无效条款。此时，保险人应当承担机动车辆损失险的赔付责任。

二、保险格式条款的解释规则

1. 工程质量潜在缺陷保险的投保人能否任意行使合同解除权

【案例】××太平洋财产保险股份有限公司上海分公司诉上海骏丰××房地产开发有限公司财产保险合同纠纷案

案例信息

案例来源：最高人民法院中国应用法学研究所《人民法院案例选》2021 年第 9 辑（总第 163 辑）

审判法院：上海金融法院

判决日期：2021 年 3 月 29 日

案　　号：（2020）沪 74 民终 1162 号

基本案情

因 2017 年国务院有关部委取消了物业保修金，××区房管局建议上海骏丰××房地产开发有限公司（以下简称骏丰公司）购买建筑工程质量潜在缺陷保险（以下简称 IDI 保险）。2018 年 8 月，骏丰公司向××太平洋财产保险股份有限公司上海分公司（以下简称太保公司）投保 IDI 保险，保单明细载明：被保险人为骏丰公司；被保险项目总保险金额为 124 230 825 元；总保险费为 1 304 423.66 元；缴费计划为一期支付等。该保单参考了《建筑工程质量潜在缺陷保险（上海地区）条款》第 37 条约定：本保险合同成立后，投保人可要求解除本保险合同。投保人要求解除本保险合同的，应当向保险人提出书面申请，保险人在收到投保人交纳物业保修金的书面证明之后，本保险合同自保险人收到书面申请时终止。保单签订后，骏丰公司未依约支付保险费。后经协商，支付保险费时间被顺延，但骏丰公司仍未付款。后经催款，骏丰公司支付了 50%保险费 65 万余元。

太保公司以骏丰公司经多次催告仍未支付剩余保险费为由，提起诉讼，请求判令骏丰公司支付原告保险费 652 211.83 元，并赔偿太保公司利息损失。

骏丰公司辩称：本公司确实尚未向太保公司支付余款 652 211.83 元；太保公司承保的项目不满足保险条款，保险人不承担赔偿责任，投保人无法实现投保的目的；本公司承保的房产，在承包时已竣工，相关规定确定的保险公司应尽的义务本公司均未履行；根据保险条款中的规定，剩余保费未交清前保险合同未生效；保险条款中约定了本公司有权解除合同；在承保小区发生维修事项后，太保公司一直未承担保险责任。

一审判决后，骏丰公司不服，提起上诉。

判决主文

一审法院判决：被告骏丰公司向太保公司支付保险费 652 211.83 元，驳回太保公司其余诉讼请求。

二审法院判决：驳回上诉，维持原判。

裁判要旨

保险合同格式条款约定投保人在一定条件下有合同解除权。当约定的保险合同解除权因客观因素无法实现时，不应简单地认为投保人享有合同解除权，而应当依据保险合同当事人与合同条款的含义等，并结合多种解释方式得出的结论进行判定。

重点提示

所谓工程质量潜在缺陷保险，是指保险公司与建设单位签订保险合同中约定，在保险期间与保险范围内出现因工程潜在缺陷造成工程损害的现象时，保险公司应该承担保险责任的保险。司法实践中，认定工程质量潜在缺陷保险的投保人能否任意行使合同解除权的问题时，应当注意以下三点：（1）保险合同解除权的行使主体。《保险法》第15条规定："除本法另有规定或者保险合同另有约定外，保险合同成立后，投保人可以解除合同，保险人不得解除合同。"由此可知，保险合同的解除权以投保人行使为原则，以保险人行使为例外。虽保险合同的签订会涉及保险人、投保人、被保险人、其他利益人等，但保险合同同其他民事合同一致，能够行使保险合同解除权的主体仅为保险合同的当事人，即保险合同行使解除权的主体仅包括投保人与保险人，不包括被保险人、其他利益人等。该解除权在保险合同成立后保险期限届满前均可行使。（2）保险合同条款的解释。在保险合同纠纷中，解释保险合同条款时应当尊重保险人与投保人在订立保险合同约定合同条款时的真实意图。即从保险合同性质、保险合同条款的设定目的、意义以及当事人真实意思表示等方面进行梳理。同时，当采取文义解释的方式无法直接得出保险合同条款含义的情形下，就应当依据体系、目的、参照习惯或惯例、诚信原则解释等其他解释保险合同的方式，以此确定保险合同约定条款的真实意思。（3）工程质量潜在缺陷保险投保人任意解除权的限制。建筑工程质量潜在缺陷保险系具有公益性与利他性的公益保险，能够切实保障投保人作为消费者的自身利益。根据前述可知，一般来说投保人作为保险合同的当事人一方，其可以依据保险法或保险合同约定具有对保险合同的任意解除权，但当约定的保险合同解除权受到一定限制而无法实现时，不应以"作出不利于提供格式条款一方的解释"为由认定投保人享有合同解除权，而应当从多角度出发，以多种合同解释方法判断保险合同条款的真实意思表示。因此，当保险合同条款中约定的合同解除权因客观因素无法实现时，不能认定投保人享有保险合同的任意解除权。

2. 保险合同格式条款的争议与解释

【案例】张家港保税区××国际贸易有限公司诉××平安财产保险股份有限公司江阴中心支公司财产损失保险合同纠纷案

案例信息

案例来源：最高人民法院中国应用法学研究所《人民法院案例选》2020年第1辑（总第143辑）

审判法院：江苏省高级人民法院

判决日期：2019年7月22日

案　　号：（2019）苏民再61号

基本案情

2016年10月，张家港保税区××国际贸易有限公司（以下简称国际贸易公司）为其车辆在××平安财产保险股份有限公司江阴中心支公司（以下简称平保公司）投保了交强险、机动车损失险等保险，保险期间为1年。其中保险合同中约定：发生保险事故时被保险机动车行驶证、号牌被注销的，或未按规定检验或检验不合格的，保险人不负赔偿责任。2017年2月，江×持逾期未审验的机动车驾驶证驾驶逾期未检验的小型普通客车与章×明驾驶的重型半挂车尾部相撞，致江×受伤及车辆损坏。同月，××市公安局交通警察大队出具交通事故认定书，认定江×负全责，章×明不负事故责任。因平保公司以存在免赔事由为由未作出定损评估，国际贸易公司提起诉讼并申请对涉案车辆损失进行鉴定。后一审法院委托无锡×××资产价格评估有限公司进行评估，评估报告认定涉案车辆损失价格为333 000元，双方对该评估报告均无异议。国际贸易公司为本次评估支付评估费15 000元。

另查明，涉案车辆注册日期为2014年10月，事故发生后国际贸易公司领取了机动车检验合格标志，载明"检验有效期至2018年10月"。

国际贸易公司以平保公司迟迟不肯定损，也未予理赔为由，提起诉讼，请求判令：平保公司赔偿因交通事故产生的损失共计333 000元、鉴定费用15 000元。

一审判决后，平保公司不服，提起上诉。

平保公司辩称：江×持逾期未审验的机动车驾驶证驾驶逾期未检验的车辆发生事故，本公司有权依据保险合同条款的规定不进行赔偿。

二审判决后，国际贸易公司不服，申请再审。

判决主文

一审法院判决：被告平保公司给付原告国际贸易公司保险理赔款333 000元、评估费15 000元。

二审法院判决：撤销一审民事判决；驳回被上诉人国际贸易公司的诉讼请求。

再审法院判决：撤销二审民事判决；维持一审民事判决。

裁判要旨

保险人提供的格式条款订立保险合同，当保险人与投保人、被保险人或受益人对保险合同格式条款存在争议时，应当按照通常理解予以解释，对合同条款有两种以上解释的，人民法院或者仲裁机构应当作出有利于投保人、被保险人或受益人的解释。在司法实践中，不处于弱势地位的投保人，其与保险人签订的保险合同对于不利解释原则的适用可能受限。

重点提示

保险合同解释制度系规范格式化保险条款的一种重要手段，在保险法理论研究界占据着重要的地位。司法实践中，认定保险合同格式条款的争议与解释的问题时，应当注意以下三点：（1）保险人与投保人、被保险人或受益人对保险合同格式条款的争议。采用保险人提供的格式条款订立的保险合同中，提供格式条款的保险人往往会利用其优势地位，制定出有利于自身而不利于投保人、被保险人等其他受益人的规定。同时，保险人与投保人、被保险人或受益人之间也经常会对保险合同格式条款解释存在一定的歧义。因而，在保险人与投保人、被保险人或受益人之间很容易发生冲突。（2）保险合同格式条款的解释原则。格式条款经常会在保险合同中被采用，为了规制该条款，我国相关法律规定了不利解释原则，即在保险合同中作不利于保险人的解释。《保险法》第30条规定："采用保险人提供的格式条款订立的保险合同，保险人与投保人、被保险人或者受益人对合同条款有争议的，应当按照通常理解予以解释。

对合同条款有两种以上解释的，人民法院或者仲裁机构应当作出有利于被保险人和受益人的解释。"由此可知，保险合同也是民事合同的一种，也同样适用于民事合同的一般解释原则，并优先于不利解释原则。即保险合同格式条款的解释应当首先采用通常解释、目的解释、意图解释等一般解释，只有当保险合同双方当事人对保险合同格式条款存在两个以上解释时，才有采取不利保险人解释原则的必要。（3）不利解释原则的排除适用情形。不利解释原则就是因保险人处于优势地位，为了平衡保险人与投保人、被保险人等其他受益人的利益而设立。因而，在司法实践中，当投保人不处于弱势地位时，其适用性可能受限。人民法院应当综合分析保险人与被保险人交易实力的强弱程度后再判断是否应当适用不利解释原则。若保险人与被保险人的地位相当，那么就不应当适用不利解释原则。

3. 无证驾驶超标两轮电动车时保险人的保险责任

【案例】 傅×银等与中国平安财产保险股份有限公司××市鄞州支公司意外伤害保险合同纠纷案

案例信息

案例来源：最高人民法院发布的十六件人民法院高质量服务保障长三角一体化发展典型案例

审判法院：浙江省宁波市中级人民法院

判决日期：2018 年 9 月 26 日

案　　号：（2018）浙 02 民终 2593 号

基本案情

2008 年 4 月至 2017 年 4 月期间，蒋×在余姚市××特种纺织染整有限公司（以下简称纺织公司）工作。纺织公司为蒋×波等 15 人向中国平安财产保险股份有限公司××市鄞州支公司（以下简称平安鄞州支公司）投保了平安团体意外伤害保险。保险期间为 2016 年 6 月至 2017 年 6 月。纺织公司在特别提示中第 6 条约定"因下列原因造成被保险人身故、残疾或医疗费用支出的，保险人不承担给付保险金责任……（三）被保险人酒后驾车、无有效驾驶证驾驶或驾驶无有效行驶证的机动车期间……"在平安附加意外伤害团体医疗保险（B 款）条款第 3 条约定"……本保险合同为费用补偿型保险合同，被保险人如果已从其途径获得补偿，则保险人只承担合理医疗费用剩余部分的保险责任"。2016 年 2 月，蒋 × 购买标记有"威震"的二轮电动车。2017 年 4 月，蒋 × 下班回家驾驶二轮电动车与俞 × 玲驾驶的车辆发生碰撞，最终致使蒋 × 死亡及两车损坏。经 × × 市公安局交通警察大队鉴定，蒋 × 的"威震"二轮电动车属于机动车。后 × × 市公安局交通警察大队认为，俞 × 玲驾驶机动车驶经路口时未停车瞭望，蒋 × 无证驾驶未登记的轻便二轮摩托车驶经路口未停车瞭望，未让行，未戴安全头盔，两人均存在过错，且作用大致相同，应各自承担此次事故的同等责任。

另查明，傅 × 银、蒋 × 波、沈 × 娣系死者蒋 × 的法定继承人。另案中，傅 × 银、蒋 × 波、沈 × 娣起诉俞 × 玲、中国平安财产保险股份有限公司 × × 中心支公司要求赔偿医疗费、丧葬费等，后该案经调解结案。

傅 × 银、蒋 × 波、沈 × 娣以平安鄞州支公司未对机动车含义作出界定，蒋 × 是以电动自行车的名义购买，两者之间对于格式条款存在两种解释，应当作出不利于平安鄞州支公司的解释为由，提起诉讼，请求人民法院判令平安鄞州支公司应予以理赔医疗费 3805.98 元及意外伤害身故保险 200 000 元。

平安鄞州支公司辩称：保险情况属实；蒋 × 驾驶的车辆被鉴定为机动车且无证驾驶，属于保险条款中约定的保险人免责的情形；医疗费已通过另案赔偿完毕，不应再另行主张。

一审判决后，平安鄞州支公司不服，提起上诉。

判决主文

一审法院判决：被告平安鄞州支公司赔偿原告傅 × 银、蒋 × 波、沈 × 娣意外伤害身故保险金 200 000 元；驳回原告傅 × 银、蒋 × 波、沈 × 娣的其他诉讼请求。

二审法院判决：驳回上诉，维持原判。

裁判要旨

被保险人驾驶电动车出现交通事故，保险人是否可以拒绝理赔应当分情况进行判断。此外，当保险合同中存在格式条款时，保险人与投保人或被保险人等对该条款存在争议时，应当作出通常的解释；存在两个以上解释的，应当作出不利于保险人的解释。

重点提示

随着社会的不断发展变化，机动车已经成为人们出行的主要交通工具，但机动车交通事故的发生，也威胁着人们的生命财产安全。在认定事故责任时，由于我国有关机动车交通事故责任认定的相关法律法规仍不完善，因此，不同区域之间会存在一定的争议。司法实践中，认定被保险人驾驶电动车发生交通事故，保险人能否免责的问题时，应当注意以下两点：（1）应当综合认定电动车是否属于机动车后判断保险人能否免责。电动车又叫电动自行车，其应当拥有自行车特征，即具有踏板，并与摩托车等其他机动车有着本质上的区别。但现阶段，超标电动车的出现使交通事故的认定难度更加提升。因此，在认定电动车是否属于机动车时应当综合考虑以下几点：一是不应直接依据事故认定书确定电动车是否属于机动车。被保险人驾驶电动车发生事故后，相关部门会出具事故认定书进行认定。但根据事故认定书得出电动车是否为机动车的结论系事故发生后相关部门从行政管理方面进行的认定，直接运用于民事纠纷当中仍需考量。二是被保险人对于其购买车辆的普遍理解。被保险人在购买电动车时，销售者提供的厂家产品说明中明确车辆为电动车。那么，被保险人基于对产品说明的信赖认为车辆为电动车符合普通大众的认知。三是超标电动车未纳入机动车管理范畴，行政机关对超标电动车的管理方式使社会大众普遍认为该种车辆为非机动车，故被保险人基于社会公众的通常理解认为超标电动车不属于机动车的理解，也同样符合普通大众的认知。基于此，保险人与被保险人在保险合同中约定"无有效驾驶证驾驶或驾驶无有效行驶证的机动车"的免责情形时，应当综合分析确定车辆性质后再进行判断保险人是否免责。（2）保险人与被保险人对保险合同中格式条款存在争议的认定。根据《保险法》第30条规定："采用保险人提供的格式条款订立的保险合同，保险人与投保人、被保险人或者受益人对合同条款有争议的，应当按照通常理解予以解释。对合同条款有两种以上解释的，人民法院或者仲裁机构应当作出有利于被保险人和受益人的解释。"由此可知，保险合同当事人之间对于保险合同中格式条款存在争议时，应当依据通常理解进行解释；若保险合同当事人之间存在两种以上解释的，应当以不利于保险人一方的理解进行解释。

4. 应否运用限缩解释规则对三责险免责条款进行解释

【案例】江×国、潘×珍等诉中国人民××保险股份有限公司重庆市分公司机动车交通事故责任纠纷案

案例信息

案例来源：中国裁判文书网

审判法院：重庆市第一中级人民法院

判决日期：2017年12月4日

案　　号：（2017）渝01民终7804号

基本案情

罗×购买重型自卸货车且将其挂靠在普驰公司名下并雇佣田×为驾驶员。该车在中国人民××保险股份有限公司重庆市分公司（以下简称人保重庆分公司）购买了交强险和100万元商业三责险，并购买了商业三责险的不计免赔附加险。2017年1月，田×驾驶该车辆时车头与横穿马路的行人江×荣发生碰撞，后江×荣倒地被该车辆碾压致死。事故发生后田×没有停车查看，驾车驶离现场。民警勘查认为，田×因不知情驾车驶离现场，当事人双方在该事故中违法过错行为对事故的发生基本相当，并出具了双方同等责任的《道路交通事故认定书》。死者江×荣父母亡故，其有妻子潘×珍，儿子江×国，女儿江×英。人保重庆分公司认为该公司三责险保险条款约定"驾驶人在未依法采取措施的情况下驾驶被保险机动车离开事故现场"的情形下保险公司免责，且其已向被保险人就免责条款履行了提示和说明义务，故应免于赔偿。

江×国、潘×珍、江×英以购买了交强险和三责险为由提起诉讼，请求赔偿因江×荣死亡产生的死亡赔偿金等各项损失，由人保重庆分公司在交强险和商业三责险范围内承担赔偿责任。

人保重庆分公司辩称：田×碾压行人后没有停车观察，直接驶离现场符合人保重庆分公司三责险条款的免责情形，人保重庆分公司不应承担商业三责险的赔偿责任。

一审判决后，人保重庆分公司不服，提起上诉称：驾驶人驶离事故现场，

未下车查看现场，构成肇事逃逸，保险公司不应承担商业三责险的赔偿责任，只在交强险范围内承担。请求依法撤销一审判决。

江×国、潘×珍、江×英共同辩称：一审判决认定事实清楚，程序合法，请求予以维持。

田×、罗×共同辩称：一审判决认定事实清楚，程序合法，请求予以维持。

被上诉人普驰公司辩称：一审判决认定事实清楚，程序合法，请求予以维持。

判决主文

一审法院判决：被告人保重庆分公司赔偿原告江×国、潘×珍、江×英死亡赔偿金等各项损失；被告人保重庆分公司支付被告罗×垫付款；驳回原告江×国、潘×珍、江×英的其他诉讼请求。

二审法院判决：驳回上诉，维持原判。

裁判要旨

机动车第三者责任险中约定驾驶人在未依法采取措施的情况下驾驶被保险机动车离开事故现场时保险公司免责的，在驾驶人存在逃避法律责任的主观故意以及保险人尽到了提示义务的前提下，保险人才可主张肇事逃逸免责并要求免除其保险责任。否则会扩大交通肇事逃逸免责的范围，且不符合格式条款适用限缩解释方法予以解释的规定。

重点提示

司法实践中，认定应否运用限缩解释对交通险免责条款进行解释的问题时，应当注意以下两点：（1）交通险免责条款应按照肇事逃逸免责的方式进行限缩解释。保险公司与投保人订立的商业三责险合同的免责条款中，约定驾驶人在未依法采取措施的情况下驾驶被保险机动车离开事故现场时保险公司免责的。实务中对于保险公司是否应当承担保险赔偿的问题存在着不同的看法。第一种观点认为，上述情况下保险公司不应当承担保险责任。该观点认为，应当采取文义解释对商业三责险合同中约定的驾驶人发生事故后离开现场的，保险公司可以免除赔偿责任的内容进行解释。即保险公司对于交通险免责条款尽到提示说明义务的,当出现驾驶人发生交通事故后无故离开现场且未采取救护措施的情形时,保险公司可以免除其赔偿责任。第二种观点认为,上述情况下保险公司应当承担保险责任。该观点认为,不应采取文义解释,而应当采取限缩解释对交通商业险中约定的免责条款进行解释。驾驶人在未依法采取措施的情况下驾驶被保险机动车离开事故现场时保险公司免责的免责条款属于格式条款。对于格式条款,我国相关法律规定当格式条款的理解存在争议时应当按照通常理解进行解释。即通常理解肇事逃逸时,既要考虑驾驶人有驾车离开道路事故现场的行为,又要考虑其是否明知事故发生并具有逃避法律责任的主观故意、是否有离开的必要性和合理性等因素。因此,应该利用肇事逃逸免责对交通商业险中的免责条款进行限缩解释。本文更同意第二种观点。(2)采取限缩解释对交通商业险中的免责条款进行解释符合格式条款解释的法律规定。根据有关格式条款限制的相关法律规定可知,采用格式条款订立合同的,提供格式条款的一方应当遵循公平原则确定当事人之间的权利和义务,并采取合理的方式提请对方注意免除或者限制其责任的条款,按照对方的要求,对该条款予以说明。提供格式条款一方免除其责任、加重对方责任、排除对方主要权利的,该格式条款无效。保险领域中,交通险中的免责条款很容易违反公平原则,扩大保险人的免责范围,影响投保人、被保险人等的合法权益。采取限缩解释对交通商业险中的免责条款进行解释更符合通常的法理,也能防止保险公司违反公平原则利用自己的专业优势危害投保人、被保险人等的合法权益。

5. 不利解释原则在保险领域的适用

【案例】奇台县××伟业有限责任公司诉中国人民××保险股份有限公司昌吉回族自治州分公司财产损失保险合同纠纷案

案例信息

案例来源:《人民法院报》2015年4月9日刊载
审判法院:新疆维吾尔自治区高级人民法院
判决日期:2014年11月4日
案　　号:(2014)新民二终字第108号

基本案情

2012年4月,奇台县××伟业有限责任公司(以下简称伟业公司)在中国人民××保险股份有限公司昌吉回族自治州分公司(以下简称财险昌吉州分公司),为其固定资产投保了一份为期1年的财产基本险,总保险金额为606万元,同时约定保险价值依据出险时的账面原值确定,每次事故免赔额在1000元或损失金额的20%中取较高者。同月,伟业公司一车间发生火灾,其机器设备、原材料及产成品遭受损失。事发后,伟业公司向财险昌吉州分公司理赔,双方就赔偿数额是否包括原材料及产成品损失发生争议。

伟业公司以双方未就理赔数额达成一致为由提起诉讼,请求判令财险昌吉州分公司按约定履行保险合同,赔偿其损失共计4 636 458元。

一审判决后,财险昌吉州分公司不服,提起上诉称:本公司并非本案的保险人,保险人应为中国人民××保险股份有限公司奇台支公司(以下简称奇台支公司);一审判决认定的保险合同的保险标的存在错误。

伟业公司答辩称:本案的保险合同系本公司与财险昌吉州分公司签订的,奇台支公司仅为财险昌吉州分公司的代办机构。本公司在缴纳保费时,奇台县农业银行并未向本公司告知保险合同条款内容,依据保险合同条款,该合同标的既包括本公司经营管理的财产,又包括经济利益关系的财产,一审法院认定的损失赔偿范围符合合同条款,应当驳回财险昌吉州分公司的上诉请求。

判决主文

一审法院判决:被告财险昌吉州分公司给付伟业公司保险金3 380 187.65元,同时支付案件受理费32 040元;原告伟业公司负担案件受理费11 851.66元。

二审法院判决:变更一审赔偿金额为1 040 795.65元;驳回上诉人财险昌吉州分公司和被上诉人伟业公司的其他诉讼请求;一、二审案件受理费均由被上诉人伟业公司负担78%,其余由上诉人财险昌吉州分公司负担。

裁判要旨

在保险合同中,适用不利解释原则时应当满足《保险法》规定的适用不利解释原则的前提条件。同时,适用不利解释原则时也应当平衡保险合同双方当事人的合法权益。

重点提示

保险合同格式条款是由保险人事先拟定的，因此大多体现了保险人的利益而忽视了投保人、被保险人或其他受益人的意思表达。而保险合同中采取不利保险人的解释，能够有效平衡保险合同当事人之间的利益关系，保护被保险人和受益人的合法权益。司法实践中，探究不利解释原则在保险领域的适用问题时，应当注意以下两点：(1)不利解释原则的认定。保险合同系格式合同，其格式条款是由保险人事先拟定的。保险人在订立保险合同格式条款时，通常会利用其专业知识制定有利于其自身利益的条款。在签订保险合同的过程中，投保人或被保险人仅能被动地全部接受或拒绝而无法与保险人进行协商。其对于保险合同上的专业术语也不能够容易地理解。因此，投保人或被保险人在订立保险合同时显然并非处于优势地位。故我国《保险法》规定了保险合同的解释适用不利解释原则，即保险合同当事人之间对于保险合同条款存在两种以上解释时，应当采取对保险人不利的解释。(2)保险合同中适用不利解释原则的条件。根据《保险法》第30条规定："采用保险人提供的格式条款订立的保险合同，保险人与投保人、被保险人或者受益人对合同条款有争议的，应当按照通常理解予以解释。对合同条款有两种以上解释的，人民法院或者仲裁机构应当作出有利于被保险人和受益人的解释。"由此可知，不利解释原则的适用条件包括以下几点：一是保险合同当事人对于保险合同条款的表述存在歧义，进而产生争议。这是不利解释原则适用的前提。但应当注意，并非保险合同当事人之间存在分歧的地方均适用不利解释原则。二是穷尽一切通常解释后当事人对合同内容仍有争议。穷尽一般解释是适用不利解释原则的前置条件，在经过通常解释后，保险合同当事人对于保险合同条文的歧义消除，就不再适用不利解释原则。只有当通常解释后，仍有两种以上解释的，才适用不利解释原则。三是保险合同当事人一方应当为自然人。不利解释原则的设立初衷是平衡各方当事人的利益，自然人对风险的抵抗能力弱，亦欠缺对保险合同内容的理解能力，在保险合同中处于弱势地位，应适用不利解释原则对其利益给予保护；相反，在司法实践中通常认为，经济实力雄厚的企业抵抗风险能力强，且对保险合同内容具有较强的判断能力，与保险公司交易实力相当，则可能排除对不利解释原则的适用。

6. 发动机进水免责条款的适用

【案例】尤××诉××人民财产保险股份有限公司孝义支公司财产损失保险合同纠纷案

案例信息

案例来源：最高人民法院《人民司法·案例》2016年第14期（总第745期）

审判法院：北京市第一中级人民法院

判决日期：2013年9月24日

案　　号：（2013）一中民终字第8966号

基本案情

2011年12月，尤××为其车辆在××人民财产保险股份有限公司孝义支公司（以下简称人保孝义支公司）处投保了为期1年的机动车损失保险，责任限额为30.51万元，保险为不计免赔险。2012年7月，该车辆在家中停放时遭遇洪水淹没车辆顶部并被水冲倒，造成车辆损坏。次日，尤××请汽车修理厂将车拖走进行修理，支付了施救费4100元，车辆修理费9.85万元。之后，尤××向人保孝义支公司报案，人保孝义支公司查看现场但未予定损，亦未对尤××进行保险理赔。

尤××以人保孝义支公司拒绝理赔为由，诉至法院，请求法院判决由人保孝义支公司承担其支付的施救费以及车辆修理费共计10.26万元。

人保孝义支公司答辩称：本公司认可尤××的施救费，但涉案车辆未经定损，修理费的发票为手写且金额过高，本公司不予认可。本案的诉讼费用也不应由本公司承担。

一审判决后，人保孝义支公司不服，提起上诉称：尤××未提交其出险原因的证据，本公司在现场勘查定损时未见到事故车，不能确认事故车为投保车辆；尤××在未经定损的情况下自行维修且提交手写的票据，本公司不予认可；保险条款中规定，保险人不负责赔偿诉讼费用；请求撤销一审判决并由尤××承担二审诉讼费用。

判决主文

一审法院判决：被告人保孝义支公司给付原告尤××理赔款10.26万元。

二审法院判决：驳回上诉，维持原判。

裁判要旨

保险公司在保险合同中约定被保险车辆因发动机进水导致的发动机损坏不予赔偿的免责条款的，当被保车辆因暴雨导致发动机进水致使发动机损坏时，该车辆损坏的情形符合保险合同免责条款约定的免责原因，又符合保险责任条款规定的暴雨导致车辆受损的规定。此时，应当作出不利于保险人一方的解释，认定保险公司应当承担保险责任并进行赔付。

重点提示

司法实践中，探究发动机进水免责条款适用问题时，应当注意以下三点：（1）保险合同中约定的发动机进水免责条款合法有效。责任免除条款是保险合同中的一部分，其是指将原本属于保险责任范畴内的条款约定为无需承担保险赔偿责任的情形。但应当注意，责任免除条款不应存在以下两种情形：一是免除保险人依法应承担的义务或加重投保人、被保险人责任的；二是不当地排除投保人、被保险人或受益人依法应当享有的权利的。保险人订立的保险合同的免责条款中一旦存在上述两种情形时，该免责条款无效。保险公司在保险合同中约定发动机进水免责条款的，该条款系保险公司在车损险保险范畴内作出的免责约定，该约定不符合上述免责条款不应存在的情形，同时也未违反法律禁止性规定，故发动机进水免责条款合法有效。（2）被保车辆受损既符合发动机进水免责条款，又符合保险人责任条款时，应当作出有利于被保险人一方的解释。根据相关法律规定，车损险保险条款对保险公司保险责任的范围作了列明式的规定，在保险期间内，被保险人或其允许的合法驾驶人在使用被保险机动车过程中，因下列原因造成被保险机动车的损失，保险人依照本保险合同的约定负责赔偿：①碰撞、倾覆、坠落；②火灾、爆炸；③外界物体坠落、倒塌；④暴风、龙卷风；⑤雷击、雹灾、暴雨、洪水、海啸；⑥地陷、冰陷、崖崩、雪崩、泥石流、滑坡；⑦载运被保险机动车的渡船遭受自然灾害，本款只限于驾驶人随船的情形。若与此同时，保险合同中约定发动机进水免责条款的，被保车辆受损既符合发动机进水免责条款,又符合保险人责任条款,且这两条格式保险条款理解存在冲突。根据《保险法》有关格式条款解释的规定,有两种以上解释的,应当依照解释规则作出有利于被保险人一方的解释。因此,保险公司应当承担保险赔偿责任。(3)对于发动机进水免责条款,发动机进水导致发动机受损时,保险人并非一定免责,还应当符合近因原则。保险法上的近因原则是判断保险事故与损害结果之间的因果关系,从而确定保险责任的一项基本原则。具体来说,是造成保险事故损失的最直接、有效且起到主导作用的原因。若该原因与承保风险一致,保险人应承担保险责任,反之则无需承担保险责任。因此,保险合同中约定发动机进水免责条款的,当发动机进水受损时并非一定适用该条款并免除保险公司责任,还应当进一步分析发动机进水的近因,若最终认定属于保险合同约定的保险责任,那么保险公司就应当承担保险赔偿责任。

第五章　投保人的义务

一、如实告知义务

1. 保险合同解除中不可抗辩条款的适用

【案例】于×诉××人寿保险股份有限公司连云港分公司人身保险合同纠纷案

案例信息

案例来源：最高人民法院中国应用法学研究所《人民法院案例选》2023年第6辑（总第184辑）

审判法院：江苏省高级人民法院

判决日期：2022年6月7日

案　　号：（2021）苏民申5899号

基本案情

2018年4月，于×以投保人的身份为其子于××向××人寿保险股份有限公司连云港分公司（以下简称人寿保险公司）投保国×少儿国×福终身寿险。于××在投保前曾患有新生儿高胆红素血症、新生儿脑病，经住院治疗后治愈出院。2018年4月，于××先后两次入院，出院诊断为：癫痫，先天性脑发育不全、肺炎等病症。2020年4月，于×向人寿保险公司申请理赔。同年6月，人寿保险公司以于×在投保时未如实告知于××病史为由提出解除保险合同。

于×以人寿保险公司无权享有合同解除权为由，提起诉讼，请求判令：人寿保险公司赔付保险金30万元并由其承担本案诉讼费用。

一审判决后，于×不服，提起上诉。

人寿保险公司辩称：于×故意隐瞒被保险人的患病史，影响了本公司是否承保的决策。本公司知晓后解除了保险合同，故无需再承担保险赔偿责任；即使认定于×未故意隐瞒患病史，被保险人的发病时间在本案保险合同成立后的180日内，按照保险合同条款的约定，于×无权要求本公司支付30万的赔偿金。

二审判决后，于×不服，申请再审。

判决主文

一审法院判决：驳回原告于×的诉讼请求；案件受理费由原告于×负担。

二审法院判决：驳回上诉、维持原判。

再审法院裁定：驳回申请再审人于×的再审申请。

裁判要旨

《保险法》第16条规定了保险合同解除中的不可抗辩规则，即投保人故意或因重大过失未向保险人如实告知并影响保险人是否承保或提高保费的决策时，保险人有权自保险合同成立之日起两年内解除合同。

重点提示

为了保障保险合同的公平与稳定，在我国保险法领域，规定了一些不可抗辩条款。该条款属于诚信原则适用的例外，在平衡保险合同当事人之间利益的同时，又能促进保险行业的稳健发展。司法实践中，探究保险合同解除中不可抗辩条款的适用问题时，应当注意以下三点：（1）不可抗辩条款的认定。不可抗辩条款是人身保险合同中的重要条款之一，同时也是我国保险法领域的一项重要规则。其是指在保险合同成立并生效后，经过一定期间，保险人无权再以投保人或被保险人在签订保险合同时存在故意或重大过失未如实履行告知义务为理由提出保险合同无效并要求解除保险合同。不可抗辩条款的出现能够严格限制保险人行使保险合同解除权，督促保险人能够尽快解决纠纷，保障了投保人一方的合法权益。（2）不可抗辩条款的适用。我国保险法中对不可抗辩条款作出了明确的规定，《保险法》第16条第1~3款规定："订立保险合同，保险人就保险标的或者被保险人的有关情况提出询问的，投保人应当如实告知。投保人故意或者因重大过失未履行前款规定的如实告知义务，足以影响保险人决定是否同意承保或者提高保险费率的，保险人有权解除合同。前款规定的合同解除权，自保险人知道有解除事由之日起，超过三十日不行使而消灭。自合同成立之日起超过二年的，保险人不得解除合同；发生保险事故的，保险人应当承担赔偿或者给付保险金的责任。"由此可知，投保人对保险合同订立时保险事故已经发生的事实，故意或重大过失隐瞒保险人并影响保险人是否承保或提高保费的决策时，保险人有权向投保人提出解除保险合同。但保险人提出解除合同的时间应满足自知道解除事由之日起 30 日内，此外，保险合同成立之日起超过二年的，保险人不得解除合同。发生保险事故的，保险人应当承担保险赔偿责任。（3）不可抗辩条款适用的例外情形。随着保险行业的不断进步与推广，越来越多的人都参与进投保的行列中来，但投保人滥用不可抗辩条款的问题越来越多，故十分有必要对于不可抗辩条款作出一定限制，规定不可抗辩条款适用的例外情形。一般来说，保险人以下列情形为由提出的抗辩不受不可抗辩条款的约束：一是在不可抗辩期间发生事故的，在不可抗辩期间届满后，保险人仍可以投保人未履行告知义务为由要求解除保险合同；二是投保人在投保后未按期交付保险费用的，可不适用不可抗辩条款；三是保险利益的争辩不受不可抗辩条款的约束；四是区别于一般欺诈行为，特别严重的欺诈行为不受不可抗辩条款的约束。

2. 驾驶员"顶包"致事故原因无法查明的保险责任认定

【案例】张××诉中国平安财产保险股份有限公司永州中心支公司保险合同纠纷案

案例信息

案例来源：最高人民法院中国应用法学研究所《人民法院案例选》2019 年第 8 辑（总第 138 辑）

审判法院：江西省吉安市中级人民法院

判决日期：2018 年 5 月 31 日

案　　号：（2018）赣 08 民终 563 号

基本案情

张××系涉案车辆的车主，其于2016年1月11日为该车向中国平安财产保险股份有限公司永州中心支公司（以下简称财保永州支公司）投保了机动车综合商业险。其中机动车损失险保险金额为116 900元，保险期限为1年。同年9月30日22时许，张××驾驶涉案车辆碰到路边电杆，造成车辆受损。随后张××打电话给其妻李××，告知李××到现场，由李××向当地交警大队及财保永州支公司报案，由于事故未造成第三者伤亡，交警未出警。财保永州支公司接案后派员至现场查勘，并将受损车辆指定汽修厂修理。次日，财保永州支公司的工作人员询问李××，李××冒认自己开车肇事。后财保永州支公司向当地公安局经侦支队报案，公安局经侦支队经过调查和询问张××，张××承认系自己开车肇事，公安局经侦支队未作任何处理。

财保永州支公司对受损车辆出具《机动车辆保险定损报告》，定损金额为17 943元，张××遂向财保永州支公司申请理赔，财保永州支公司向张××发出《机动车辆保险拒赔通知书》，表示张××与财保永州支公司签订的机动车综合商业保险条款"第一章机动车保险责任免除"第8条第1项、第2项约定：（1）事故发生后，被保险人或其允许的驾驶人故意破坏、伪造现场、毁灭证据。（2）事故发生后，在未依法采取措施的情况下驾驶被保险机动车或者遗弃被保险机动车离开事故现场。保险人不负责赔偿。故财保永州支公司以本次事故保险车辆驾驶员李××存在"顶包"行为，对此次事故所造成的损失在商业险范围内作拒赔处理。

另查明，张××已向修理厂支付19 000元修车款并将车接回。

张××以财保永州支公司系涉案车辆的保险人，应对涉案车辆发生的交通事故承担保险赔偿责任为由提起诉讼，请求法院判令财保永州支公司支付其修车款。

财保永州支公司辩称：本案事故发生后的第二天本公司即委派员工向李××做了询问笔录，确认车辆系由李××驾驶，但在公安局经侦支队的调查中，张××确认车辆是其驾驶，故本案的肇事司机无法认定；本案没有交通事故认定书，相关交警部门未对本案的事故性质、原因、责任进行认定，故本公司有权根据《保险法》的有关规定以及保险合同中的约定拒绝理赔。

一审判决后，财保永州支公司不服，提起上诉。

判决主文

一审法院判决：被告财保永州支公司向原告张××支付17 943元修车款。

二审法院判决：撤销一审法院判决；驳回原告张××的诉讼请求。

裁判要旨

诚信原则是我国民事法律关系中的一项基本原则，进行一切市场活动均应遵守该原则。对于被保险机动车发生交通事故后，驾驶员授意他人谎称驾驶员导致事故原因、责任无法查清的，违反了如实告知义务，不符合诚信原则，此时该行为符合保险合同免赔约定的，保险公司有权拒绝赔偿。

重点提示

在因机动车交通事故而引发的纠纷中，对于因出现驾驶员"顶包"假冒的行为而导致事故原因、责任无法查清的，保险人能否主张拒绝赔偿的问题，司法实践中应当注意以下两点：（1）当事人行使权利、履行义务应当遵守诚信原则。诚信原则是我国民事法律关系中一项最为重要的基本性原则，是一切市场经济活动中的道德准则，要求一切市场参加者在不损害他人利益和社会公益的前提下，追求自己的利益。《保险法》第5条对此同样作出了规定，即保险活动当事人行使权利、履行义务应当遵循诚信原则。诚信原则贯穿于保险合同订立、履行、解除、理赔、条款解释等各个阶段，而由于保险事故具有偶然性和不确定性，且投保人与保险人之间的信息具有不对称性等因素，保险法中对于诚信原则的要求相比于其他民事法律关系更高。因此，在保险纠纷司法实践中，人民法院应当更加注重对于当事人是否遵守诚信原则的审查，若发现当事人存在不诚信的行为，如骗取保险赔偿等，则应在进行责任认定的过程中对此加以考虑。（2）驾驶员"顶包"致使事故原因无法查清时，保险人有权以此为由拒绝理赔。《保险法》第27条第3款规定："保险事故发生后，投保人、被保险人或者受益人以伪造、变造的有关证明、资料或者其他证据，编造虚假的事故原因或者夸大损失程度的，保险人对其虚报的部分不承担赔偿或者给付保险金的责任。"该条款可以视为诚信原则在保险法立法过程中的具体体现，目的在于避免保险事故发生后，因投保人等的不诚信行为而造成保险人的合法权益的损害。对于在发生交通事故后，驾驶员"顶包"假冒的行为而言，首先，在交通事故现场中,驾驶员属于现场的组成部分,驾驶员如实告知并配合调查是其应尽的义务,会导致保险公司无法查清驾驶人员是否存在酒驾等法定或约定的免赔情形,显然增加了保险公司利益受损的风险。其次,从诚信原则的角度出发,无论驾驶人员"顶包"假冒的行为的动机以及原因如何,均属于故意破坏现场的行为,显然违反了诚信原则,若法律不对此类行为进行制止,将会放纵甚至引导公众通过不诚信的行为获取保险利益的行为出现,不利于我国保险市场的健康发展,也不符合社会主义核心价值观。因此,对于保险公司以因驾驶员"顶包"假冒的行为导致事故原因无法查明为由免赔的主张,人民法院应予支持。

3. 投保人履行如实告知义务的前提

【案例】何×荣诉××××大都会人寿保险有限公司重庆分公司保险合同纠纷案

案例信息

案例来源:最高人民法院《人民司法·案例》2019年第8期(总第847期)
审判法院:重庆市第四中级人民法院
判决日期:2017年8月16日
案　　号:(2017)渝04民终771号

基本案情

2015年2月,××××大都会人寿保险有限公司重庆分公司(以下简称大都会人寿重庆分公司)与陈×书以电话协商方式,订立了重大疾病保险合同。合同中载明:被保险人为何×荣,险种名称分别为都会挚爱两全保险和附加都会挚爱长期重大疾病保险,基本保险金额均为13万元,保险期间于合同生效或复效90日后至88周岁,交费10年,每期保险费分别为796.8元和152.8元。陈×书于当日缴纳了保险费,大都会人寿重庆分公司也予以承保。2015年2月,陈×书在投保单上补签字,但并未在被保险人是否患心脑血管疾病一栏勾选是或否。2016年,陈×书按期为何×荣缴纳了保险费。2016年5月,何×荣被确诊为心脏病和高血压并住院治疗。同年6月,何×荣向大都会人寿重庆分公司递交了个险理赔申请书。次月,大都会人寿重庆分公司向何×荣出具理赔决定通知书，告知何×荣因未如实告知曾诊治过冠心病、高血压病，决定解除保险合同，不给付重大疾病保险金。

何×荣以大都会人寿重庆分公司未按保险合同约定向其支付保险金为由，提起诉讼，请求判令大都会人寿重庆分公司向其支付附加都会挚爱长期重大疾病保险金13万元。

一审判决后，大都会人寿重庆分公司不服，提起上诉称：原判认定本公司未履行询问义务，属事实不清，证据不足；原判故意遗漏关键证据。故请求二审法院依法撤销一审判决，改判驳回何×荣的诉讼请求。

何×荣辩称：一审判决认定事实清楚，证据充分，适用法律正确，请求维持原判。

判决主文

一审法院判决：被告大都会人寿重庆分公司向原告何×荣支付保险金13万元。

二审法院判决：驳回上诉，维持原判。

裁判要旨

在订立保险合同过程中，保险人对于可能存在风险的保险标的或被保险人有关情况的询问，系投保人履行如实告知义务的前提。

重点提示

如实告知义务是指在订立保险合同之时，被保险人或者投保人必须要将保险标的中的重要事项如实告知保险人，并确保保险人能够全面、准确地掌握这些重要事项，只有这样才能够让保险人正确地认识并评估危险状况，继而决定是否承保或者在何种条件下承保。在司法实践中，认定投保人是否履行如实告知义务，以及履行该义务的前提条件的问题，应当注意以下三点：（1）保险人的适时询问系投保人履行如实告知义务的前提，且投保人的回答应以保险人的询问为限。首先，保险人应当选取合适的时间对投保人进行询问。《保险法》第16条第1款规定："订立保险合同，保险人就保险标的或者被保险人的有关情况提出询问的，投保人应当如实告知。"由此可知，在订立保险合同过程中，保险人就可能存在风险的保险标的或被保险人相关情况向投保人进行询问时，投保人应当如实告知，且因该询问结果关系到保险人风险的评估，故保险人应当选取承保前的时间点向投保人进行询问。若在承保后询问，即使发现了不应当承保的情形，只要投保人在保险人承保前依法履行了告知义务且不存在违法行为，保险人就无法解除合同，其合法权益也将无法得到保障。其次，投保人回答的内容应以保险人的询问为限。一般来说，订立保险合同过程中，保险人的询问应当坚持询问告知主义，即并非无限告知，不问不答，投保人仅需回答保险人询问的问题，对于保险人未询问的内容，其无需主动告知。综上，履行如实告知义务是订立保险合同过程中的义务，需要以保险人适时提问为前提，且该义务的履行应以保险人询问的范围及内容为限。（2）保险人询问的事项应当具体且有关保险风险。《最高人民法院关于适用〈中华人民共和国保险法〉若干问题的解释（二）》第6条第2款规定："保险人以投保人违反了对投保单询问表中所列概括性条款的如实告知义务为由请求解除合同的，人民法院不予支持。但该概括性条款有具体内容的除外。"故保险人询问的内容应当包含较为具体内容。且根据前述可知，投保人仅需回答保险人询问的问题，因此，保险人明确具体的询问才能有效排除不符合承保的情形。此外，保险人应当对于风险事项进行询问，否则投保人可拒绝回答。《保险法》第16条第2款规定："投保人故意或者因重大过失未履行前款规定的如实告知义务，足以影响保险人决定是否同意承保或者提高保险费率的，保险人有权解除合同。"由此可知，投保人未履行如实告知询问事项且足以影响保险人评估风险并决定是否承保的，才属于投保人未履行如实告知义务，即并非投保人存在未如实告知保险人询问的情形，就属于未履行如实告知义务，故保险人询问的事项必须是关系保险风险的事项。（3）保险人询问的内容及范围的证明。《最高人民法院关于适用〈中华人民共和国保险法〉若干问题的解释（二）》第6条第1款规定："投保人的告知义务限于保险人询问的范围和内容。当事人对询问范围及内容有争议的，保险人负举证责任。"因此，对于询问的范围及内容，应当由保险人来举证证明。此外，由前述分析可知，保险人未询问的情况，投保人可不告知，因此，保险人主张自己在订立保险合同的过程中已经询问了保险标的或被保险人有关情况的，应当由保险人对其询问事项的范围及内容承担举证证明责任。且由保险人对询问的内容承担举证责任也可以有效避免保险人以投保人未履行如实告知义务为由拒绝理赔，可以更公平地保护投保人及被保险人的利益。而就询问的方式而言，在互联网、电信并不发达的时代，保险公司通常采取传统填写表格的书面方式进行询问。但随着保险业的发展与科技的创新进步，保险人询问通常采取电话或网页等便捷、高效的方式进行。此外，在需要询问证明时，保险人就可通过提供电话投保的电话录音、网络投保的相关网页等予以证明，查询迅速且方便快捷。

4. 如实告知制度下投保人和保险人信息搜集义务的分配

【案例】陆××诉××人寿保险股份有限公司上海分公司人身保险合同纠纷案

案例信息

案例来源：最高人民法院中国应用法学研究所《人民法院案例选》2017年第7辑（总第113辑）

审判法院：上海市第一中级人民法院

判决日期：2016年1月28日

案　　号：（2015）沪一中民六（商）终字第605号

基本案情

陆××于2014年6月向××人寿保险股份有限公司上海分公司（以下简称人寿保险公司）投保××全能保B款两全保险，附加××附加全能保B款重大疾病保险，其中后者的基本保险金额为20万元，保费为1580元，交费期限20年。陆××在填写《个人寿险投保单》中"询问事项"第4项询问投保人"是否在过去2年内做过以下一项或几项检查（若是，在备注栏告知检查项目、时间、原因、地点及结果）……"，陆××勾选"是"；第7项G栏询问投保人"是否患有、被怀疑患有或接受治疗过以下一种或几种疾病，如甲状腺或甲状旁腺疾病等"，陆××勾选"否"。"备注及特别约定栏"中载明："被保人备注：单位每年年检，指标正常。2013年10月26日体检医院：××张江。"该保单被保险人为陆××，当月27日，人寿保险公司签发涉案保险单，合同已于当月28日生效。

次年1月26日，根据××军医大学××附属医院出具的出院记录，载明陆××出院诊断为右侧甲状腺癌，为此，陆××于次月9日向人寿保险公司申请理赔。同年3月10日，人寿保险公司发出理赔通知书，认为陆××在投保前已经患有右侧甲状腺结节，但未在投保时告知，严重影响其承保决定，故终止保险合同并退还陆××缴纳的5060元保费。

另查明，投保单中备注的体检情况为，2013年10月26日，上海××门诊部对陆××出具的体检报告中关于甲状腺外科检查中表述为"未见异常"，而在超声波诊断中载明："超声提示：甲状腺右叶结节。建议定期复查，外科随诊。"

陆××以其在保险期间内确诊为甲状腺癌，属保险责任范围内的重大疾病，请求判令人寿保险公司支付保险金20万元。

一审判决后，人寿保险公司不服，提起上诉称：首先，陆××在投保时未如实告知重要事项，且这些事项直接导致了原告患甲状腺癌，属于足以影响被告决定是否同意承保或者提高保险费率的重要事项，因此，本公司有权根据保险合同约定，作出解除合同、全额退还保费的决定，并且已经实际退还陆××全额保费。其次，无证据证明本公司在陆××投保时就收到涉案体检报告，陆××认为在如实告知有体检报告的情况下，本公司就一定会查看体检报告仅是推论，若陆××在投保单的疾病询问中勾选"是"，则本公司一定会查看体检报告，但其均填写为"否"，此时本公司不可能查看体检报告，且其在备注栏中称"指标正常"，故本公司并未调取其体检报告进行查看，陆××的行为并非明确、如实告知。

陆××辩称：人寿保险公司拒赔没有事实及法律依据，本人在投保时已经告知人寿保险公司存在2013年10月26日的体检单，人寿保险公司作为专业机构应当查看体检报告并核实其真实性，故请求二审法院依法驳回上诉，维持原判。

判决主文

一审法院判决：被告人寿保险公司赔付原告陆××保险金194 940元。

二审法院判决：驳回上诉，维持原判。

裁判要旨

投保人的如实告知义务指投保人在订立保险合同时，有将保险标的足以影响保险人决定是否同意承保或者提高保险费率的重要事项如实向保险人披露的义务。但如实告知义务并非要求投保人承担无限告知义务，而告知的范围应以

"询问"和"明知"为限，对于"明知"应从主观、客观两方面进行审查；保险人对投保人的告知在特定情形下应负一定的核实义务，未尽核实义务则不得以投保人未如实告知进行抗辩。

重点提示

如实告知义务是投保人在订立保险合同的过程中应尽的义务，若投保人未尽到如实告知义务，则应当承担相应的不利后果。但对于在如实告知制度下，是否意味着信息搜集义务应当全部由投保人承担的问题，在司法实践中则存在着一定的争议，对于如实告知制度对投保人与保险人信息搜集义务的分配的问题，应当注意以下三点：(1)如实告知义务的含义及必要性。所谓如实告知义务，根据我国《保险法》第16条中的有关规定可知，就是指保险人在订立保险合同的过程中就保险标的或被保险人的有关情况提出询问的，投保人应当如实告知。保险合同与其他一般民事合同相比最大的不同就在于信息的不对称性：一方面，保险合同的条款具有专业性，对于投保人而言晦涩难懂，需要保险人的解释与说明；而另一方面，保险人虽为专业机构，但由于被保险人、保险标的数量众多且分散，保险人无法逐一核实潜在的承保对象的风险。以上两点就要求投保人与保险人在订立保险合同的过程中均应当遵循最大诚信原则，其中体现在投保人身上的义务就是如实告知义务。因此，投保人所提供的信息是否真实，直接关系到保险人能否正确评估风险、制定合理的承保方案和定价，并在保险事故发生时是否履行给付保险金的义务。(2)如实告知义务的范围和内容。根据《保险法》第16条第2款的有关规定可知，投保人应当如实告知的内容，是足以影响保险人决定是否同意承保或者提高保险费率的重要事项，根据保险种类的不同，该重要事项的内容也自然有所不同。就人身险而言，如实告知的内容一般是个人健康状况，如患有的疾病、曾经接受的手术、治疗情况等，而在有关职业类的保险中，则是被保险人的工作性质、工作环境、负债水平等；就财产险而言，如实告知的范围包括保险标的位置、价款（价值）、使用年限、使用环境、管理与维护情况等，但应当注意的是，财产保险中保险人赔付后依法可以向侵权人或者违约方进行追偿，故与代位求偿权相关的事实也属于投保人应当如实告知的重要内容。此外，如实告知的义务不仅发生于保险合同订立之前，在合同履行过程中，若保险标的的状况发生了会导致危险程度显著增加的变化时也需要告知保险人。(3)如实告知制度对投保人与保险人信息搜集义务的分配。如前所述，如实告知义务是投保人在订立保险合同的过程中应当履行的义务，但《保险法》规定该义务并不意味着将搜集风险评估信息的义务完全分配给投保人，也不意味着投保人应当承担无限告知义务，投保人的如实告知应以"询问"和"明知"为界限。对于保险人询问的内容，投保人自然应当如实告知，而所谓"明知"，则要从主观以及客观方面来进行判断，一般来讲，投保人明知，是指投保人通过某种方法或者手段实际了解的有关情况和事实，投保人应当如实告知的内容仅限于投保人"明知"的事实，而不包括"应知"的事实，如在人身保险引发的纠纷中，人民法院经过审查发现投保人通过自身的知识结构与生活经验无法确定自身患有严重疾病的，就不能认定投保人违反了如实告知义务。此外，保险人对于投保人所告知的内容在特定情形下也负有一定的核实义务，如其未尽到核实义务的，则不能以投保人未如实告知作为抗辩事由。

5. "两年不可抗辩"条款的理解与适用

【案例】 陈×诉中国××人寿保险股份有限公司乐山中心支公司人身保险合同纠纷案

案例信息

案例来源：最高人民法院发布的十九起合同纠纷典型案例（2015年12月4日）

审判法院：四川省乐山市中级人民法院

判决日期：2014年10月28日

案　　号：（2014）乐民终字第1079号

基本案情

陈×康系陈×的父亲，于2010年8月10日因右肺腺癌住院治疗14天。在陈×康出院之后第二天，陈×向中国××人寿保险股份有限公司乐山中心支公司（以下简称人寿保险支公司）为陈×康投保了8万元的身故险和附加重大疾病险，陈×和陈×康均在"询问事项"栏就病史、住院检查和治疗经历等项目处勾选为"否"，且二人均签字确认其在投保书中的健康、财务及其他告知内容的真实性，并确认人寿保险支公司及其代理人已提供保险条款，对免除保险人责任条款、合同解除条款进行了明确说明。该合同确认于当年9月2日起生效,且合同7.1条及7.2条均就保险人的明确说明义务、投保人的如实告知义务以及保险人的合同解除权进行了约定。

自2010年9月6日起至2012年6月6日之间,陈×康因右肺腺癌先后9次入院治疗。2012年9月11日,陈×康以其2012年3月28日的住院病历为据向人寿保险支公司申请赔付重大疾病保险金。人寿保险支公司调查后发现陈×康于2010年3月10日入院治疗时被确诊为"肝炎、肝硬化、原发性肝癌不除外",因此人寿保险支公司以陈×康投保前存在影响该公司承保决定的健康情况,而在投保时未书面告知为由,于当月17日向陈×送达解除保险合同并拒赔的通知。陈×康及陈×为此于2012年10月24日提起诉讼,请求法院判令人寿保险支公司继续履行保险合同并给付重大疾病保险金3万元,后在二审中申请撤诉,二审裁定同意其撤诉申请。

2014年3月11日至24日间,陈×康再次因右肺腺癌入院治疗,出院诊断载明其患有右肺腺癌伴全身多次转移(Ⅳ期,含骨转移)。同月24日,陈×康因病死亡。

陈×以其为陈×康在人寿保险支公司投保了身故险,现陈×康已因病去世,人寿保险支公司应当支付保险金为由提起诉讼,请求法院判令人寿保险支公司支付陈×康的身故保险金8万元。

一审判决后,陈×不服,提起上诉称:《保险法》第16条第3款规定,保险人因投保人未尽如实告知义务享有的合同解除权,应当自保险人知道有解除事由之日起30日之内行使,否则解除权消灭,且自合同成立之日起超过二年的,保险人不得解除合同;发生保险事故的,保险人应当承担赔偿或者给付保险金的责任。本案中保险合同订立已经超过两年,人寿保险支公司不得解除合同,应当赔付身故保险金8万元。

判决主文

一审法院判决:驳回原告陈×的诉讼请求。

二审法院判决:驳回上诉,维持原判。

裁判要旨

如实告知义务是《保险法》第16条规定的投保人应尽的法定义务,"带病投保"的行为违反该义务及诚信原则;"两年不可抗辩"条款则是《保险法》用以限制保险人行使解除权的规定,对该条款进行理解与适用时,应当以保险事故发生的时间为依据,从而确定被保险人主观上是否具有恶意骗保的故意,再行判断保险人能否行使合同解除权。

重点提示

在人身保险合同纠纷的司法实践中,因投保人"带病投保"并以"两年不可抗辩"期间为由要求保险公司理赔而引发的纠纷较为常见,在处理此类纠纷的过程中,对于"两年不可抗辩"条款应当作何理解与适用的问题,应当注意以下两点:(1)"带病投保"违反了投保人的如实告知义务。根据《保险法》第16条的有关规定可知,所谓如实告知义务,是指投保人在订立保险合同的过程中,应当就保险标的或被保险人的足以影响保险人决定是否同意承保或者提高保险费率的重大事项告知保险人的义务。就人身保险而言,前述重大事项指的就是被保险人的个人健康状况,如是否患有疾病、或是否接受过手术等。而"带病投保"是在投保人明知被保险人患有可能影响保险人决定是否同意承保或者提高保险费率的疾病的情况下,向保险人隐瞒该疾病的行为,显然违反了如实告知义务,也不符合我国民事法律关系中最基本的诚信原则。(2)对"两年不可抗辩"条款的理解与适用。所谓"两年不可抗辩"条款,是指《保险法》第16条第3款中规定的"自合同成立之日起超过二年的,保险人不得解除合同;发生保险事故的,保险人应当承担赔偿或者给付保险金的责任"。该条款本质上是对投保人权益的一种保护,限制了保险人滥用合同解除权。对于该条款的理解与适用,通常可以分为以下三种情形:①事故发生在保险合同成立之前,但在合同成立两年后才申请理赔,即在保险合同成立之前,事故已发生,如投保时被保险人已被确诊患有保险合同约定的重大疾病,但投保人对此未向保险人如实告知,保险合同成立两年后,被保险人或受益人以该事故向保险人审理保险理赔,且以"两年可抗辩期"已过为由,要求保险人对该项隐瞒的事故赔偿或给付保险金的,虽然我国现行法律对于此类请求能否支持的问题尚未作出明文规定,但投保人此类行为在主观上存在着明显的骗取保险金的恶意,若机械援用《保险法》中有关"两年不可抗辩"条款的规定,则可以视为对恶意骗保行为的一种鼓励,违反了社会的公序良俗,也不利于良好的社会道德风气的形成,故对于此种情况下投保人要求保险人支付保险金的诉讼请求,人民法院应当不予支持。②保险事故发生在合同成立两年之内,但在两年后才申请理赔,即保险事故不属于投保之前的事故,被保险人或受益人故意在合同成立两年之后申请理赔,且存在投保人投保时未告知的情形的,也能仅以"两年可抗辩期"已过为由要求保险人对两年内发生的事故进行赔偿,但被保险人可以在保险人未依法及时解除保险合同的情况下,要求保险人予以理赔。③保险事故发生在合同成立两年之后,保险人或受益人据此申请理赔,这是典型的应适用"两年不可抗辩"条款的情形,即投保人在投保时即使故意没有如实告知被保险人的有关情况,且该情况非其主张的事故,则对于在两年后发生的新的保险事故,即使保险人知道投保人未如实告知的,也不得解除合同,而应依据保险合同约定进行赔偿或给付保险金。就"带病投保"的行为而言,若投保人明知隐瞒的疾病最终可能引发保险事故发生的后果,则应认定其行为属于前述第一种情况,即保险事故发生于保险合同成立之前,应当认定其行为构成恶意骗保,对其主张人民法院应予驳回。

6. 保险合同成立后保险人合同解除权的行使

【案例】杨×会诉××人寿保险股份有限公司玉溪中心支公司人身保险合同纠纷案

案例信息

案例来源:最高人民法院中国应用法学研究所《人民法院案例选》2015年第2辑(总第92期)

审判法院:云南省玉溪市中级人民法院

判决日期:2014年4月22日

案　　号:(2014)玉中民二终字第18号

基本案情

2013年5月,杨×会作为投保人为其丈夫武×洪向××人寿保险股份有限公司玉溪中心支公司(以下简称人寿玉溪支公司)购买××万家两全保险(分红型)、附加08定期重大疾病保险、附加防癌疾病保险。武×洪为人寿玉溪支公司的保险业务员,该保险系其业务,且该单业务员也为武×洪。保险合同约定:保险期间均为20年,保险金额均为30 000元,保险费共计

5595元；约定交费期间均为10年；投保告知信息逐一列明；健康状况项全部为否；投保人杨×会、被保险人武×洪进行了签名。两日后，杨×会向人寿玉溪支公司交付首期保险费。其中××万家两全保险（分红型）合同对于保险责任约定："保险人因意外伤害或于本合同生效之日起一年后因疾病身故或身体全残，本公司按保险人身故或身体全残时所处的以下不同情形给付身故或身体全残赔偿金，本合同终止。"同时，保险条款还约定了责任免除条款。同月20日，武×洪摔倒致头枕部受伤流血。经120急救医生诊断，武×洪已死亡。

另查明，2010年1月至同年2月，武×洪曾因疾病在昆明医学院第二附属医院住院治疗。且武×洪生前在玉溪交通运输集团××分公司客运站从事旅客运输，事发前，武×洪均正常进行旅客运输。事发第二日上午，杨×会向人寿玉溪支公司报案，后该公司派工作人员到现场进行查验、拍照。后向杨×会提出对武×洪进行尸检且检验鉴定费用由身故受益人承担的建议，但杨×会不同意。2013年9月，人寿玉溪支公司以杨×会及被保险人未履行如实告知既往做过重大手术为由，决定不予给付保险金、解除保险合同并不退还保险费、不予豁免保险费，并向杨×会出具了拒赔通知书。

杨×会以人寿玉溪支公司拒绝向其理赔为由，提起诉讼，请求判令人寿玉溪支公司赔付原告保险金75 000元。

人寿玉溪支公司辩称：杨×会经清楚了解了投保产品的保险责任及责任免除，本公司已经就投保的保险合同的保险内容及免除责任、合同解除等事项尽到了提示说明的义务；投保人杨×会及被保险人武×洪在明知保险合同的免除责任、合同解除等事项的情况下，故意隐瞒被保险人患有严重心脏疾病的事实，本公司可以依据相关法律规定拒绝理赔并解除合同；本公司多次与杨×会沟通协调，但杨×会不认可本公司的理赔结论，还扰乱本公司的正常营业。

一审判决后，被告人寿玉溪支公司不服，提起上诉。

判决主文

一审法院判决：被告人寿玉溪支公司赔付原告杨×会保险金75 000元。

二审法院判决：驳回上诉，维持原判。

裁判要旨

保险合同成立后,保险人明知投保人未履行如实告知义务却仍向投保人收取保险费的,其无权再要求主张解除保险合同。

重点提示

在保险合同的履行过程中,保险合同当事人在行使权利、履行义务时均应当遵循诚信原则。即在行使权利的同时,也要根据保险合同的性质、目的等协助完成其应尽的义务。司法实践中,认定保险合同成立后保险人合同解除权行使的问题时,应当注意以下三点:(1)认定如实告知义务的询问主体与告知主体。保险合同中,保险人与投保人之间的权利义务关系常常呈现相对的形式。《保险法》第16条第1款规定:"订立保险合同,保险人就保险标的或者被保险人的有关情况提出询问的,投保人应当如实告知。"由此可知,在保险人主动向投保人对于保险标的或被保险人状况提问后,由投保人进行如实回答。即订立保险合同时,保险人未询问主体且承担着主动提出询问的义务。但对于告知主体,实务中一直存在一定争议。一些学者认为告知主体应当包括被保险人,但多数学者仍认为承担如实告知义务的主体应当仅为投保人,并不包含被保险人。(2)投保人不履行如实告知义务会导致保险合同被解除。《保险法》第16条第2款规定:"投保人故意或者因重大过失未履行前款规定的如实告知义务,足以影响保险人决定是否同意承保或者提高保险费率的,保险人有权解除合同。"由此可知,投保人未如实告知的那些足以影响保险人是否进行承保并得出结论的事项,保险人有权决定解除合同。同时,也能得出保险人行使解除权的构成要件应当包括以下几点:一是在主观方面投保人存在故意或重大过失;二是在客观方面投保人违反了如实告知义务;三是投保人未如实告知的事项影响着保险人的承保与否或影响保险费率使保险费率提高。(3)保险合同成立后,保险人明知投保人未履行如实告知义务仍收取保险费的,不得行使合同解除权。《最高人民法院关于适用〈中华人民共和国保险法〉若干问题的解释(二)》第7条规定:"保险人在保险合同成立后知道或者应当知道投保人未履行如实告知义务,仍然收取保险费,又依照保险法第十六条第二款的规定主张解除合同的,人民法院不予支持。"由此可知,保险合同成立后,保险人知道或应当知道投保人告知的情况与实际情况不符的情况下依然收取保险费用并办理保险事宜的，保险人无权再依照《保险法》第16条第2款的规定向人民法院提出解除合同且不承担保险赔偿责任的要求。

7. 投保人未履行如实告知义务时不可抗辩条款的适用

【案例】 李×彬诉中国人民××保险股份有限公司北京分公司人身保险合同纠纷案

案例信息

案例来源：最高人民法院中国应用法学研究所《人民法院案例选》2015年第3辑（总第93辑）

审判法院：北京市第二中级人民法院

判决日期：2013年12月17日

案 号：（2013）二中民终字第15882号

基本案情

2009年12月，李×彬在中国人民××保险股份有限公司北京分公司（以下简称保险公司）处投保了一份"关爱专家定期重疾个人疾病保险"。双方签订保险合同约定，李×彬为被保险人，保险金额为20万元，保险期间20年，每年保费1020元，合同生效日为2009年12月，若在保险合同生效之日起180日后，被保险人因意外伤害之外的其他原因初次发生本合同约定的重大疾病的，保险公司按照保险金额给付重大疾病保险金，合同效力终止。合同签订后，李×彬交纳了2009年至2011年的保费。合同生效两年后，李×彬确诊发生重疾。2012年10月，李×彬向保险公司申请理赔，保险公司拒赔。

李×彬以保险公司拒赔为由提起诉讼，请求判令保险公司给付李×彬保险金20万元。

保险公司辩称：本公司认可与李×彬订立的保险合同。但李×彬在投保前已被诊断为患有重大疾病，本公司不应承担给付重大疾病保险金的责任；李×彬在订立保险合同时故意隐瞒患病属于欺诈行为，可能会造成本公司利益受损。

一审判决后，李×彬不服，提起上诉。

判决主文

一审法院判决：驳回原告李×彬的诉讼请求。

二审法院判决：驳回上诉，维持原判。

裁判要旨

保险合同设立的目的就是规范保险活动，保障保险活动当事人的合法权益。作为保险活动当事人之一的投保人，其也应当遵循诚信原则，履行如实告知义务。若投保人故意违反诚信原则不履行如实告知义务，那么保险人也无需承担保险事故赔偿责任。但在保险合同成立二年后，保险公司不再有权以投保人未履行如实告知义务而拒绝赔偿。

重点提示

司法实践中，认定保险人能否因投保人未如实告知而适用不可抗辩条款的问题时，应当注意以下三点：（1）不可抗辩条款的认定。为了解决保险纠纷中理赔难的问题以及预防保险欺诈行为的发生，在保障保险人与保险消费者的合法权益的同时，又能促进保险业的诚信经营与健康发展，我国相关法律中规定了不可抗辩条款。不可抗辩条款是保险合同中的一种特殊条款，其是指投保人故意或因重大过失未履行如实告知义务时，保险人有权拒绝赔付的情形。即投保人应当在保险人向其提出保险相关问题后进行如实的回答，故意或者因重大过失未进行如实告知的就要承担被拒绝赔付等相应的后果。（2）不可抗辩条款的适用。在保险纠纷领域，为了维护保险合同的稳定，保障投保人、被保险人以及其他受益人的合法权益，提高保险争议纠纷的解决效率。我国保险中的不可抗辩条款的适用范围一般包括保险合同的签订、保险纠纷责任确认、保险合同理赔以及保险合同的解除四方面。一是保险合同的签订。在签订保险合同时，不可抗辩条款同时约束着保险活动当事人，以便于保险活动当事人都能更好地理解合同条款，避免产生一定争议。二是认定保险责任。在保险事故发生后，适用不可抗辩条款能够准确划分保险责任，在解决保险争议的同时确认保险活动当事人的权利义务分工。三是保险合同的理赔。适用不可抗辩条款能够准确审查保险合同理赔过程中的合法性与合理性，以确保保险活动当事人都能获得合法、合理的理赔结果。四是保险合同的解除。不可抗辩条款中明确规定了保险合同解除或终止的情形，适用该条款解决争议更为公平。（3）保险合同成立二年后，保险公司不能再以投保人未履行告知义务而拒绝赔偿。《保险法》第 16 条前三款规定："订立保险合同，保险人就保险标的或者被保险人的有关情况提出询问的，投保人应当如实告知。投保人故意或者因重大过失未履行前款规定的如实告知义务，足以影响保险人决定是否同意承保或者提高保险费率的，保险人有权解除合同。前款规定的合同解除权，自保险人知道有解除事由之日起，超过三十日不行使而消灭。自合同成立之日起超过二年的，保险人不得解除合同；发生保险事故的，保险人应当承担赔偿或者给付保险金的责任。"由此可知，保险人作为专业从事保险业务的机构，有义务在承保前对被保险人的实际状况进行审查评估。上述条款二年时限的规定就是为了提醒保险人要如实审查被保险人状况。同时也为了不影响投保人、被保险人及其他受益人的合法利益，在保险合同成立之日起两年后，保险人不再有权以投保人投保时未履行如实告知义务为由而要求解除合同并拒绝赔付。

二、通知义务

（一）危险增加的通知义务

1. 保险标的危险程度增加的认定

【案例】郑×琦诉××财产保险（中国）有限公司财产保险合同纠纷案

案例信息

案例来源：《最高人民法院公报》2022 年第 5 期（总第 309 期）
审判法院：上海市闵行区人民法院
判决日期：2019 年 8 月 1 日
案　　号：（2019）沪 0112 民初 18496 号

基本案情

沪 BW××××小型轿车为郑×琦所有，2018 年 6 月，其在××财产保险（中国）有限公司（以下简称财保公司）处投保了车损险及不计免赔险，保险期间自2018年8月至2019年8月。《机动车综合商业保险保险单》使用性质一栏注明"非营业个人";重要提示一栏注明"被保险机动车因改装、加装、改变使用性质等导致危险程度显著增加以及转卖、转让、赠送他人的,应书面通知保险人并办理变更手续。"随后郑×琦将涉案车辆租赁给案外人宋××,宋××又将涉案车辆租赁给于××,并收取租金及押金共计3100元,于××将该车交由肖×驾驶。2018年12月,肖×驾驶涉案车辆发生事故造成车辆损坏,经交通警察支队出具道路交通事故认定书认定肖×负事故全责。

后经道路交通事故物损评估中心对事故车辆沪BW×××进行修复价格评估,确认沪BW×××车辆市场修复价格为145 786元,为此支付评估费3910元,事故施救费用250元,共计149 946元。

郑×琦以其与财保公司之间存在合法有效的保险合同关系,其向财保公司申请理赔,财保公司以其改变被保险车辆用途为由拒绝赔偿的行为侵害其合法权益为由,提起诉讼,请求判令财保公司赔偿其车辆维修费、施救费等共计149 946元。

财保公司辩称:对郑×琦所述事故发生经过、交警责任认定以及车辆投保情况无异议,但是本公司不同意赔偿。因为被保险车辆是在租赁期间发生的事故,郑×琦改变了被保险车辆的用途导致危险显著增加,依据《保险法》第52条的规定,不予赔偿。

判决主文

一审法院判决:驳回原告郑×琦的诉讼请求。

裁判要旨

根据《保险法》第52条的有关规定可知,被保险人对保险标的危险程度显著增加的负有通知义务,而认定构成危险程度显著增加需要满足危险状态达到重要程度,且保险人在签订合同时无法预见该危险程度的增加,否则不应要求被保险人履行通知义务。被保险人将约定用途为"非营业个人"的被保险车辆出租给他人,属于改变保险标的用途,超出了保险合同订立时保险人预见或应当预见的承保范围,应当认定为危险程度显著增加。

重点提示

保险标的的危险程度在保险合同成立之后，会随着客观环境的变化随时处于变动之中。因此，保险标的的危险状况是保险人（保险公司）决定是否承保以及确定保险费率的重要依据。司法实践中，对于保险标的危险增加的认定及处理的问题，应当注意以下三点：（1）投保人危险程度显著增加情况下负有通知义务。根据《保险法》第 52 条的有关规定可知，被保险人对保险标的的危险程度显著增加的通知义务。所谓危险程度显著增加的通知义务，是指保险合同订立后，在保险期间内保险标的的危险程度发生显著增加时，被保险人负有将该危险增加状况及时通知保险人的义务。保险标的的危险状况是保险人决定是否承保以及确定保险费率的重要依据，保险合同签订以后，保险标的并不处于保险人的控制之下，其危险状况时刻处于变动之中。如在保险责任期间内保险标的危险程度显著增加的，保险事故发生的概率及保险金覆盖必然将超过保险人订立合同时所能合理预计的概率。此种情况下，如果继续依照之前的保险合同约定维持原有合同效力，要求保险公司承担保险责任，则对保险公司而言将会显失公平。此外，对于由其他投保人交纳保费而汇集起来的保险赔偿金而言，亦会因发生预料之外的保险赔偿费用，将可能引发保险赔偿金透支风险的出现。因此，当前世界各国保险法大都规定了投保人及被保险人应就保险标的危险增加履行通知义务。（2）危险程度显著增加的认定标准。在我国现行的《保险法》中，仅规定了危险程度显著增加时投保人负有通知义务，但并未详细列明危险程度显著增加的情形，所谓危险程度增加，就是指在保险合同有效期内，保险标的发生保险责任范围内的危险或灾害事故的可能性较保险合同订立时有所增加。在实务中，判断保险标的危险程度显著增加主要应当基于以下两个标准：①危险状态需要达到重要程度，如果危险程度仅轻微增加，对保险人履行义务并无影响，则被保险人无需履行通知义务；②危险程度显著增加需要是保险人在签订合同时无法预见的，即未在保险人预估风险的范围之内，否则也不应要求被保险人履行通知义务。（3）"非营业个人"被保险车辆用于租赁构成危险程度显著增加。由前述分析可知，在保险标的的危险程度显著增加，而被保险人未履行通知义务的情况下，保险人可以免除赔偿责任。但免除保险人责任的前提是，保险标的的危险程度显著增加与事故发生存在因果关系，若保险标的危险程度显著增加不是最终导致赔偿事由发生的原因时，即使被保险人未履行通知义务,保险人亦不得以此为由主张免除赔偿责任。就机动车保险而言,非营运的个人使用车辆与用于营运的车辆的使用频率自然不同,车辆用于营运代表其使用频率增高,发生事故的概率自然也会加大,可以认定构成危险程度显著增加,且被保险人以非营业性质为其车辆投保的,保险人在订立保险合同的过程中也无法预知该车辆将会用于营运,因此在此类情况下发生交通事故的,保险人有权主张免除保险责任。

2. 共享出行发生交通事故时的保险理赔责任认定

【案例】熊××诉中国太平洋财产保险股份有限公司眉山中心支公司保险合同纠纷案

案例信息

案例来源:最高人民法院中国应用法学研究所《人民法院案例选》2018年第9辑(总第127辑)

审判法院:四川省眉山市中级人民法院

判决日期:2017年7月14日

案　　号:(2017)川14民终698号

基本案情

熊××为其自有的涉案车辆在中国太平洋财产保险股份有限公司眉山中心支公司(以下简称财险眉山支公司)处投保私家车险,其中机动车损失保险合同中的责任免除条款第9条第5款载明:"被保险机动车被转让、改装或改变使用性质等,被保险人、受让人未及时通知保险人,且因转让、改装、加装或改变使用性质等导致被保险机动车危险程度显著增加,导致的被保险机动车的损失和费用,保险人不负责赔偿。"财险眉山支公司已就上述条款对熊××进行了提示说明义务。

2017年1月,熊××开始通过××顺丰网络平台不定期从事打车营运,至保险事故发生前从事了4笔顺风车业务,但未将此事告知财险眉山支公司。次月8日,熊××应亲人之邀从眉山主城区前往成都,遂通过××打车网络平台接了三单顺风车。熊××先在眉山主城区两处不同地点先后搭乘两名乘客,又前往并非位于眉山主城区与成都之间的×镇接第三名乘客,在此过程中与绕城高速公路在建工地堆积的砂石料相撞，致车上三人受伤且车辆损失 3 万余元。当月 20 日，财险眉山支公司向熊××送达《拒赔通知书》，拒赔理由是熊××改变车辆的用途从事营运工作发生交通事故，应按保险合同的约定免除保险责任。

熊××以财险眉山支公司系其为涉案车辆投保的保险公司，应当对该车辆发生的保险事故承担保险责任为由提起诉讼，请求法院判令财险眉山支公司在商业险内赔偿熊××交通事故损失 37 500 元。

一审判决后，熊××不服，提起上诉称：虽然发生事故时本人正在驾驶车辆从事顺风车运营，但财险眉山支公司并未事先明确告知本人不能驾驶被保险车辆从事顺风车，且本人从事顺风车不以营运为主，只是网约拼车或合乘，被保险车辆始终不是营运车辆。故请求二审法院依法撤销一审判决，改判财险眉山支公司在商业险内赔偿熊××交通事故损失 37 500 元。

财险眉山支公司辩称：事故发生时被保险车辆正在进行出租性的营运作业，属于保险合同中约定的责任免除拒赔范围，故本公司在商业险范围内不承担赔付责任。

判决主文

一审法院判决：驳回原告熊××的诉讼请求。
二审法院判决：驳回上诉，维持原判。

裁判要旨

网约顺风车是私家车车主在自己出行的过程中，顺路搭载出行路线与之相同的人，并收取费用用于分摊出行成本的一种方式，其与网约出租车等营运车辆相比，无论是在车辆用途还是收费目的上均有着明显区别，在实务中可以通过搭乘他人的次数以及搭乘人员出行路线作为判断依据；对于使用私家车搭乘的行为依法被认定为营运行为的，保险人可以依据《保险法》第 52 条的有关规定主张免除保险赔偿责任。

重点提示

随着网约车业务平台的不断发展完善，私家车车主以其投保的私家车从事网约顺风车业务的情况较为多见，而在此过程中所造成的交通事故也自然随之增长，由此产生的保险纠纷就成了争议的焦点。在司法实践中，对于车主驾驶其投保的私家车在从事网约顺风车的过程中发生交通事故时，保险人是否有权拒绝理赔的问题，应当注意以下两点：（1）网约顺风车与营运车辆的区别。所谓网约顺风车，就是指由合乘服务提供者事先通过网络发布出行信息，再由出行线路相同的人选择乘坐合乘服务提供者驾驶的小客车，从而达到分摊部分出行成本或免费互助的出行方式。网约顺风车与网约车都存在收取费用和为他人提供服务的行为，但在法律性质的层面上不能简单将网约顺风车搭乘他人的行为等同于出租车或者网约出租车的营运行为，并将网约顺风车搭乘他人过程中发生的事故排除在私家车保险理赔的范围之外，因为二者之间还存在着显著的区别。从用途上来讲，网约顺风车的主要用途还是自用，只是在自用的过程中为出行路线与之相同的人提供方便，本质上是一种顺便行为，收取费用的目的也在于分摊出行成本；而网约出租车等营运车辆在用途上来讲就是服务顾客，按照乘客的要求安排行程，收取费用的目的则是获取收益。对于私家车而言，其保险合同的保险范围仅限于车主日常生活中为方便自身出行过程中发生的交通事故，而使用私家车从事网约出租车等车辆营运工作，行驶里程的增加也自然会造成行驶过程中风险的增加，故保险公司有权以车主利用私家车从事营运工作为由主张免除营运过程中发生的交通事故的保险责任。但网约顺风车则不同，由前述分析可知，网约顺风车是在车辆自用基础上顺便搭乘出行路线相同之人，故典型的网约顺风车搭乘行为并未明显增加私家车行驶过程中的事故风险，因此，对于网约顺风车车主自用车辆过程中，顺路搭乘他人并为了与之分摊出行成本而收取费用的过程中发生交通事故的，保险公司不得以车主从事营运工作为由主张免赔。（2）网约顺风车构成营运车辆载客服务时的保险责任认定。由前述分析可知，判断保险公司是否应当对私家车搭乘他人过程中发生的交通事故承担理赔责任，首先应当判断该搭乘行为的性质。在实务中判断私家车搭乘他人的行为是否也构成营运，可以通过搭乘他人的次数、搭乘他人行驶路线的起点、终点与原行驶路线的距离等作为判断依据，而车主应该就上述内容承担相应的举证责任，以证明其未使用车辆从事营运活动，否则则应承担不利后果。根据《保险法》第52条的有关规定可知，在合同的有效期内，保险标的的危险程度显著增加的，被保险人应当按照合同约定及时通知保险人，若被保险人未履行该通知义务，则对于保险标的的危险程度显著增加而发生的保险事故，保险人不承担赔偿保险金的责任。因此，私家车主使用私家车从事的网约顺风车的活动依法被认定为营运车辆载客服务时，保险人有权就在此过程中发生的交通事故免赔。

（二）出险以后的及时通知义务

发生交通事故后驾驶员未报警的保险责任认定

【案例】孙××诉中国××财产保险股份有限公司黄山市中心支公司保险合同纠纷案

案例信息

案例来源：《人民法院报》2015年1月1日刊载

审判法院：安徽省黄山市中级人民法院

判决日期：2014年9月25日

案　　号：（2014）黄中法民二终字第00037号

基本案情

2014年1月，孙××与乘车人潘××驾驶小型轿车发生交通事故，孙××及乘车人潘××受伤，该交通事故为单方交通事故。路人在事故发生35分钟后拨打"120"，将两人送往医院。病历记载两人体检时的神志均为清醒；孙××被诊断为左桡骨骨折。孙××受伤治疗未报警。5小时后交警事故大队接到路人报警，由于未及时报警导致交通事故责任无法认定。此后，交警事故大队委托保险公估公司对事故车辆进行评估，结论认定孙××驾驶的车辆损失141 865元、物品损失10 210元，车物损失总额152 075元。孙××支付评估费5000元，支付车辆施救费2100元。另外，通过孙××本人及车上其他人员在交警大队的陈述可以证实，孙××在事故发生后，意识清醒，还可以说话。

另查明，事故轿车在中国××财产保险股份有限公司黄山市中心支公司（以下简称保险公司）投保了交强险和机动车商业保险，事故发生在各项保险期限内。其中，第三者责任保险、机动车损失保险及车上人员责任险均就免责条款约定：事故发生后，被保险人或当事人在未依法采取措施的情况下遗弃保险车辆逃离事故现场，保险人不负赔偿责任；发生保险事故时，被保险人应当及时采取合理的、必要的施救和保护措施，防止或者减少损失，并在保险事故发生后48小时内通知保险人，故意或者因重大过失未及时通知，致使保险事故的性质、原因、损失程度等难以确定的，保险人无法确定的部分，不承担赔偿责任。同时，孙××已在投保单中投保人声明一栏进行了签字确认，表示保险人已就保险合同中的免责条款对其进行了说明，其亦充分理解。

孙××以保险公司应承担赔偿责任为由，提起诉讼，请求判令保险公司赔偿车物损失152 075元、车上人员责任险驾驶人及乘客保险金各1万元、评估费5000元、施救费2100元。

保险公司辩称：事故发生后，孙××未及时向本公司报案并遗弃被保险车辆，根据保险合同中免责条款的约定，本公司应当免赔。孙××虽在事故中受伤，但其伤情未达到无法报警的状态，且其未报警导致本公司无法对其是否存在酒驾等免责情形进行判断。因此，请求驳回孙××对本公司的诉讼请求。

一审判决后，孙××不服，提起上诉称：首先，当时特定情况下，未能报警和通知保险公司具备合理性，保险公司不能以此拒赔，原审判决无事实和法律依据。原审法院过于加大本人的报警义务，对本人受伤后的心理状况未予充分考虑。其次，本案中没有任何证据证明本人存在违法行为，不能以受伤后未报警，即推断有可能存在违法驾驶情形。原审判决运用了大量的推理性词语，与相关法律规定相违背。因此，请求撤销一审法院判决，改判支持本人的诉讼请求。

保险公司辩称：孙××在发生交通事故后可以报警的情况下未报警，根据当时的病历记载，孙××意识清醒，因其没有报警，造成与保险事故有关的诸多因素无法查清，符合保险合同相关免责情形，本公司应当免赔。孙××不报警并不具备其所认为的合理性和必要性。因此，请求驳回上诉，维持原判。

判决主文

一审法院判决：被告保险公司给付原告孙××保险金2000元；驳回原告孙××的其他诉讼请求。

二审法院判决：驳回上诉，维持原判。

裁判要旨

发生交通事故后，应根据驾驶员的伤情程度来判断是否存在不报警的合理性。若伤情未达到不能报警的程度而未报警，导致保险事故的性质、原因或损失程度无法确定的，保险人可依照保险条款的约定免除责任。

重点提示

在发生交通事故后，驾驶人可以视情况选择是否报警，报警后公安机关交通管理部门对事故责任作出的认定是判断保险赔偿及事故损害赔偿的重要依据。在司法实践中，判断当事人未报警行为是否具有合理性以及保险人能否因此免除赔偿责任时，应当注意以下三点：（1）交通事故发生后机动车驾驶人负有法定报警义务。根据我国《道路交通安全法实施条例》第88条的规定可知，机动车发生交通事故，造成道路、供电、通讯等设施损毁的，驾驶人应当报警等候处理，不得驶离。同时，《道路交通安全法》亦规定，发生交通事故后，驾驶人应当迅速报告执勤的交通警察或者公安机关交通管理部门。由此可知，在发生交通事故的情况下，驾驶人负有向交通管理部门立即报警的义务。（2）驾驶人未报警行为的合理性判断。驾驶人在发生交通事故后，在排除因交通事故导致的紧急情形（如人身伤亡）不能报警的情形外，在具备报警条件下应立即报警，不能擅自离开现场。但人身伤亡也并非必然排除驾驶人的法定报警义务，其不报警的行为是否具有合理性，应当通过驾驶人在前往医院就诊后，由医院出具的诊断、病历记录以及驾驶人的陈述等内容来判断其伤情程度。若上述内容可以证明驾驶人在事故发生后的精神、体力均正常，则应认定其不报警的行为不存在合理性，但其仍在可以报警的情况下不报警，并由此导致事故的性质、原因无法查清的，应由驾驶人承担举证不能的法律后果。（3）驾驶人未尽报警义务对保险人赔偿责任的影响。《保险法》第21条规定："投保人、被保险人或者受益人知道保险事故发生后，应当及时通知保险人。故意或者因重大过失未及时通知，致使保险事故的性质、原因、损失程度等难以确定的，保险人对无法确定的部分，不承担赔偿或者给付保险金的责任，但保险人通过其他途径已经及时知道或者应当及时知道保险事故发生的除外。"由此可知，对于驾驶人在事故发生后未尽法定报警义务的情况，并不能直接免除保险人的赔偿责任，而只有在因驾驶人未尽到报警义务导致保险事故的性质、原因、损失程度等难以确定的，对于无法确定的部分，保险人才不承担赔偿责任。

第六章 保险人的理赔义务

1. 重复保险的认定及理赔

【案例】中国人民××保险股份有限公司中山市分公司诉中国太平洋××保险股份有限公司东莞分公司等财产保险合同纠纷案

案例信息

案例来源：《最高人民法院公报》2023年第9期（总第325期）
审判法院：广东省高级人民法院
判决日期：2022年3月15日
案　　号：（2021）粤民终318号

基本案情

2017年1月，××化肥有限公司（以下简称化肥公司）、××深赤湾港务有限公司（以下简称深赤湾港务公司）、××深赤湾码头有限公司（以下简称深赤湾码头公司）三方签订了代理协议，约定深赤湾港务公司、深赤湾码头公司为化肥公司提供货物的储存保管等服务，化肥公司负责货物在港口储存期间的保险。2018年3月，深赤湾码头公司与化肥公司在中国人民××保险股份有限公司中山市分公司（以下简称人保中山分公司）投保了财产一切险及相关附加险并出具保险单，载明：投保人和被保险人为化肥公司；保险标的为化肥；保险金额为4 766 484 670.95元；保险价值以出险时的市场价值确定；保险范围为所有甲方拥有货权的商品。同年5月，中国太平洋××保险股份有限公司东莞分公司（以下简称太保东莞分公司）中标深赤湾港务公司、深赤湾码头公司的一揽子保险项目并签订保险单，载明：被保险人为深赤湾港务公司、深赤湾码头公司及其他相关利益公司；保险标的包括建筑物及附属设施、机电设备及附属设备、水工类以及被保险人和第三者的存货；台风造成的被保险财产损失以绝对免赔额（5万元）或损失金额的20%的较高一方为准；若存在重复保险且其他保险合同没有按重置价值承保的情况，保险价值变更为出险时的市场价值。

2018年9月，台风登陆造成堆存在码头的货物受损。事故发生后，化肥公司向人保中山分公司索赔损失57 884 179.24元。经现场查勘、定损并经专业机构检测，人保中山分公司认定化肥公司的受损金额为43 427 337.88元，理算金额为43 203 058.34元。2019年12月，人保中山分公司向太保东莞分公司发函，载明双方应分别承担重复保险项下50%的赔偿责任。太保东莞分公司签收后未回复。同月，人保中山分公司向化肥公司支付保险赔偿金4320万元。此后，人保中山分公司再次发函，载明：本公司已全额赔付，太保东莞分公司应当向本公司支付50%保险赔偿金即2160万元。该函件由太保东莞分公司签收。

人保中山分公司以太保东莞分公司未向其支付2160万元重复保险分摊款及利息为由，提起诉讼。

一审判决后，太保东莞分公司不服，提起上诉。

判决主文

一审法院判决：被告太保东莞分公司向原告人保中山分公司支付重复保险分摊款17 280 000元及其利息。

二审法院判决：驳回上诉，维持原判。

裁判要旨

两份或两份以上的保险合同满足重复保险构成要件的，上述保险构成重复保险。在此情形下，已赔付保险人享有分摊请求权，有权就超额赔付的保险赔偿金向未赔付保险人进行追偿。

重点提示

所谓重复保险，是指投保人就同一保险标的、利益、事故同时向两个以上的保险人投保并订立保险合同的保险。司法实践中，探究重复保险时，应当注意以下三点：（1）重复保险的认定。我国相关法律中对于重复保险有着明确的法律规定。《保险法》第56条第4款规定："重复保险是指投保人对同一保险标的、同一保险利益、同一保险事故分别与两个以上保险人订立保险合同，且保险金额总和超过保险价值的保险。"由此可知，重复保险有以下几个构成要件：①同一投保人基于同一保险标的与保险利益进行投保，即同一投保人对于同一保险标的有着同样的保险利益；②保险事故同一，即投保人的保险危险或事故是相同的；③同一投保人与两个或两个以上的保险人同时订立了两份或多份的保险合同；④保险期限同一，即同一投保人在两个或两个以上的保险人处投保的保险期限是一致的；⑤保险金额总和必须超过保险价值。投保人与保险人订立的两个或两个以上的保险合同不同时具备以上条件的，就不属于重复保险。（2）投保人有义务将重复保险的事实告知各保险人。重复保险下，因投保人签订的各个保险合同的保险标的均相同，故以上保险合同中保险金额叠加的总和一定会超过保险价值。为了防止投保人通过与不同保险人分别订立保险合同，即利用重复保险进行保险欺诈，牟取与保险标的实际损失不一致的保险赔偿金额。我国《保险法》第 56 条第 1 款规定："重复保险的投保人应当将重复保险的有关情况通知各保险人。"因此，重复保险的投保人有义务将重复保险的相关事实告知参与重复保险的各个保险人。（3）重复保险中已赔付保险人享有分摊请求权。重复保险分摊请求权，是指重复保险下，已赔付保险人有权就超额赔付的保险赔偿金向未履行或部分履行保险赔偿责任的保险人进行追偿的权利。我国《保险法》第 56 条虽规定了保险人的责任分配但未明确规定重复保险分摊请求权，也未禁止保险人赔付超过其保险责任的保险赔偿金。保险人支付全部或部分保险赔偿金后，便可依据《保险法》第 56 条的相关规定取得受损保险标的的全部或部分权利。因此，已赔付保险人也就取得了要求未赔付保险人进行赔偿的权利。此外，依据《海商法》第 225 条规定，任何一个保险人支付的赔偿金额超过其应当承担的赔偿责任的，有权向未按照其应当承担的赔偿责任支付赔偿金额的保险人追偿。故重复保险下，享有分摊请求权的已赔付保险人，可就支付的超过其应当承担的赔偿责任的保险赔偿金额部分，在其他保险人未履行的范围内进行追偿。

2. 家用车辆存在网约车与顺风车业务交叉情形时的理赔责任认定

【案例】刘××、刘×豪诉邓××、中国××财产保险股份有限公司德阳市中心支公司、中国××财产保险股份有限公司中江支公司等机动车交通事故责任纠纷案

案例信息

案例来源：最高人民法院《人民司法·案例》2018年第26期（总第829期）
审判法院：四川省德阳市中级人民法院
判决日期：2018年7月20日
案　　号：（2018）川06民终31号

基本案情

2017年4月8日5时50分许，陈×违规横过马路行至道路中间时被剐蹭倒地，之后肇事车辆逃逸。2~3分钟后，邓××驾驶涉案车辆驶过该路段碾轧倒在路边的陈×，致陈×当场死亡。事故发生后，中江县公安局交通警察大队出具了江公交证（2017）020018号交通事故证明书。

法院查明，邓××将其家庭自用汽车用于滴滴快车和顺风车业务已有半年时间，本次交通事故就发生在其从事顺风车业务过程中。该顺风车业务由北京××无限科技有限公司（以下简称科技公司）借助某基础信息平台提供，顺风车平台仅负责匹配线路一致的乘客及车主，车主对是否接单享有自由选择权。

法院还查明，事故车辆曾在中国××财产保险股份有限公司中江支公司（以下简称财险中江支公司）投保了交强险、在中国××财产保险股份有限公司德阳市中心支公司（以下简称财险德阳支公司）投保了1 000 000元不计免赔的商业第三者责任险，事故发生在保险期限内。财险德阳支公司的投保单上载明事故车辆为家庭自用且邓××已在投保人声明上签字。本次交通事故发生后，邓××支付刘×、刘×豪现金26 000元。

刘×、刘×豪以邓××驾驶事故车辆导致被害人死亡，对损害后果应当承担相应的责任为由，提起诉讼，请求判令邓××、财险德阳支公司、财险中

江支公司、科技公司承担赔偿责任。

财险德阳支公司辩称：不知名二轮摩托车应认定为机动车并负全责；邓××频繁从事快车业务的行为符合商业险条款约定的责任免除中"改变使用性质导致保险机动车危险程度显著增加"的情形，其已对商业险的免责条款尽到了提示说明义务，故不应承担赔偿责任。

一审判决后，邓××不服，提起上诉称：顺风车属于私人小客车合乘，没有改变车辆的使用性质；保险公司未对保险合同中的免责条款尽到解释说明义务，免责条款应为无效，保险公司应当在商业险范围内予以赔偿。一审判决认定事实不清，适用法律不当，判决结果明显失衡，请求判令被上诉人财险德阳支公司在商业三责险范围内承担赔偿责任。

刘×、刘×豪辩称：请求支持邓××的上诉请求。

财险德阳支公司辩称：一审判决认定事实清楚，适用法律正确，请求驳回上诉。

财险中江支公司辩称：一审判决认定事实清楚，适用法律正确，请求驳回上诉。

科技公司辩称：认定事实部分有误，出事的时候邓××没有从事出租车和快车活动，请求二审依法纠正，但一审判决结果正确。

判决主文

一审法院判决：被告财险中江支公司在交强险责任限额内赔偿原告刘×、刘×豪因其母陈×在本次交通事故中死亡所造成的各项损失共计110 000元；被告邓××赔偿原告刘×、刘×豪因其母陈×在本次交通事故中死亡所造成的各项损失333 223.50元；驳回原告刘×、刘×豪的其他诉讼请求。

二审法院判决：撤销一审法院判决；被上诉人财险中江支公司在交强险责任限额内赔偿被上诉人刘×、刘×豪因其母陈×在本次交通事故中死亡所造成的各项损失共计110 000元；被上诉人财险德阳支公司在商业险限额范围内赔偿被上诉人刘×、刘×豪因其母陈×在本次交通事故中死亡所造成的各项损失共计307 223.5元；被上诉人财险德阳支公司向上诉人邓××支付26 000元；驳回被上诉人刘×、刘×豪的其他诉讼请求。

裁判要旨

投保车辆在从事顺风车业务时发生交通事故的，保险公司应依据保险条款正确认定事故发生时被保险车辆的用途。顺风车与家庭自用和网约车的本质区别是按照本就规划好的路线搭载他人。保险受益人应当对搭乘行为是私人小客车合乘还是从事网约车业务进行举证。

重点提示

对于投保人以其家庭自用车辆投保，同时从事网约车以及顺风车业务的，保险公司能否对该车辆发生的交通事故在商业险范围内免责的问题，是司法实践中争议的焦点。在认定顺风车与网约车业务存在交叉的被保险车辆的保险责任时，应当注意厘清以下三点：（1）顺风车与网约车的性质特征。所谓顺风车，是指驾驶员与合乘者直接或借助信息平台达成出行意愿后，驾驶员在本就计划出行的路线上搭载他人，在此过程中不收取费用或仅收取分摊成本的费用。顺风车不具有营运性质，仅构成私人互助的出行方式，这是顺风车与网约车的最大区别。但在实务中存在很多以顺风车的名义从事非法营运的现象，但顺风车与网约车最根本的区别就是，顺风车是在本就规划好的路线中搭载他人，而网约车则是根据乘客的需求确定出行路线，无论是行车路线的不确定性还是行驶路程的增加都会导致行车风险的增加，故以家庭自用车辆标准为网约车投保对保险公司而言显失公平，因此，在审判过程中应当对二者进行区分。（2）顺风车与网约车的认定标准。当驾驶人与保险公司就车辆的使用性质问题产生争议时，保险公司应就车辆行驶过程中搭乘他人承担举证责任，只要保险公司的举证能够使法院对车辆的使用性质产生合理怀疑，驾驶人就应当对其未从事经营业务进行举证。在实务中对顺风车进行认定，可以将以下四点作为判定标准：①驾驶人不以营利为目的，搭载他人的行为应当为免费互助；或仅收取分摊部分出行成本的费用，出行成本仅限于燃料成本及通行费等直接费用，通过信息平台进行合乘的顺风车，应当仅收取平台推送的费用或加收实际支出的通行费，否则不能视为未营利。②驾驶人应当事先发布出行信息，可以通过信息平台直接发布，也可以双方直接达成合意，但后者中的驾驶人应当对自己出行的计划、目的、与搭乘人的合意过程进行解释说明。③合乘车辆应为私人小客车，即家庭自用车，通常为七座以下的家用客车。④驾驶人每日从事顺风车业务的次数应当合理，但在符合前三个条件的情况下，对于具体次数并没有固定限制，审判人员应当结合案情对搭乘次数是否合理作出判断。（3）顺风车与网约车的保险责任认定。由前述分析可知，以家庭自用车辆从事网约车活动，会导致行驶过程中发现保险事故的风险显著增加，而根据《保险法》第52条的规定可知，在合同有效期内，保险标的的危险程度显著增加的，被保险人应当按照合同约定及时通知保险人，保险人可以按照合同约定增加保险费或者解除合同，若被保险人未履行通知义务的，保险人对于因保险标的的危险程度显著增加而发生的保险事故不承担赔偿保险金的责任。但在事故车辆存在网约车与顺风车业务交叉的情形下，若保险事故发生在驾驶人从事顺风车活动的途中，应当认定驾驶人长期使用家用车辆从事网约车活动并不是造成事故发生的原因，保险公司不得以该车辆用于从事网约车活动为由主张免除保险责任。

3. 保险人能否因被保险人放弃保险利益而拒赔

【案例】中国××财产保险股份有限公司杭州市分公司诉袁×华等保险人代位求偿权纠纷案

案例信息

案例来源：最高人民法院《人民司法·案例》2020年第29期（总第904期）

审判法院：江苏省泰州市中级人民法院

判决日期：2018年1月31日

案　　号：（2017）苏12民终2887号

基本案情

2016年10月，袁×华驾驶苏牌轿车与停在路边的汪×的浙牌轿车发生碰撞，致浙牌轿车受损。事故发生后，袁×华未及时报警且离开现场。经交警部门认定，袁×华负全责。汪×在中国××财产保险股份有限公司杭州市分公司（以下简称财险杭州公司）投保了车辆损失险。事故发生后，汪×将浙牌轿车送去维修，财险杭州公司参与定损，汪×支付维修费10.3万元后向财险杭州公司申请理赔。汪×于2016年12月收到理赔款10.3万元，后将保险标的权益转让给财险杭州公司，由财险杭州公司向责任方追偿。苏牌轿车在中国××财产保险股份有限公司江苏泰州中心支公司（以下简称财险泰州公司）处投保了机动车交通事故责任强制保险及保险金额为 100 万元的第三者责任商业保险。事故发生后，袁×华向财险泰州公司出具放弃保险理赔承诺："本人驾驶苏牌与浙牌发生碰撞，现本人自愿放弃保险理赔处理。"

财险杭州公司以袁×华作为事故责任方、财险泰州公司作为袁×华车辆保险人，应当支付其代位求偿款为由，提起诉讼，请求判令袁×华、财险泰州公司支付代位求偿款 10.3 万元。

一审判决后，财险泰州公司不服，提起上诉称：事故发生后，袁×华未及时报警并离开现场，构成肇事逃逸，属于保险合同约定的免责事由；袁×华在事故发生后主动放弃保险理赔处理，本公司在商业三责险范围内不承担赔偿责任，仅需在交强险范围内承担 2000 元赔偿责任。故请求二审法院依法撤销一审判决，改判由袁×华返还代位求偿款。

财险杭州公司辩称：本案存在两份交通事故认定书，第一份由交警现场处理交通事故时出具并当场打印，不存在拖延时间的情况，第二份是事故发生后第二天在袁×华主动向交警队出具自述申明后，由交警下发的正式的简易事故认定书，但仅对事故经过作了事实陈述，而未进行法律认定；一审判决中对袁×华出具的承诺书的分析是正确的，袁×华出具的承诺书对第三人无效。故一审判决正确，请求二审法院依法驳回上诉，维持原判。

袁×华辩称：本人不存在逃逸问题，事故认定书也未认定本人逃逸；承诺函并非本人真实的意思表示，是假释期满担心后果而向交警大队出具的承诺书，承诺书的内容代表我放弃对自己车辆的理赔，而不是出具给财险泰州公司的，《保险法》规定保险诉讼发生后任何人不得阻止投保人理赔，故一审判决正确。

判决主文

一审法院判决：被告财险泰州公司给付原告财险杭州公司 10.3 万元。

二审法院判决：驳回上诉，维持原判。

裁判要旨

交通事故发生后，驾驶人离开事故现场是否构成保险理赔免责事由，应当结合驾驶人的主观因素进行认定。因被保险人承诺放弃保险利益，保险人以此为由拒绝向第三者承担商业三责险责任的，人民法院不予支持。

重点提示

在因交通事故而引发的保险纠纷的司法实践中，对于被保险人在事故发生后离开现场，并承诺放弃保险利益的，保险人能否以此为由拒绝向第三者理赔的问题，应当注意以下两点：（1）驾驶人离开现场不必然构成保险合同免责事由。对于保险人与被保险人在保险合同中约定，事故发生后被保险人未依法采取措施即离开现场的，保险人即可免责的条款的理解问题，若仅从字面含义来讲，则既无须考量危险状态的存在与保险事故发生之间是否具有因果关系，也无须考量行为人主观上是否具有逃避法律追究的目的，即可免除保险人的赔偿责任，但该理解对于被保险人而言显失公平。我国《道路交通安全法》虽然规定了肇事者在发生交通事故后负有立即停车、及时报警、保护现场、救助伤者等义务，但不代表肇事者离开现场的行为均构成肇事逃逸，所谓肇事逃逸，是指行为人在发生交通事故后，为逃避法律追究而逃跑的行为，若不考虑肇事者离开现场的主观意图即认定其构成逃逸，不利于平衡保险人与被保险人之间的利益关系。因此，在交通事故发生后肇事者离开现场的，应当结合案件的实际情况与相关证据，判断肇事者是否具有逃避法律责任的主观因素，只有在具有上述主观故意的情况下，保险人才可以此为由主张免除保险赔偿责任。（2）被保险人放弃保险利益不代表保险公司可以免除第三者责任险赔偿责任。保险代位求偿权，又叫保险代位追偿权，是指保险标的因第三人的责任发生保险事故而产生损失，保险人向被保险人支付保险赔偿金后，依法取得对第三人的损害赔偿请求权。在交通事故损害赔偿责任纠纷中，受害者的保险人在完成对受害者的赔付后，即享有对肇事者的代位求偿权，但肇事者向其保险人放弃保险利益的，并不代表其保险人可以因此免除第三者责任险的赔偿责任。第三者责任险是以被保险人给第三者造成损害为保险标的的保险，其在具体的赔偿方式上与一般的财产保险有所不同：在责任保险合同的保险期间内，一旦发生被保险人对第三者造成损害的保险事故，被保险人对第三者的损害赔偿责任，由保险人代为承担，保险人不必先将保险赔偿金支付给被保险人，而可以直接向受损害的第三者赔偿保险金。因此，在商业三责险中，受侵害的第三者可以要求保险人直接向其履行赔偿责任，保险人仅以被保险人放弃保险利益为由主张拒绝赔偿的，侵害了第三人的合法权益，被保险人未征得受害人同意向保险人放弃保险利益的行为仅在保险人与被保险人之间发生法律效力，受害第三人仍有权要求保险人承担保险责任。此外，即便合同未约定保险人直接向第三者赔偿保险金，被保险人向保险人放弃保险利益的行为也不能对抗受侵害第三人。通常情况下，商业三责险保险人对被保险人的抗辩权可以依法向被侵权人行使，如保险免责抗辩等。但根据《保险法》第 65 条第 2 款的规定，被保险人怠于请求保险人向第三者赔偿的，第三者有权就其应获赔偿部分直接向保险人请求赔偿，即保险人无权以被保险人不主张权利为由对受害人进行抗辩。该条立法目的系保护第三人利益，但实践中对怠于请求这一条件的理解产生了一些争议。为增加行使直接请求权的可操作性，进一步加强对受害第三人的保护，《最高人民法院关于适用〈中华人民共和国保险法〉若干问题的解释（四）》对怠于请求作了从宽认定，在第三者起诉保险人时，被保险人尚未提出直接向第三者赔偿保险金的请求，即可认定为怠于请求。

4. 机动车车主放弃车损赔偿请求权能否构成保险免赔事由

【案例】 李××诉中国××财产保险股份有限公司德州市分公司财产保险合同纠纷案

案例信息

案例来源：最高人民法院《人民司法·案例》2017 年第 32 期（总第 799 期）
审判法院：山东省德州市中级人民法院
判决日期：2017 年 2 月 20 日
案　　号：（2016）鲁 14 民终 2845 号

基本案情

2016 年 6 月，李××驾驶涉案车辆时，与横过马路的黄××相撞，致黄××受伤、涉案车辆受损。德州市交通警察支队××大队（以下简称交警大队）作出《道路交通事故认定书》，认定李××和黄××负事故的同等责任。事发后，黄××被送往县医院治疗，后因抢救无效死亡。李××自行修理涉案车辆共花费 61 346 元。次月，经交警大队调解，李××与黄××亲属达成赔偿协议，约定：李××赔偿黄××抢救费、丧葬费、死亡补偿费等损失共计 165 000 元，涉案车辆的修理费由李××自理。同日，李××按照赔偿协议约定向黄××亲属支付了 165 000 元。

另查明，李××驾驶的涉案车辆在中国××财产保险股份有限公司德州市分公司（以下简称保险公司）分别投保了交强险、商业第三者责任险、机动车损失险，涉案交通事故发生在保险期间内，所投商业第三者责任险、机动车损失险保险金额分别为1 000 000元、685 800元。

李××以其向黄××亲属支付的各项赔偿费用及涉案车辆的维修费，保险公司应予理赔为由，提起诉讼，请求判令保险公司给付保险金226 346元。

一审判决后，保险公司不服，提起上诉称：涉案事故中，李××和黄××负同等责任，一审法院却判决保险公司承担交强险限额外70%的赔偿责任，明显偏高。此外，李××与黄××亲属达成赔偿协议时约定由其自行承担涉案车辆的维修费用，而此时保险公司并未向李××支付保险赔偿金。根据《保险法》第61条的规定，应认定李××已在保险公司支付保险赔偿金之前放弃对事故负同等责任的黄××的索赔权，因此，对涉案车辆的维修费用本公司不应承担全额赔偿责任。综上所述，请求撤销一审判决第一项，改判减少赔偿款32 280元。

李××辩称：首先，一审法院判决保险公司按照70%的比例进行赔偿符合法律规定。其次，《道路交通安全法》未规定行人对机动车车损具有赔偿责任，机动车车主不具有对行人的车损索赔权，因而调解协议中对行人的赔偿请求权的放弃不属于《保险法》第61条规定的保险公司可以免除赔偿责任的情形，保险公司应当全额赔偿涉案车辆的维修费用。

判决主文

一审法院判决：被告保险公司给付原告李××保险费177 604.46元；驳回原告李××的其他诉讼请求。

二审法院判决：驳回上诉，维持原判。

裁判要旨

在机动车与非机动车、行人之间的交通事故中，当事人在调解协议中约定机动车车损由机动车自负并无实际意义。根据严格责任原则，非机动车、行人并不是机动车车损的赔偿义务人，亦即机动车对非机动车、行人的车损赔偿请求权并不存在，故对保险公司根据《保险法》第61条规定就机动车车损拒绝全额理赔的主张，应认定与事实不符。

重点提示

在机动车与非机动车或行人之间发生交通事故而引发的纠纷中,当事人在调解过程中约定机动车车辆损失由机动车车主自负的,认定保险公司能否依据《保险法》第 61 条的规定,主张被保险人已放弃向第三者请求赔偿的权利,并要求对机动车车损拒赔的问题,司法实践中应当注意以下两点:(1)非机动车驾驶人或行人在交通事故中的赔偿义务。对于机动车与非机动车驾驶人或行人之间发生交通事故的,所造成的人身伤亡与财产损失的赔偿责任问题,《道路交通安全法》第 76 条规定,应当首先由保险公司在机动车第三者责任强制保险责任限额范围内予以赔偿,不足的部分则按照过错程度划分赔偿责任:非机动车驾驶人、行人没有过错的,由机动车一方承担赔偿责任;有证据证明非机动车驾驶人、行人有过错的,根据过错程度适当减轻机动车一方的赔偿责任;机动车一方没有过错的,承担不超过百分之十的赔偿责任。由此可知,在机动车与非机动车驾驶人或行人之间发生交通事故时,归责原则适用严格责任原则,即无论机动车驾驶员对于事故的发生是否具有主观过错,除机动车驾驶人、行人故意碰撞机动车外,机动车驾驶人均应承担责任。因此,在此类交通事故中,机动车一方负有法定的赔偿义务。(2)保险人对第三人行使代位追偿权的前提。《保险法》第 61 条第 1 款、第 2 款规定:"保险事故发生后,保险人未赔偿保险金之前,被保险人放弃对第三者请求赔偿的权利的,保险人不承担赔偿保险金的责任。保险人向被保险人赔偿保险金后,被保险人未经保险人同意放弃对第三者请求赔偿的权利的,该行为无效。"该规定体现的是保险人向第三者的代位追偿权,但保险人向第三者行使代位追偿权的前提,应当是被保险人对于第三者具有赔偿请求权。由前述分析可知,在机动车与非机动车驾驶人或行人之间发生的交通事故中,非机动车驾驶人或行人不是机动车损失的赔偿义务人,因此机动车驾驶人对于非机动车驾驶人或行人也不具有车辆损失的赔偿请求权,保险公司也不得就车辆损失向非机动车驾驶人或行人行使代位求偿权。机动车驾驶人与非机动车驾驶人或行人在调解过程中主张放弃个人车损赔偿请求权的,保险公司也不得根据《保险法》第 61 条主张免除其赔偿责任。

5. 投保人在宽展期内逾期未更换驾照的保险理赔责任认定

【案例】周××诉中国××保险财产保险股份有限公司梧州中心支公司保险合同纠纷案

案例信息

案例来源：最高人民法院中国应用法学研究所《人民法院案例选》2017年第9辑（总第115辑）

审判法院：广西壮族自治区梧州市中级人民法院

判决日期：2016年6月30日

案　　号：（2016）04民终字91号

基本案情

周××在中国××保险财产保险股份有限公司梧州中心支公司（以下简称保险公司）处为其名下的小型普通客车投保机动车辆保险，其中车辆损失险的保险金额为184 300元，投保单上的投保人声明部分明确载明被保险人已经就黑体字部分的特别约定条款完全理解并同意投保。订立保险合同所使用的保险条款是由保险公司提供的格式条款，责任免除部分全部采用加粗加黑字体，其中第二章第五条责任免除部分约定："发生意外事故时，驾驶人有以下情形之一的，保险人不负赔偿责任：（一）未依法取得驾驶证、持未按规定审验的驾驶证、驾驶与驾驶证载明的准驾车型不符的机动车的；（二）驾驶人在驾驶证丢失、损毁、超过有效期……仍驾驶机动车的……"

周××所持有的机动车驾驶证的换证日期为2015年4月30日，但其于当年6月24日才换领新的驾驶证，新驾驶证的有效期为2015年4月30日至2025年4月30日。

2015年6月4日，周××驾驶其投保车辆时因操作不当与路边水泥护栏发生碰撞，造成车辆受损。事故发生后，当地公安局交警支队出具交通事故认定书认定，周××负此次事故的全部责任。周××在本次事故中支出了停车费690元，事故施救拖车现场清理费700元、吊车费1400元，以及停车费及管理费4320元。

周××在事故发生后向保险公司提出索赔请求，保险公司出具《机动车辆保险拒赔通知书》，认为93 132元不属于其保险责任范围，不能予以赔付，拒赔理由为《机动车辆保险条款》"第二章 损失险条款内容责任免除"第5条第1款载明：未依法取得驾驶证、持未按规定审验的驾驶证、驾驶与驾驶证载明的准驾车型不符的机动车的，属于责任免除情形。

周××以其就涉案车辆向保险公司投保，在发生事故时保险公司应当依法予以理赔为由提起诉讼，请求法院判令保险公司支付保险赔偿金100 242元，其中包含车辆损失93 132元，事故停车费690元、拖车费2100元，停车费4320元。

一审判决后，周××不服，提起上诉称：一审法院以本人在投保单上签字为由认定保险公司已经履行解释说明义务没有事实和法律依据；本人驾驶证超出有效期并未增加保险公司的承保风险，保险公司将该条款作为责任免除条款加重了被保险人责任以及排除了被保险人依法享有的权利，应当依法认定此类责任免除条款不具有法律效力；根据《保险法》的规定，采用保险人提供的格式条款订立的保险合同条款有两种以上解释的，应当作出有利于被保险人和受益人的解释。因此，请求二审法院依法撤销一审判决，改判支持本人的上诉请求或发回重审。

保险公司辩称：一审判决认定事实清楚，证据确实充分，应予维持。

判决主文

一审法院判决：驳回原告周××的诉讼请求。

二审法院判决：撤销一审判决；被上诉人保险公司向上诉人周××赔付人民币100 242元。

裁判要旨

根据相关行政法规的规定可知，机动车驾驶证载明的有效期超期1年以上的，驾驶证方被注销，故在驾驶证换领的宽展期内，驾驶人仍具有驾驶资格。对于保险合同中约定的"驾驶人驾驶证超过有效期"予以免赔的条款，保险人理解为"所持驾驶证上载明的有效期限届满"，而被保险人理解为"驾驶证本身效力期限届满"时，应作有利于被保险人的解释。

重点提示

随着我国车辆保有量的上升，定期维护保养车辆、办理车辆保险、定期检测车况、审核更换驾驶证等成了广大车主的首要任务。在司法实践中，对于机动车驾驶人的驾驶证在宽展期内逾期未更换时发生的交通事故，保险公司是否有理由以保险合同约定"驾驶证超过有效期限"的免责条款为由拒绝理赔的问题，应当注意以下两点：（1）超过机动车驾驶证载明的有效期不代表机动车驾驶证注销。根据我国公安部发布的《机动车驾驶证申领和使用规定》第63条的有关规定可知，机动车驾驶人应当于机动车驾驶证有效期满前90日内，向机动车驾驶证核发地或者核发地以外的车辆管理所申请换证。但这并不意味着，超过驾驶证载明的有效期未换领时驾驶人即不具有驾驶资格。该规定第79条第1款第8项规定，超过机动车驾驶证有效期1年以上未换证的，车辆管理所应当注销其机动车驾驶证，但同时第3款规定，有前述情形被注销机动车驾驶证未超过两年的，机动车驾驶人参加道路交通安全法律、法规和相关知识考试合格后，可以恢复驾驶资格。由此可知，在超过驾驶证载明的有效期之后1年以内，机动车驾驶证仍然有效，超期1年以上3年以内的，驾驶人通过相关考试仍然可以恢复驾驶资格，这就是有关驾驶证有效期的宽展期的规定。因此，超过驾驶证载明的有效期，不能作为驾驶人丧失驾驶资格的依据。（2）对免责条款中"驾驶证超过有效期限"的理解。在实务中，保险人通常会在保险合同的免责条款中将"驾驶证超过有效期限"作为免责事由。由前述分析可知，超过驾驶证载明的有效期并不意味着驾驶证本身丧失效力，因此，对于"驾驶证超过有效期限"这一条款，可以作两种解释，即所持驾驶证上载明的有效期限届满，以及驾驶证本身效力期限届满，即驾驶证载明的有效期超过1年驾驶人仍未完成换领的。由于保险合同的订立通常采用由保险人提供的格式条款，故在对合同条款产生争议时，应当依据《民法典》第498条"对格式条款的理解发生争议的，应当按照通常理解予以解释。对格式条款有两种以上解释的，应当作出不利于提供格式条款一方的解释。格式条款和非格式条款不一致的，应当采用非格式条款"的规定进行解释。前述两种解释中，显然第二种解释方法更有利于被保险人，故应当认定对于投保人在驾驶证换领宽展期内发生的交通事故，保险人不得以保险合同约定"驾驶证超过有效期限"系免责事由为由主张免赔。

6. 特种车辆在专项作业中发生事故能否在交强险内获赔

【案例】张×川、张×楷诉中国×××财产保险股份有限公司吴江中心支公司、中国×××财产保险股份有限公司湖南分公司营业部保险合同纠纷案

案例信息

案例来源：最高人民法院《人民司法·案例》2016年第35期（总第766期）
审判法院：江苏省苏州市吴江区（市）人民法院
判决日期：2015年11月6日
案　　号：（2015）吴江商初字第1075号

基本案情

浙江××机械科技有限公司将装配车间工程分包给湖州××市政工程建设有限公司，湖州××市政工程建设有限公司又将钢结构部分进行分包，其中名义分包人是苏州××净化钢结构有限公司，实际施工人是周××。周××雇佣张×川自带车辆从事吊运工作，湖州××市政工程建设有限公司派王××从事墙体粉刷的工作。2014年9月28日上午7时35分左右，张×川驾驶涉案起重机在装配车间卸载钢结构配件时，吊臂碰到了钢结构的女儿墙，导致女儿墙发生连续坍塌，砸中了在另一端做墙体粉刷工作的泥工王××。之后，王××经抢救无效死亡。

涉案车辆是重型专项作业车，登记车主是张×楷，涉案车辆在中国×××财产保险股份有限公司吴江中心支公司（以下简称财保吴江支公司）投保了交强险，死亡伤残赔偿限额11万元，医疗费用赔偿限额1万元，财产损失赔偿限额2000元；在中国×××财产保险股份有限公司湖南分公司营业部（以下简称财保湖南分公司）投保了商业险，保险金额为30万元，事故发生时保险合同有效。

事后，在人民调解委员会的调解下，王××家属同周××达成调解协议，周××赔偿王××家属人民币635 000元，王××家属把对张×川的赔偿权利转让给周××，即周××取得对张×川的追偿权。周××将赔偿款支付给王××家属后，对财保吴江支公司、财保湖南分公司、张×川、张

×楷提起诉讼，主张行使追偿权，后周××与张×川达成追偿赔偿协议，张×川支付周××损失60万元，周××提供张×川保险理赔的资料，保险赔偿款全部归张×川所有。

张×川、张×楷以保险公司应在保险限额内履行赔付义务为由，提起诉讼，请求两保险公司支付赔偿款41万元并承担本案诉讼费用。

财保吴江支公司辩称：张×川、张×楷未提供证据证明与本公司是否存在合同关系，且根据《机动车交通事故责任强制保险条例》的规定，机动车在道路上行驶发生交通事故，只有交警部门出具事故认定书，保险公司才应承担赔偿责任。如果车辆是在道路以外的地方发生交通事故，车辆也必须处于行驶的状态，车辆在静止或吊装货物时发生事故，属于吊装货物综合险赔偿范畴，不属于交强险赔偿范围。

财保湖南分公司辩称：张×川和张×楷无权要求本公司承担赔偿责任。首先，周××其实对张×川没有追偿权，且人身损害赔偿是带有人身性质的债权不能转让，王××家属将其对张×川主张赔偿的权利转让给周××无效。其次，即使双方达成了追偿赔偿协议，根据合同相对性对本公司也没有约束力，而且张×川是自愿承担赔偿责任的。最后，张×川和张×楷要求的赔偿数额超出交强险赔偿的范围。

另查明，事故发生地点的钢结构女儿墙当时点焊固定刚完成，还未进行满焊，处于矫正阶段。之后，调查组的调查报告显示，导致事故发生的原因如下：（1）王××本人安全意识淡薄，未留意作业环境是否有安全隐患，进入未实际完工的钢结构女儿墙施工，且工作时未佩戴安全帽，安全防护措施不到位，是事故发生的直接原因。（2）湖州××市政工程建设有限公司项目部、相关方管理不到位；公司法定代表人杨××管理监督、检查隐患排查治理工作不到位；项目部经理对员工安全教育不到位；项目部安全员未及时发现和制止员工行为；张×川卸货过程中未仔细观察环境，未严格按照安全操作规程"十不吊"要求进行；项目部泥工组组长苏××对泥工安全宣传教育不够，对作业环境安全隐患风险源辨识不清；上述人员未尽职履行安全保障义务是本次事故发生的间接原因。事故发生后，政府部门依法对湖州××市政工程建设有限公司给予10万元的行政处罚，对公司法定代表人杨××给予5万元的行政处罚。

判决主文

一审法院判决：被告财保吴江支公司应在交强险死亡伤残赔偿限额内赔偿110 000元；被告财保湖南分公司应当在商业险的责任限额内赔偿144 000元。

裁判要旨

机动车交通事故责任强制保险，是指由保险公司对被保险机动车发生道路交通事故造成本车人员、被保险人以外的受害人的人身伤亡、财产损失，在责任限额内予以赔偿的强制性责任保险。但特种作业车辆除了具备在道路上行驶的功能外，更重要的是具备专项作业功能，且该类车辆更多时间是用于专项作业，应从目的解释角度出发，将特种车辆作业事故所产生的损失归入交强险保险范围内。

重点提示

司法实践中常见的交通事故，应当是发生在车辆行驶过程中的，但就一些特种车辆而言，其在进行专业作业时是处于静止状态下的，而对于在此过程中发生的交通事故能否在交强险范围内获赔就成了争议的焦点。在解决此类问题的过程中应当注意以下两点：（1）交强险的特点及立法目的。根据《机动车交通事故责任强制保险条例》第3条的有关规定可知，所谓交强险，就是指由保险公司对被保险机动车发生道路交通事故造成本车人员、被保险人以外的受害人的人身伤亡、财产损失，在责任限额内予以赔偿的强制性责任保险。交强险具有强制性、广泛性以及公益性：所谓强制性，主要体现在三个方面，即机动车保有人和管理人投保义务的强制性、保险人承保义务的强制性以及受害人法律地位优先的强制性；广泛性则是指所有机动车均应当投保交强险，包括摩托车在内，同时赔偿范围也具有广泛性，涵盖人身、财产及精神损失，而对于酒后驾车、故意撞人等商业险拒赔的情况，也在交强险的理赔范围内，但保险公司可以在事后向驾驶人进行追偿，这是为了保护受害者，同时也体现了交强险的公益性。我国通过立法形式设立交强险的目的在于保护受害人，保障事故受害者能得到必要的救助与赔偿。（2）特种车辆在进行专项作业过程中发生的交通事故可在交强险范围内获赔。实务中常见的交通事故是发生在车辆行驶过程中的，故对于特种车辆在静止状态下进行专项作业过程中发生的交通事故，保险公司通常会将此类事故认定为安全生产事故而非道路交通事故作为自身的抗辩事由，主张免除交强险的赔偿责任。但由前述分析可知，交强险的立法目的在于保障道路交通事故中的受害人能够及时从保险公司处得到经济赔偿，而就特种车辆而言，其在道路上行驶的时间远少于静止进行专项作业的时间，若将特种车辆在进行专项作业时发生的责任事故排除在交强险的赔付范围之外，则该车辆受害人获得交强险救济的概率将大大降低，不符合交强险的立法目的。同时，特种车辆交强险的投保费用通常要高于普通机动车，若将特种车辆作业发生的事故排除在交强险的保险范围之外，对于特种车辆的投保人而言也显失公平。因此，对于特种车辆进行专项作业时发生的责任事故，承保该车辆交强险的保险公司应当在交强险的范围内承担赔偿责任。

7. 刑事和解协议对保险人理赔责任的影响

【案例】胡××、洪×1、洪×2等诉宁波××建设有限公司、中国××财产保险股份有限公司朔州市中心支公司机动车交通事故责任纠纷案

案例信息

案例来源：《人民法院报》2015年8月13日刊载

审判法院：浙江省宁波市中级人民法院

判决日期：2015年4月15日

案　　号：（2015）浙甬民二终字第154号

基本案情

2014年9月，沙×因职务行为驾驶重型自卸货车在路口转弯的过程中，与直行的洪××驾驶的电动自行车相撞，造成洪××受伤，随后洪××被送往医院，并最终经抢救无效死亡。其间，宁波××建设有限公司（以下简称建设公司）为其垫付医疗费5499.27元。经交警部门认定，沙×负本次事故的全部责任，洪××无责任。此后，沙×与洪××的配偶胡××，以及洪××之子洪×1、洪×2、洪×3达成和解协议，约定沙×赔偿胡××、洪×1、洪×2、洪×3精神损害抚慰金及补偿其他经济损失合计260 000元。

另查明，涉案货车系建设公司所有，该公司为该车在中国××财产保险股份有限公司朔州市中心支公司（以下简称保险公司）投保了交强险和限额为

100万元的不计免赔的商业三责险。沙×系建设公司的员工，事故发生在工作期间，且在保险期限内。

胡××、洪×1、洪×2、洪×3以沙×因履行职务驾车发生交通事故，致洪××死亡，建设公司应承担赔偿责任，保险公司以承担保险责任为由，提起诉讼，请求判令建设公司赔偿死亡赔偿金333 832元、丧葬费24 463.5元、事故处理人员误工交通费5000元、精神损害抚慰金50 000元；保险公司在交强险和商业三责险范围内予以赔偿。

一审判决后，保险公司不服，提起上诉称：本公司应当在沙×已经给付胡××、洪×1、洪×2、洪×3和解赔偿款的范围内减轻保险责任；沙×支付的和解赔偿款已包含精神损害抚慰金，本公司应在该范围内免除保险责任；胡××、洪×1、洪×2、洪×3未举证证明其损失中包含有一审认定的处理事故人员费用，一审判令本公司承担该项损失错误。综上所述，请求撤销一审判决，改判本公司在交强险和商业三责险范围内赔偿胡××、洪×1、洪×2、洪×3共计107 494.27元。

胡××、洪×1、洪×2、洪×3、沙×、建设公司辩称：一审判决认定事实清楚，适用法律正确。请求驳回上诉，维持一审判决。

判决主文

一审法院判决：被告保险公司在交强险和商业三责险范围内赔偿原告胡××、洪×1、洪×2、洪×3医疗费5499.27元、死亡赔偿金333 832元、丧葬费24 463.5元、处理事故人员费用3000元、精神损害抚慰金50 000元，合计416 794.77元；原告胡××、洪×1、洪×2、洪×3返还被告建设公司垫付的医疗费5499.27元；驳回原告胡××、洪×1、洪×2、洪×3的其他诉讼请求。

二审法院判决：驳回上诉，维持原判。

裁判要旨

交通肇事者与死者家属签订和解协议并进行赔偿是为了获得死者家属的谅解，减轻刑事责任，因此，不能在上述和解协议范围内免除或者减轻保险公司的保险理赔责任。

重点提示

刑事和解，是指在刑事诉讼过程中，通过调停人或其他组织使被害人与犯罪嫌疑人、被告人直接沟通、协商，双方达成民事赔偿和解协议后，司法机关根据案件的具体情况对犯罪嫌疑人、被告人不再追究刑事责任或从轻减轻刑事责任的诉讼活动。在发生道路交通事故后的刑事诉讼过程中，双方当事人可以达成刑事和解。但在认定刑事和解协议对保险人承担保险赔偿责任的影响时，应当注意以下三点：（1）刑事和解协议的性质。根据《刑事诉讼法》的有关规定，对于达成刑事和解的案件，人民法院可以依法对被告人从轻处罚。在交通肇事案件中，肇事者为了获得较轻的刑事处罚，可以通过赔礼道歉、赔偿损失等方式取得受害人家属谅解，与之达成刑事和解，因此，在刑事和解过程中约定的赔偿条款只能作为确定肇事者刑事责任的量刑情节，而不应纳入民事赔偿范畴。（2）刑事和解条款与交通事故损害赔偿条款的关系。《保险法》第46条规定："被保险人因第三者的行为而发生死亡、伤残或者疾病等保险事故的，保险人向被保险人或者受益人给付保险金后，不享有向第三者追偿的权利，但被保险人或者受益人仍有权向第三者请求赔偿。"由此可知，肇事者向受害人家属赔偿的刑事和解条款与保险公司的理赔条款互不排斥，受害人家属有权获得保险理赔和侵权赔偿的双重赔偿，肇事人向受害者家属支付的刑事和解条款约定的赔偿数额不影响后者在民事纠纷中向保险公司申请赔偿。此外，虽然保险的作用在于补偿、减少损失，而非盈利，但人身权益是无价的，不能用金钱来衡量，故不存在获利的情形。因此，刑事和解条款与保险理赔条款互不排斥，保险公司以肇事人已支付刑事和解条款的数额为由，主张免除保险赔偿责任的，应不予支持。（3）受害人在刑事和解协议中获得精神损害抚慰金不能免除保险公司的精神损害抚慰金支付责任。《最高人民法院关于审理道路交通事故损害赔偿案件适用法律若干问题的解释》明确规定，人身权益的损害赔偿包括精神损害赔偿。精神损害赔偿是保险公司在交强险责任限额内法定应承担的赔偿责任，保险公司无法出示其不应在交强险范围内支付精神损害抚慰金的证据的，即应当对受害人进行理赔。而受害人因交通事故导致生命权、健康权、身体权遭受非法侵害的，肇事者应当向受害人支付精神损害赔偿金。两种精神损害赔偿金赔偿的法律依据、主体、赔偿基础均不同。因此，肇事者在刑事和解条款中赔付的精神损害抚慰金，不能免除或减轻保险公司赔付精神损害抚慰金的责任。

8. 对非医保用药条款理解存在歧义时保险人理赔责任的认定

【案例】潘××诉丁××、南乐县××汽车服务有限公司、中国××财产保险股份有限公司濮阳市分公司机动车交通事故责任纠纷案

案例信息

案例来源：最高人民法院《人民司法·案例》2015年第6期（总第713期）
审判法院：浙江省宁波市中级人民法院
判决日期：2014年5月7日
案　　号：（2014）浙甬民二终字第275号

基本案情

2013年1月，驾驶员岳××在受丁××雇佣驾驶中型普通货车过程中，因左转弯逆向行驶，与对向行驶的潘××驾驶的轻型普通货车相撞，造成潘××受伤及两车损坏的交通事故。事故发生后，交警部门经现场勘查，作出事故责任认定：岳××负事故全部责任，潘××不负事故责任。此后，经司法鉴定，潘××的伤残等级为九级、劳动能力大部分丧失。潘××遭受的医疗费、后续医疗费（其中包含非医保费用117 437.15元）、护理费、交通费、住院伙食补助费、营养费、残疾赔偿金、车辆损失费、拖车费、鉴定费、误工费、精神损害抚慰金各项损失共计496 887.91元。

另查明，岳××驾驶的肇事车辆已在中国××财产保险股份有限公司濮阳市分公司（以下简称保险公司）投保了交强险、30万元的商业三责险，并投保不计免赔险。其中，商业三责险的条款中约定"保险事故发生后，保险人按照国家有关法律、法规规定的赔偿范围、项目和标准以及本保险公司的约定，在保险单载明的责任限额内核定赔偿金额。保险人按照国家基本医疗保险的标准核定医疗费用的赔偿金额"。另外，肇事车辆的登记车主系南乐县××汽车服务有限公司（以下简称汽车服务公司），事故发生后，丁××已经支付赔偿款50 000元。

潘××以交通事故造成其人身及财产损失为由，提起诉讼，请求判令丁××、汽车服务公司连带赔偿医疗费、后续医疗费、误工费、护理费、交通

费、残疾赔偿金等共计 626 751.26 元，保险公司在交强险和商业三责险范围内优先赔偿。

保险公司辩称：根据商业险条例的规定，应扣除非医保范围的医疗费用 117 437.15 元。

一审判决后，丁××不服，提起上诉称：本人投保的商业三责险的限额是 30 万元，而一审法院仅判决保险公司赔偿 265 050.76 元，其余损失由本人赔偿，明显不合理；本人不承担潘××由于自身原因，在住院期间、非医保范围内使用高档医药设备及药品的费用。根据公平原则，对于超出一般赔偿标准的费用双方应当公平分担。商业三责险条款规定，保险公司按照基本医疗保险标准核定医疗费用赔偿额，但该规定未明确哪些属于非医保用药，故应视为约定不明，根据合同的相对性原则，不能对第三人的利益加以限制，故潘××住院期间使用的非医保用药，也应属于保险责任的范围，一审法院判令本人承担违反法律规定。一审法院判令本人承担鉴定费用 2400 元没有依据。综上所述，请求撤销一审法院判决本人多承担的 34 949.24 元。

潘××辩称：一审法院判决正确、合法，请求驳回上诉，维持原判。

保险公司辩称：保险合同确定了商业三责险责任，该合同明确约定医疗费系按照国家基本医疗保险的标准来确定赔偿金，故应予维持一审法院对医疗费部分的判决。另外，按照商业三责险合同约定，鉴定费不属于保险责任范围，故亦不应由本公司承担。

汽车服务公司未陈述意见。

判决主文

一审法院判决：被告保险公司在交强险限额范围内赔偿原告潘××医疗费、精神损害抚慰金、残疾赔偿金、车辆损失费合计 122 000 元；被告保险公司在商业三责险限额范围内赔偿原告潘××医疗费 120 934.11 元、后续医疗费 11 000 元、护理费 10 827 元、残疾赔偿金 76 060.40 元（其中，被扶养人生活费 24 452.40 元）、交通费 1000 元、住院伙食补助费 900 元、营养费 1800 元、误工费 28 229.25 元、车辆损失费 13 500 元、拖车费 800 元，合计 265 050.76 元；被告丁××赔偿原告潘××医疗费 107 437.15 元、鉴定费 2400 元，合计 109 837.15 元，扣除被告丁××已支付的 50 000 元，尚需赔偿 59 837.15 元；被告汽车服务公司对被告丁××应赔偿部分款项承担连带赔偿责任；驳回原告潘××的其他诉讼请求。

二审法院判决：维持一审判决第一项；撤销一审判决第二项、第三项、第四项、第五项；被上诉人保险公司在机动车第三者责任保险限额范围内赔偿被上诉人潘××医疗费155 883.35元、后续医疗费11 000元、护理费10 827元、残疾赔偿金76 060.40元（其中，被扶养人生活费24 452.40元）、交通费1000元、住院伙食补助费900元、营养费1800元、误工费28 229.25元、车辆损失费13 500元、拖车费800元，合计300 000元；上诉人丁××赔偿潘××医疗费72 487.91元、鉴定费2400元，合计74 887.91元，扣除上诉人丁××已支付的50 000元，尚需赔偿24 887.91元；原审被告汽车服务公司对上诉人丁××应赔偿部分款项承担连带赔偿责任；驳回被上诉人潘××的其他诉讼请求。

裁判要旨

投保人与保险人对"保险人按照国家基本医疗保险的标准核定医疗费用的赔偿金额"条款存在争议的，应按照对保险人最不利的解释进行理解，即非医保用药应予理赔。此外，即便认为该约定就是指非医保用药不予理赔，也因存在免除保险人责任、加重被保险人责任的情况而应归于无效。

重点提示

国家基本医疗保险是为补偿劳动者因疾病风险造成的经济损失而建立的一项具有福利性的社会保险制度，为了控制医疗保险费用的支出，国家基本医疗保险限定了药品的使用范围。商业三责险的保险合同中通常会有关于"保险人按照国家基本医疗保险的标准核定医疗费用的赔偿金额"的条款，而对该条款的理解，保险人与被保险人通常会产生歧义。司法实践中，理解与适用该条款时，应当注意以下两点：（1）对保险合同条款的解释存在歧义时，应当采取不利于保险人的解释。对于"保险人按照国家基本医疗保险的标准核定医疗费用的赔偿金额"的条款，可以做如下理解：①保险人对非医保用药不予理赔，这是对保险人最为有利的一种理解；②保险人对非医保用药按照医保内同等疗效的用药进行理赔，即对非医保用药，只赔偿同等疗效医保内用药的价格；③对非医保用药是否赔偿约定不明，此时未明确对非医保用药不予理赔，就不能认为非医保用药一定不能赔偿。对于明显不合理的非医保用药可以拒赔，但在同等疗效的非医保用药的价格和医保内用药相差不大时，就可认定为合理用药，保险人应当对此进行赔偿，这也是对保险人最为不利的一种解释。由于保险合同属于格式条款，根据我国《民法典》第498条的有关规定，在对该条款的解释发生纠纷时，应当采取第三种解释，即若保险人未能举证证明非医保用药不合理时，就应当对受害方的非医保用药承担理赔责任。（2）格式条款存在免除保险人责任、加重被保险人责任的情况，该条款无效。若将"保险人按照国家基本医疗保险的标准核定医疗费用的赔偿金额"解释为对非医保用药不予理赔，则该条款在理赔上存在免除保险人责任、加重被保险人责任的情形，理由如下：①基本医疗保险制度属于社会福利，所收取的保费低廉，其所能保障的医疗需求也是最低水平。但商业保险以盈利为目的，其收费远高于基本医疗保险，若保险人仍按国家基本医疗保险的标准理赔，则明显减轻其理赔责任，对被保险人不公。②根据《最高人民法院关于审理人身损害赔偿案件适用法律若干问题的解释》第6条第1款的规定可知，对于保险人应当予以赔偿的医疗费，并未区分医保用药与非医保用药，保险人在拟定格式条款时就约定对非医保用药不予赔偿，显失公平。③基本医疗保险药品目录的修订具有滞后性，在一定程度上无法跟上医疗水平的发展，仅以药物不在医保范围内为由拒绝理赔的行为不具有合理性。故，若将"保险人按照国家基本医疗保险的标准核定医疗费用的赔偿金额"解释为对非医保用药不予理赔，应按《民法典》第497条的有关规定，认定该条款存在免除保险人责任、加重被保险人责任的情况，该条款无效。

9. 非营运车辆替代性交通费损失的认定与赔付

【案例】王××诉郑××、中国××财产保险股份有限公司宁波市北仑支公司机动车交通事故责任纠纷案

案例信息

案例来源：最高人民法院中国应用法学研究所《人民法院案例选》2013年第3辑（总第85辑）

审判法院：浙江省宁波市北仑区人民法院

判决日期：2013年5月9日

案　　号：（2013）甬仑民初字第468号

基本案情

2013年2月21日18时许,王××驾驶轿车与郑××驾驶的轿车发生碰撞,致王××车辆受损。公安局交通警察大队出具道路交通事故认定书,认定郑××承担本起事故的全部责任,王××不承担本起事故的责任。郑××系其驾驶的轿车行驶证上登记的所有人,该车在中国××财产保险股份有限公司宁波市北仑支公司(以下简称保险公司)投保了交强险,保险公司已将交强险财产责任限额范围内的2000元汽车修理费赔付给王××。

王××以交通事故造成其车辆受损为由,提起诉讼,请求判令郑××赔偿因车祸造成车辆使用中断从而产生的替代性交通费损失900元,保险公司在交强险范围内承担赔偿责任。

保险公司辩称:王××的交通费损失不属于交通事故的直接损失,不应当在交强险中予以理赔,请求驳回王××的诉讼请求。

判决主文

一审法院判决:被告郑××应赔偿原告王××交通费300元;驳回原告王××的其他诉讼请求。

裁判要旨

非营运车辆替代性交通费,是指被侵权人正在使用的非用于经营活动的车辆无法继续使用,为获得通常的替代性交通工具而支付的费用。该项费用作为财产损失可纳入交强险理赔范围内,其数额的认定需要根据具体情形,从必要性、合理性等角度进行综合判断。

重点提示

非经营性车辆发生交通事故后,其驾驶人因车辆无法继续使用,在此过程中势必会产生一定的交通工具费用,但因被侵权人在替代性交通工具的选择上有较大的随意性,双方往往会对替代性交通工具费的损失产生争议。在司法实践中,认定非营运车辆替代性交通费损失的具体数额及赔偿责任时,应当注意以下三点:(1)非营运车辆替代性交通费性质的认定。根据《最高人民法院关于审理道路交通事故损害赔偿案件适用法律若干问题的解释》第12条第4项的规定可知,因交通事故造成非经营性车辆无法继续使用的,所产生的通常替代性交通工具的合理费用应予支持。非营运车辆替代性交通费损失属于交通事故给受害人造成的财产损失,应当按照法律有关财产损失赔偿标准的规定进行赔偿。(2)非营运车辆替代性交通费损失属于交强险的赔付范围。根据《道路交通安全法》第76条的规定,机动车发生交通事故造成人身伤亡、财产损失的,由保险公司在机动车第三者责任强制保险责任限额范围内予以赔偿;不足的部分,按照不同情形承担赔偿责任。故,非营运车辆替代性交通费损失作为受害人的财产损失,属于机动车交通事故责任强制保险的理赔范围,应先由保险公司在交强险责任限额范围内予以赔偿,不足部分,再按照不同情形承担赔偿责任。(3)替代性交通费损失数额的合理性认定。被侵权人在选择替代性交通工具时具有较大的随意性,其所产生的费用高低也会有很大的差异。因此,在认定具体金额的过程中应当以诚信原则为基础,遵循必要性、合理性原则,以发生事故的车辆本身的价值以及受害人对事故车辆的使用用途为依据,结合实际日常生活中的经验来确定替代性交通工具的种类。首先,非营运车辆的替代性交通费用应当是已经发生且确有必要发生的;其次,应当根据交警部门出具的扣车天数的证明以及车辆维修时间、提车单或者重新购置车辆的票据等证据认定事故车辆不能使用的"中断期间",并以道路交通事故发生之时事故发生地的乘车价格为标准,综合考虑替代性交通费用的具体数额。

10. 被保险人在车外被本车伤害时能否在商业三责险范围内获赔

【案例】 张××诉赵××、中国××财产保险股份有限公司河南分公司、××财产保险股份有限公司河南省分公司等健康权纠纷案

案例信息

案例来源:最高人民法院《人民司法·案例》2014年第14期(总第697期)

审判法院:河南省郑州市中级人民法院

判决日期:2013年3月13日

案　　号:(2013)郑民一终字第301-1、301-2号

基本案情

2010年9月11日,赵××驾驶涉案大型普通客车在停车场内进行试车,在试车过程中车右后轮撞到躺在地上修车的张××,张××受伤后,先后在北京市红十字会急诊抢救中心、河南省洛阳正骨医院、黄河中心医院、郑州大学第一附属医院住院治疗,共住院83天,支出医疗费共计202 573.28元。北京市公安局公安交通管理局海淀交通支队中关村大队于事故第二日作出道路交通事故认定书,认定赵××负事故全部责任,张××无责任。

另查明,涉案车辆的实际车主系张××,赵××系张××雇佣的司机,该车挂靠在××河南省××汽车旅游有限公司(以下简称汽车公司)名下,该车在中国××财产保险股份有限公司河南分公司(以下简称××保险公司)投保了机动车交通事故责任强制保险,在××财产保险股份有限公司河南省分公司(以下简称××财产保险公司)投保了机动车第三者责任保险,责任限额为300 000元,并投保了不计免赔险。被保险人系张××,事故发生在保险期限内。

张××以赵××侵犯了其健康权为由,提起诉讼,请求判令赵××、××汽车公司、××保险公司、××财产保险公司赔偿其医疗费、误工费、护理费、住院伙食补助费、交通费、营养费、残疾赔偿金、被扶养人生活费、精神损害抚慰金、鉴定费等各项损失共计686 714.94元。

××保险公司辩称:本公司愿在交强险的分项责任限额内承担合理合法的赔偿责任,超出限额的不承担赔偿。

××财产保险公司辩称:张××系被保险人,根据商业三责险合同,保险公司免责,不承担赔偿责任。

赵××、汽车公司未作答辩。

一审判决后,××保险公司、××财产保险公司不服,提起上诉后,又均撤回上诉。

判决主文

一审法院判决:被告××保险公司在机动车交通事故责任强制保险赔偿范围内赔偿原告张××各项损失120 000元;被告××财产保险公司在第三者责任保险赔偿范围内赔偿原告张××各项损失300 000元;被告赵××赔

偿原告张××各项损失 137 847.86 元；驳回原告张××的其他诉讼请求。

二审法院裁定：准许撤诉。

裁判要旨

交通事故人身损害赔偿纠纷中，被保险人在车身之外被本车伤害，其具备商业三责险中"第三者"的身份特征，关于被保险人伤亡免赔的免责条款无效，交强险和商业三责险都应该在保险范围内对被保险人进行赔偿。

重点提示

第三者责任险，是指被保险人允许的合格驾驶员在使用被保险车辆过程中发生了意外事故，致使第三者遭受人身伤亡或财产的直接损失，依法应当由被保险人支付的赔偿金额，由保险人按照保险合同中的有关规定给予赔偿。在司法实践中，当被保险人在车身之外被本车伤害，且第三者责任险保险合同中约定被保险人伤亡免赔时，对于被保险人能否在第三者责任险范围内获得赔偿的问题，应当注意以下三点：（1）在车身外被本车伤害的被保险人为第三者。第三者责任险中的第三者，是指因被保险机动车发生意外事故遭受人身伤亡或者财产损失的人，但不包括被保险机动车本车上人员、投保人、被保险人和保险人。由此可知，第三者责任险不赔偿肇事车辆的车损以及驾驶员、车上其他人员的人身损害，赔偿的是受害行人的人身和财产损失。而被保险人被撞伤时在被保险车辆外，且被保险人未驾驶被保险车辆，此时被保险人不是肇事车辆的驾驶员，是相对于肇事车辆的受害人，是不特定的第三者。（2）应针对被保险人伤亡免赔条款作出有利于被保险人和受益人的解释。一般保险合同中仅约定了第三者是指因被保险机动车发生意外事故遭受人身伤亡或者财产损失的人，但未明确解释在车身外被本车撞伤的被保险人是否属于第三者。而发生事故时，被保险人通常以其属于第三者主张赔偿，保险人主张被保险人不是第三者从而提出免责，此种情况即被保险人与保险人对合同条款中第三者的含义存在不同解释。依照《保险法》第 30 条规定，保险人与被保险人对保险条款解释不一致时，应当作出有利于被保险人和受益人的解释。而且依据前述分析，法律上的第三者仅是不包括被保险车辆本车上人员、投保人、被保险人和保险人，并未明确将车下的因本车受伤的被保险人排除在第三者范围外，遂结合法律的解释原则，应当将在车身外被本车伤害的被保险人解释为第三者。（3）被保险人伤亡免赔的条款无效。在车身外被本车撞伤的被保险人不属于第三者，保险人不予赔偿的条款免除了保险人保险责任，属于免责条款。由于被保险人与第三者发生主体竞合，以致被保险人与保险人对免责条款产生争议，此时应作出有利于被保险人一方的解释，而且《保险法》第17条规定了保险人应当向被保险人就保险合同中免责条款的内容作出提示或明确说明，遂在保险人未提供相应的证据证明其提请被保险人注意免除或者限制其责任的条款的情形下，在本车外被本车伤害的被保险人伤亡免赔的免责条款无效，保险人应当承担赔偿责任。

11. "准驾不符"的免责条款能否当然免除保险人的理赔责任

【案例】庄××诉中国××财产保险股份有限公司常州市分公司责任保险合同纠纷案

案例信息

案例来源：《人民法院报》2012年7月5日刊载

审判法院：江苏省常州市中级人民法院

判决日期：2012年4月9日

案　　号：（2012）常商终字第0067号

基本案情

庄××持有C1驾照，为其所有的变形拖拉机在中国××财产保险股份有限公司常州市分公司（以下简称财保公司）投保了第三者责任险。投保时，庄××未填写机动车驾驶证号码，财保公司经审核后亦未对该项提出异议。同年，陶×驾驶小轿车与庄××驾驶的变形拖拉机相撞，造成人员受伤、车辆受损。经交警部门认定，陶×负主要责任，庄××持C1驾照驾驶变形拖拉机属驾驶与驾驶证载明的准驾车型不相符的拖拉机上路行驶，应负次要责任。事故发生后，陶×以庄××为被告诉至法院，法院判决庄××赔偿陶×110 593元。庄××实际支付27 000元。

庄××以财保公司应赔付保险金为由，提起诉讼，请求判令财保公司支付理赔款100 000元。

一审判决后，庄××不服，提起上诉。

判决主文

一审法院判决：驳回原告庄××的诉讼请求。

二审法院判决：撤销一审判决，改判被告财保公司支付理赔款 97 000 元。

裁判要旨

保险合同中有"准驾不符"的免责约定，不能当然免除保险公司的赔偿责任。如果"准驾不符"的原因不可归责于投保人，也并未增加保险公司承保风险，而且保险公司在投保时知道或者应当知道存在"准驾不符"情形，未提出异议，依然承保的，保险公司仍应承担赔偿责任。

重点提示

机动车驾驶证分不同等级，不同等级的驾驶证可以驾驶的机动车车型也不同。在交通事故损害赔偿类纠纷的司法实践中，常出现持有 C1 驾驶证的驾驶人驾驶与其所持有的驾驶证准驾车型不符的农用汽车的情况发生，在此情况下，对于保险公司能否免除其保险赔偿责任的问题，应当注意以下三点：（1）"准驾不符"是否增加了保险公司的承保风险。保险公司将驾驶人驾驶车辆与其所持有的驾驶证准驾车型不符作为免除其保险赔偿责任的事由的原因，在于该行为会大大增加保险公司的承保风险，因此，在判断保险公司能否以"准驾不符"为由免除保险责任时，应当首先判断涉案的"准驾不符"行为是否增加了保险人的承保风险。在驾驶人持有 C1 驾驶证驾驶农用汽车的"准驾不符"的案件中，由于在现行法律体系下，农用汽车的驾驶证的核发工作已转交农机部门负责，需要由公安部门出具相关证明后到农机部门申领相关证照，且农用汽车的驾驶难度并不高于 C1 驾照准驾的低速载货汽车，因此，在此类"准驾不符"的情况下，应当认定驾驶人的行为并未增加保险公司的承保风险，其不得以此为由主张免除保险赔偿责任。（2）"准驾不符"的原因能否归责于投保人。由前述分析可知，持 C1 驾驶证的驾驶人驾驶农用汽车时产生"准驾不符"的主要原因，在于证照管理部门之间的行政管理职能分工的变化，而非驾驶人自身的过错，保险公司不能将该过失归责于投保人。此外，人民法院在审理此类案件的过程中，还应当注意判断保险公司对于投保人提供的信息是否尽到了审慎审查的义务，若因保险公司自身的原因未能发现投保人的投保车辆与其持有的驾驶证准驾车型不符，则保险公司也不得拒绝赔偿。（3）对保险公司应当适用弃权与禁止反言规则。《保险法》在第16条中规定了投保人对于保险人就保险标的或者被保险人的有关情况提出的询问负有如实告知义务，投保人未尽到如实告知义务的，保险人有权解除合同。但该条同时还规定，保险人在合同订立时已经知道投保人未如实告知的情况的，保险人不得解除合同，且在发生保险事故后，保险人应当承担赔偿或者给付保险金的责任。该规定就是保险法体系下的禁止反言规则，当投保人或被保险人因信赖保险人的陈述而遭受某些损害时，保险人不得以此事由对被保险人的请求提出抗辩。在实务中，投保人未对某些询问情况进行告知，保险人仍然予以承保的，应当推定其已经通过自己的行为表示保险合同具有执行力，则在理赔过程中就不得再以未告知的情况作为抗辩事由。

12. 保险人已向被保险人理赔完毕可否免除对受害人的赔偿义务

【案例】 朱××诉中国××财产保险股份有限公司海宁支公司、祝××责任保险合同纠纷案

案例信息

案例来源：最高人民法院《人民司法·案例》2013年第6期（总第665期）

审判法院：浙江省嘉兴市中级人民法院

案　　号：（2012）浙嘉民终字第355号

基本案情

祝××驾驶摩托车与朱××驾驶的电动自行车发生碰撞，造成车辆损坏、朱××受伤。经公安机关认定，祝××负事故主要责任，朱××负事故次要责任。祝××驾驶的摩托车在中国××财产保险股份有限公司海宁支公司（以下简称保险公司）投保了机动车交通事故责任强制保险。其后，朱××与祝××在保险公司处达成协议约定，由祝××赔偿朱××医疗费、误工费、车辆损失费等各项费用4443元。祝××在签订协议后向朱××支付了2000元并由朱××出具了收条。之后，根据祝××的申请，保险公司将该事故的保险理赔款3843元汇付给了祝××，但祝××并未按协议约定将

余款支付朱××。

朱××以保险公司、祝××应对交通事故给其造成损失承担责任为由，提起诉讼，请求判令保险公司在交强险范围内先行赔偿，不足部分由祝××赔偿。

保险公司辩称：其对交通事故发生的事实无异议，但其已将赔偿款3843元支付给了祝××，请求驳回朱××的诉讼请求。

一审判决后，保险公司不服，提起上诉称：朱××与祝××所达成的协议对赔偿数额已达成确认，该协议合法有效，赔偿义务主体应为祝××，且朱××在签协议时未要求其作为直接赔偿义务人承担赔偿责任，故其不再向朱××承担先行赔付的义务。其已将赔偿款支付给祝××，已经承担保险责任。请求撤销原判，改判驳回朱××的诉讼请求。

朱××辩称：其所主张的费用是已经形成的费用，保险公司将款项支付给祝××没有依据。

祝××未答辩。

判决主文

一审法院判决：被告保险公司赔偿原告朱××2443元。
二审法院判决：驳回上诉，维持原判。

裁判要旨

承保机动车交通事故责任强制保险的保险公司对道路交通事故的受害人负有在交强险责任限额内承担赔偿责任的法定义务，受害人对保险公司享有直接请求权。在被保险人未依法向受害人承担赔偿责任的情况下，保险公司不能以其已向被保险人理赔完毕为由，对抗受害人的赔偿请求权。

重点提示

在司法实践中，针对保险公司在交强险责任限额内已向被保险人理赔的，是否免除对受害人的赔偿义务的问题，应当注意以下三点：（1）受害人对保险公司享有直接请求权。在一般情形下，发生交通事故后，由被保险人在确定赔偿数额后向保险公司申请，并由保险公司直接向受害人进行赔偿。但当被保险人怠于向保险公司申请时，受害人可根据《保险法》第65条第2款"责任保险的被保险人给第三者造成损害，被保险人对第三者应负的赔偿责任确定的，根据被保险人的请求，保险人应当直接向该第三者赔偿保险金。被保险人怠于请求的，第三者有权就其应获赔偿部分直接向保险人请求赔偿保险金"的规定，直接向保险公司申请赔偿。因此，受害人对保险公司享有直接请求权。（2）在交强险责任限额内承担赔偿责任是保险公司的法定义务。首先，交强险是一种强制险。根据《机动车交通事故责任强制保险条例》第3条的规定，保险公司承保交强险后，应当在交强险责任限额内承担赔偿责任。其次，《保险法》第65条第3款规定："责任保险的被保险人给第三者造成损害，被保险人未向该第三者赔偿的，保险人不得向被保险人赔偿保险金。"即保险公司不得在被保险人赔偿受害人之前向被保险人给付保险赔偿金。因此，保险公司不能以其已经向被保险人理赔完毕为由，对抗受害人的赔偿请求权，保险公司应当在交强险责任限额内承担赔偿责任。（3）保险公司向受害人赔偿后，可向被保险人追偿。结合上述分析，保险公司不能以其已经向被保险人理赔完毕为由，拒绝向受害人支付赔偿。但保险公司向被保险人理赔后，又向受害人支付赔偿金的，属于重复赔偿，导致保险公司的利益受损；对于被保险人来说，其在收到保险赔偿金后未向受害人赔偿，保留该赔偿金的行为属于不当得利，应当返还保险公司，此时，保险公司对被保险人享有追偿权。

13. 同一车辆购买两份交强险的理赔责任认定

【案例】翁林××诉中国××财产保险股份有限公司深圳市分公司等责任保险合同纠纷案

案例信息

案例来源：最高人民法院《人民司法·案例》2013年第2期（总第661期）
审判法院：广东省汕头市中级人民法院
案 号：（2012）汕中法民一终字第137号

基本案情

张××驾驶吉普车与翁林××驾驶的无牌二轮摩托车发生碰撞，造成翁林××受伤，二车均不同程度上受损。翁林××在事故发生后被送往汕头市中心医院住院治疗，共支付152 474.70元医疗费用。翁林××的伤情经××

大学司法鉴定中心鉴定,被评定为九级伤残。汕头市公安局澄海分局交通警察大队对该交通事故作出道路交通事故认定书,认定张××和翁林××对本事故负同等责任。

张××驾驶的吉普车已在中国××财产保险股份有限公司汕头市澄海支公司(以下简称财保澄海支公司)投保了交强险,保险责任限额为122 000元;且该车在中国××财产保险股份有限公司深圳市分公司(以下简称财保深圳分公司)投保了交强险和第三者商业责任险,交强险保险责任限额为122 000元,第三者商业责任险的保险责任限额为20万元,其中第三者责任险保险条款第9条约定,如负同等事故责任的免赔率为10%。上述交通事故发生在两份交强险和第三者商业责任险的保险期间内。

翁林××以张××、财保澄海支公司、财保深圳分公司应对交通事故造成其经济损失承担赔偿责任为由,提起诉讼,请求判令张××、财保澄海支公司、财保深圳分公司连带赔偿其经济损失271 951.71元。

一审判决后,财保深圳分公司不服,提起上诉称:本案肇事车辆同时投保两份交强险,均在有效期内,属重复保险。《机动车交通事故责任强制保险条例》第3条规定交强险在责任限额内予以赔偿,实行法定赔偿责任限额,该责任限额为12.2万元。因为存在重复保险,两份交强险的赔偿责任限额不应超过12.2万元。原审判决两份交强险各在12.2万元的限额内承担赔偿责任,违反《保险法》关于重复保险的规定,适用法律错误。

判决主文

一审法院判决:被告财保澄海支公司和被告财保深圳分公司应各赔偿原告翁林××的经济损失及精神损害抚慰金82 257.18元;被告张××应赔偿翁林××的经济损失83 937.35元,财保深圳分公司对其中75 543.62元承担连带赔偿责任。

二审法院判决:驳回上诉,维持原判。

裁判要旨

投保人就同一车辆分别在两个保险公司投保交强险,车辆在保险期限内发生交通事故的,因现行法律对同时购买两份交强险并受偿没有禁止性规定,保险公司也没有尽到应有的告知、审查义务,而投保人对购买两个交强险不存在恶意，因此两个保险公司均应各自按照保险合同的约定，在交强险的赔偿限额内平均承担赔偿责任。

重点提示

我国法律规定机动车需强制性投保交强险，但在司法实践中，常有同一车辆同时投保两份交强险的情况出现，对于投保了两份交强险的车辆发生交通事故，理赔责任应当如何确定的问题，应当注意以下两点：（1）为同一车辆购买两份交强险的行为构成重复保险。所谓重复保险，就是指投保人就同一保险标的、同一保险利益、同一保险事故分别向两个或两个以上的保险人订立保险合同，但保险金额总和超过保险价值的情况。根据《保险法》第56条的有关规定可知，投保人重复保险时，应当将重复保险的有关情况通知各保险人，且重复保险的各保险人赔偿保险金的总和不得超过保险价值，除合同另有约定外，各保险人按照其保险金额与保险金额总和的比例承担赔偿保险金的责任。由此可知，我国《保险法》并不禁止重复保险的存在，但由于财产险自身的补偿性质，故重复保险的理赔金额不能超过保险标的的价值。为同一车辆购买两份交强险的行为，也构成重复保险。（2）购买两份交强险时两家保险公司的赔偿责任承担。首先是关于两份交强险的效力问题，原则上来讲，每辆机动车只需要购买一份交强险，但这并非我国现行法律、行政法规的强制性规定，在投保人与保险人未在保险合同中对此作出明确约定，且两份交强险均不存在违法或恶意投保情形的，应当认定两份交强险均有效，投保人可就两份交强险受偿。其次是两份交强险的赔偿责任划分问题，保险的基本职能是分散危险和经济补偿，其不具有获利性质，因此，即使两份交强险均可受偿，其赔偿保险金的总和也不应当超过保险价值。在交强险的重复投保中，应当将实际损失与各保险公司保险限额的总和进行比较，若实际损失未超过各保险公司最高限额的总和，则以实际损失作为保险价值；若实际损失超过各保险公司保险限额的总和，则以保险限额总和作为保险价值。

第七章 保险代位求偿权

一、代位求偿权的适用范围

1. 保险人代位求偿时应否扣除已获取的再保险赔偿

【案例】××财产保险（中国）有限公司等诉××建设（中国）有限公司等保险人代位求偿权纠纷案

案例信息

案例来源：最高人民法院《人民司法·案例》2020年第17期（总第892期）
审判法院：最高人民法院
判决日期：2019年10月22日
案　　号：（2018）最高法民终1334号

基本案情

　　××财产保险（中国）有限公司、中国××财产保险股份有限公司无锡市分公司、中国×××财产保险股份有限公司无锡分公司、中国××财产保险股份有限公司无锡中心支公司、×××财产保险（中国）有限公司（以下简称五保险公司）与××海力士半导体（中国）有限公司（以下简称半导体公司）签订保险合同，半导体公司投保财产一切险及利润损失险；××建设（中国）有限公司（以下简称建设公司）与半导体公司签订管道安装合同，约定建设公司为半导体公司进行管道安装施工。因建设公司施工过程中错接管道导致火灾事故发生，造成半导体公司巨额财产损失。五保险公司向半导体公司支付了8.6亿美元赔偿金后，半导体公司将相关权益转让给五保险公司。五保险公司承保后又对保险标的分别办理了再保险（包括多家境内外再保险人），保险事故发生后，已经相继获得90%以上的再保险赔偿。

五保险公司以建设公司施工存在过错为由，提起保险人代位求偿权诉讼，请求判令建设公司赔偿3亿元及利息，×××气体技术（无锡）有限公司（以下简称技术公司）承担连带清偿责任。

一审判决后，建设公司不服，提起上诉。

判决主文

一审法院判决：被告建设公司赔偿五保险公司合计3亿元；驳回原告五保险公司其他诉讼请求。

二审法院判决：驳回上诉，维持原判。

裁判要旨

根据合同相对性原则，保险人投保再保险的，保险人对第三人的代位求偿权不因此受到影响，保险人可以就全部赔偿金额向第三人行使保险人代位求偿权；保险人在向第三者行使代位求偿权时，并不需要扣除已经获取的再保险赔偿金额，可在追偿成功后再根据再保险合同的约定及相关规定或者惯常做法将追偿款返还再保险人；在法律、行政法规、司法解释对再保险人是否可直接向第三人行使代位追偿权的情形没有明确规定的情况下，保险业主管部门及行业协会的规范性意见及惯常做法应予以尊重。

重点提示

保险代位制度是代位权制度与保险理赔制度相结合的产物，是保险法中损失填补原则的派生制度，具有防止被保险人获得双重赔付、避免损害赔偿责任人逃脱责任以及有利于保险人降低保险费和维系正常经营的功能。司法实践中，认定保险人代位求偿时是否需要扣除已获取的再保险赔偿的问题时，应当注意以下三点：（1）保险人行使代位求偿权与多数司法实践相吻合。就我国司法实践而言，涉及保险人代位求偿权纠纷的案件很多，基本上均认为应由保险人对第三者行使代位求偿权后再摊回给再保险人，而不是由再保险人直接向第三者行使代位求偿权，甚至有些地方的规范性文件直接明确再保险人并不享有对第三者的代位求偿权。《浙江省高级人民法院关于审理财产保险合同纠纷案件若干问题的指导意见》第26条明确："再保险人对造成保险事故发生的第三者不享有保险法规定的代位求偿权，但再保险人对原保险人行使代位求偿权所获得的赔偿额有权要求按再保险比例予以返还。"上海市高级人民法院民事审判第五庭在向社会公布的《关于审理保险代位求偿权纠纷案件若干问题的解答（一）》中也规定再保险人无权向第三者行使保险代位求偿权，保险人可以就全部金额向第三者行使保险代位求偿权，获得赔偿后按再保险合同分摊给再保险人。而就美国、日本等国家司法实践而言，法院多确认再保险人的代位求偿权，但在行使方式上一般认可由原保险人统一行使的做法，即由保险人向第三者追偿实际赔付的全部赔偿金，然后再将追偿所得按相应比例分摊回给再保险人。（2）保险人行使代位求偿权符合保险、再保险的功能定位和经济效率原则。保险人为了自身及再保险人的共同利益，开展招揽保险业务、调查危险情况、处理赔款及代位求偿等工作。而再保险人则专注于风险的再次转移和平均化等再保险的核心功能。有关承保及理赔的所有原始资料与文件均存放于原保险人处，保险人对保险事故责任方更为了解，由其行使代位求偿权更为便捷高效。而再保险人可能数量众多且散布于世界各地，再保险分摊过程比较复杂、分摊时间长，由再保险人行使代位求偿权不便且效率低，且若每个再保险人行使代位求偿权时间不一，势必会增加第三者的诉讼负担，也会造成司法资源的浪费和社会成本的增加。保险人统一行使代位求偿权，且无须扣除已经获得的再保险赔偿，在代位求偿成功后再将求偿所得依据再保险合同约定或者相关规定返还给再保险人，符合原保险、再保险各自的功能定位以及经济效率原则，有利于控制保险业整体运营成本、风险的分担，有利于保险业持续健康发展、服务实体经济功能的充分发挥。（3）保险人行使代位求偿权符合权利义务相一致规则。《保险法》第10条第1款规定："保险合同是投保人与保险人约定保险权利义务关系的协议。"《民法典》第131条规定："民事主体行使权利时，应当履行法律规定的和当事人约定的义务。"权利与义务作为民事法律关系的内容，相辅相成。保险人基于保险合同的约定在保险事故发生时有义务全额赔付，而不能以再保险人未履行再保险责任为由，拒绝履行或者迟延履行其保险责任；在保险人全额赔付的情况下由保险人全额追偿，符合权利义务相一致的规则。即使保险人在行使代位求偿权时已经从再保险人处取得了相应比例的再保险赔偿，由保险人就全部赔偿金额向有过错的第三者追偿，并将追偿所得按其与再保险人的约定或者相关规定摊回给再保险人，亦符合事故责任应由最终责任人承担的一般法理，不加重第三者的责任，且有利于预防类似事故的再次发生，避免事故责任人的不当免责。

2. 保险代位求偿权的基础是否限于侵权产生的赔偿请求权

【案例】××保险有限公司深圳分公司诉山东省枣庄××配载有限责任公司、河南省周口××大件物流有限公司、张×保险人代位求偿权纠纷案

案例信息

案例来源：最高人民法院《人民司法·案例》2014年第4期（总第687期）

审判法院：山东省枣庄市中级人民法院

案　　号：（2012）枣商终字第1号

基本案情

××医药股份有限公司（后更名为华润××医药股份有限公司，以下简称医药公司）与××保险有限公司深圳分公司（以下简称保险公司）签订货物运输预约保险合同，合同约定医药公司应严格选择承运人及运输工具，运输的货物及运输工具必须符合安全运输的相关规定，保险公司将不定期对医药公司运送的货物及运输工具进行安检，并提供防火防损的相关方案，医药公司应积极协助。在保险责任范围内发生的货损，若依据法律规定或双方约定，应当由承运人或第三人负赔偿责任的，医药公司应先要求相关责任人承担赔偿责任。若医药公司要求保险公司赔偿，保险公司在医药公司出具权益转让书后，可以对医药公司预先赔偿，赔偿后医药公司应帮助保险公司向相关责任人追偿。

医药公司与山东省枣庄××配载有限责任公司（以下简称配载公司）于2010年1月订立运输合同，合同约定配载公司以公路普运的方式运输医药公司在山东省枣庄市仓库内的货物，配载公司在接到医药公司通知后，应在规定期限内派出车辆前往医药公司规定的地点提货，提货车辆应使用全封闭式车辆，特殊情形下可采用高护栏车辆，禁止使用平板车及低护栏车。如果医药公司在检查后发现提货人或提货车辆不符合运输标准，则可向配载公司提出调换提货人或提货车辆的要求，直到符合标准为止。当提货人及提货车辆符合运输标准后，医药公司应向提货人签发拣配单和出库单。配载公司应严格遵守医药公司对于运输方式、装货方式的要求，并应使用物流箱签。如果配载公司未按照要求操作致使货物损坏，则应依据货物原价承担赔偿责任。医药公司对于运输的

货物已经向保险公司投保，配载公司在出险后，为使医药公司得到索赔，必须及时告知医药公司，并协助取证、鉴定，如果因配载公司过错致使医药公司不能得到索赔，配载公司则承担与货损同价的赔偿责任。配载公司应依据运输货物的需求自行投保相关保险，自配载公司将货物装载入车开始，至货物送达到医药公司规定的地点并经签收为止，此期间内的风险由配载公司承担。如果因装卸、保管、运输等原因致使货损或发生保险范围外的损失，配载公司应依照原价赔偿。合同期限至2010年12月。

配载公司于2010年10月2日与阮××签订运输合同，约定由阮××将医药公司的2625件药品运送至合肥××公司，阮××应如期将货物送至配载公司规定的地点，并保证货物安全、完整，运输过程中如发生湿损、失窃、损坏、火灾、交通事故、人员伤害等均由阮××承担责任，并依照原价向配载公司赔偿。

阮××与配载公司订立合同后，于当晚即驾驶豫PB××65、豫PH××7（挂）重型半挂牵引车自北向南行驶于高速公路上，车辆中载有医药公司的所有药品。当车辆行至合肥方向771km+600m处发生火灾，致使车上载有的货物被烧毁。经查，火灾燃烧面积达52平方米，烧毁的货物包括999牌感冒灵颗粒SD、小儿感冒颗粒与感冒清热颗粒，合计2625件。消防部门认定，火灾的发生原因是驾驶员在驾驶车辆沿下坡行驶时刹车踩踏时间过长，平板挂车左车前轮轮毂与刹车装置摩擦产生高温将轮胎引燃。火灾发生后，保险公司向医药公司承担保险责任，向医药公司理赔共计1 609 775元。保险公司理赔后，医药公司即向保险公司签发了权益转让书，在保险金赔偿范围内将该项保险财产所有权益以及对第三者的追偿权转让给保险公司，并协助其向第三者追偿。

另查明，张×系豫BP××65、豫PH××7（挂）重型半挂牵引车的所有权人，其与河南省周口××大件物流有限公司（以下简称物流公司）签订车辆挂靠合同，约定将该车辆登记于物流公司名下，张×每年向物流公司支付挂靠管理费1800元，挂靠期间，由张×自行经营、自行承担营运风险、自行选任驾驶员并自行向驾驶员支付费用。

保险公司以配载公司、物流公司、张×应对火灾承担最终责任为由，提起诉讼，请求判令配载公司、物流公司、张×对保险公司保险理赔损失1 609 775元人民币承担连带赔偿责任。

配载公司辩称：本公司不属于保险法中保险人能够行使代位求偿权的第三

人，本公司与医药公司在运输合同中明确约定："承运货物由医药公司负责投保，货物保险利益以外的损失由配载公司承担。"该约定表明医药公司将通过投保的方式转移双方在货物运输中承担的货损风险，故本公司对货物具有共同保险利益。因此，保险公司无权向本公司索赔。

物流公司辩称：保险法规定因第三者过错造成保险事故发生，保险人仅有权向损害行为的实施者代位求偿，而无权向赔偿责任的承担者求偿，故保险公司要求本公司赔偿无法律依据。同时运输合同约定，承运人只承担保险责任外的赔偿责任，免除了配载公司在保险范围内的赔偿责任，足以对抗法定事由下的保险代位求偿权。本公司与保险公司无合同关系，且不存在过错，保险公司的诉讼理由不能成立，应予驳回。

张×辩称：保险法未规定承运人应对于第三人造成的损害承担赔偿责任，保险法与侵权责任法竞合，本人是正常驾驶，且未违章，保险公司不应对本人行使追偿权。

一审判决后，保险公司不服，提起上诉。

判决主文

一审法院判决：驳回原告保险公司的诉讼请求。

二审法院判决：撤销一审法院判决；改判被上诉人配载公司、物流公司、张×向上诉人保险公司赔偿人民币1 609 775元。

裁判要旨

代位求偿权的实质为保险人承担完保险责任后，代位行使被保险人享有的向造成保险事故并负有赔偿责任的第三者请求赔偿的权利。后被保险人造成损失的基础原因并不局限于侵权行为，也包括因合同关系、第三者的其他行为等产生的损害赔偿请求权。故保险人支付保险金后即取代被保险人，有权对数个第三者同时提起共同的代位求偿权诉讼。

重点提示

代位求偿权通常是基于第三者的侵权行为导致的损害而产生的赔偿请求权，但其行使范围是否仅限于因侵权所造成的损害的问题在司法实践中则存在一定的争议，针对该问题应当注意以下两点：（1）代位求偿权行使过程中第三者的认定。代位求偿权是《保险法》第 60 条赋予保险人的在其向被保险人承担赔付义务后,取得的向造成保险标的损害的第三者请求赔偿的权利。但对保险标的造成的损害不仅可以基于第三者的侵权行为产生,也同样可以基于合同中的违约行为产生,因此在认定第三者的过程中,不应仅局限于实施侵权行为的第三者,还应当考虑在保险标的遭受损害的过程中是否因合同关系或其他行为遭受损害,实施上述行为的当事人也应当被认定为保险代位求偿权案件中的第三者,保险人有权对其行使代位求偿权。(2)存在多个基于不同法律关系产生赔偿责任的第三者时保险人代位求偿权的行使问题。由前述分析可知,保险代位求偿权的赔偿范围不仅局限于第三者的侵权行为造成的损害,同样包括合同违约等其他行为造成的损害,因此就可能会产生在同一案件中包含多个基于不同法律关系产生赔偿责任的第三者的情况。《民事诉讼法》第 55 条第 1 款规定:"当事人一方或者双方为二人以上,其诉讼标的是共同的,或者诉讼标的是同一种类、人民法院认为可以合并审理并经当事人同意的,为共同诉讼。"也就是说,在存在多个第三者的情况下,保险人作为债权人有权分别起诉各个第三者,也同样有权同时对数名第三者提起共同诉讼,要求各个第三者对其承担连带责任。

二、代位求偿权行使对象的限制

1. 代位求偿权的行使条件

【案例】××海上火灾保险株式会社诉××海运集装箱运输有限公司多式联运合同纠纷案

案例信息

案例来源:最高人民法院发布的 2018 年全国海事审判典型案例(2019 年 9 月 11 日)

审判法院:上海市高级人民法院

判决日期:2019 年 3 月 5 日

案　　号:(2018)沪民终 140 号

基本案情

F公司向S公司采购货物。2010年4月1日，S公司与××海上火灾保险株式会社（以下简称××保险公司）、东京××日动火灾保险株式会社（以下简称东京日动）签订海上保险开口保单。2015年3月12日，××保险公司签发保险凭证，当日，S公司将保单背书转让给F公司。2015年3月，S公司委托××海运集装箱运输有限公司（以下简称海运公司）对一批液晶显示板进行承运。2015年3月9日，海运公司签发四套不可转让已装船清洁联运海运单，载明：托运人S公司，收货人及通知人为F公司，自马来西亚巴生港起运，于希腊比雷埃夫斯港卸货，于斯洛伐克尼特拉交货，港到门整箱交接，预付运费，运输34个集装箱。货物运抵希腊卸船，经铁路运输至交货地。铁路运单中"申明价值"处无记载内容。运输过程中，火车发生脱轨事故，25个集装箱跌落，4个在脱轨的车厢上，在善后作业中其一跌落。此后，铁路经营人T公司、××保险公司、海运公司根据塞萨洛尼基海关的要求，在各方代表均在场的情况下，对集装箱及货物予以清点、分拣。经分拣，外包装完好无损的10箱货物被另行装箱，存放于塞萨洛尼基海关的监管仓库。

2015年6月10日，联合调查委员会对事故原因进行调查，作出调查报告：火车脱轨所处路段轨道变形，2015年3月12日至2015年5月12日实施限速每小时20公里。火车司机称事故前一日火车经过该路段时无异常情况，事故发生当日，火车司机收到行驶指引，但因铁路沿线无里程标志，无法确定限速区段，故未能及时限速。经过事故路段时，司机发现铁路处有沉降，虽紧急刹车，但因反弹脱轨。

2015年7月26日，东京日动向××保险公司出具授权书，授权××保险公司向F公司全额支付保险理赔款，并确认××保险公司为行使代位求偿权的唯一保险人。2015年7月、9月，××保险公司支付了保险理赔款，2015年12月，F公司向三井保险公司出具权益转让书，索赔范围包括29个受损集装箱的货物价值等。

2017年2月9日，塞萨洛尼基海关决定对货物予以销毁，并于2017年5月底6月初完成销毁。

另查明：希腊是《国际铁路运输公约》（以下简称COTIF）的成员国，《国际铁路货物运输合同统一规则》（以下简称CIM）是COTIF的附件B。希腊在批准加入 COTIF 时未作任何保留声明。

再查明：因脱轨发生的起点和之后约 70 米存在地面沉降，铁路线下游几米长的范围内也存在裂缝。故联合调查委员会介入调查，后发现地面沉降、铁路路堤基础设施损坏和滑坡都是不可预见因素，并与事故前 12 小时以及整个 3 月份的持续强降雨有关。最终，联合调查委员会对事故原因的结论为大面积不可预见的地质现象和列车超速，而地质现象是主要原因，明显影响了事件的发生。

××保险公司以海运公司作为运输承运人，在运输过程中未能对货物尽到充分的保管义务，导致货物因火车脱轨遭受严重受损，其作为保险人，已经向被保险人予以赔偿，依法取得代位求偿权，有权在责任期间内向海运公司主张赔偿为由，请求法院判令海运公司赔偿其货物损失及利息。

海运公司辩称：当地持续暴雨造成火车脱轨，导致地质塌陷，属于不可抗力，且在事故发生后，经清点，货物并未完全损毁，××保险公司无权要求其按照全损承担赔偿责任，同时，其依法享有承运人的单位责任限制。

庭审中，××保险公司与海运公司一致同意：COTIF 在希腊优先于其国内法适用，并确认与本案相关的公约条款包括 CIM 第 6.6 条、CIM 第 30.2 条、CIM 第 30.4 条、CIM 第 36 条、CIM 第 37.2 条、CIM 第 47.1 条等。

一审判决后，××保险公司不服，提起上诉。

二审法院审理过程中，××保险公司以其与海运公司达成和解协议为由，申请撤回上诉。

判决主文

一审法院判决：驳回原告××保险公司的诉讼请求。

二审法院裁定：准许上诉人××保险公司撤回上诉。

裁判要旨

代位求偿权是《保险法》赋予保险人的法定义务，其通常基于侵权行为、合同责任或不当得利产生，但该权利的行使需要具备一定的条件，只有在被保险人因保险事故对第三者享有损失赔偿请求权，保险人负有赔偿义务且已经完成保险赔偿金的给付义务的情况下，才可以对第三者行使代位求偿权。

重点提示

代位求偿权是《保险法》赋予保险人的法定权利，在司法实践中，对于保险人代位求偿权的产生原因以及行使条件的问题，应当注意以下两点：（1）代位求偿权的产生原因。在实务中，代位求偿权产生的原因主要有以下三个方面：①侵权行为，即由第三者的故意或者过失致使保险标的遭受损失；②合同责任，即因第三者的违约行为导致的保险标的遭受损失；③不当得利，因第三者的不当得利行为产生的民事责任引起的代位追偿行为。应当注意的是，前述第三者指的都是独立于保险关系之外的人。（2）代位求偿权的行使条件。根据《保险法》第60条第1款的有关规定可知，保险人获得代位求偿权的条件如下：①被保险人因保险事故对第三者享有损失赔偿请求权，即保险事故是由第三者造成的，且根据法律或合同规定，第三者对保险标的的损失负有赔偿责任，被保险人对其享有赔偿请求权；②保险标的损失原因属于保险责任范围，即保险人负有赔偿义务，如果损失发生原因属于除外责任，那么保险人就没有赔偿义务，也就不会产生代位求偿权；③保险人给付保险赔偿金，对第三者的赔偿请求权转移的时间节点是保险人给付赔偿金，并且这种转移是基于法律规定，不需要被保险人授权或第三者同意，即只要保险人给付赔偿金，请求权便自动转移给保险人，且代位求偿权的金额以给付的保险金额为限。故，保险人在根据其与被保险人之间的保险关系向被保险人支付保险理赔款后，即取得向第三者请求赔偿的代位求偿权。

2. 获得重复赔偿的被保险人应否返还保险金

【案例】中国××财产保险股份有限公司上海市分公司诉上海江南××造船有限责任公司保险人代位求偿权纠纷案

案例信息

案例来源：最高人民法院《人民司法·案例》2019年第23期（总第862期）

审判法院：上海市崇明区人民法院

判决日期：2018年10月30日

案　　号：（2018）沪0151民初6747号

基本案情

陆××在中国××财产保险股份有限公司上海市分公司（以下简称保险公司）处为其名下车辆投保了机动车损失保险及不计免赔等险种，保险责任限额为126 901元，在保险期间内，被保险人陆××投保的车辆停在上海江南××造船有限责任公司（以下简称江南公司）1号门停车场内，由于停车场围墙突然倒塌，造成包括上述车辆等数辆车辆受损，实际发生该车辆维修费19 000元。陆××向保险公司提出索赔，保险公司根据保险合同第11条第2款的约定，即被保险机动车的损失应当由第三方负责赔偿，无法找到第三方的，保险人在依据保险合同约定计算赔款的基础上实行30%的绝对免赔率的约定，向被保险人陆××赔付涉案车辆损失19 000元的70%即13 300元。

保险公司以江南公司疏于管理，未对其所有的围墙进行有效修缮维护，导致围墙倒塌致他人财产损失，理应承担赔偿责任为由提起诉讼，请求判令江南公司赔偿13 300元。

江南公司辩称：上海国源××钢材结构有限公司（以下简称钢材公司）在被告场地上施工，操作不当，不慎撞倒我公司的围墙，倒塌的围墙压坏了围墙内停车场上包括陆××在内的多位车主的车辆，自己并非侵权人。陆××已从钢材公司获得赔偿13 300元，保险公司向陆××赔偿后并未通知我公司或钢材公司，因此保险公司行使代位求偿权不应当得到支持。而且，保险公司根据保险条款第11条的规定，以找不到第三方为由直接向被保险人赔付70%。保险公司依据这条进行理赔意味着放弃了对第三方追偿的权利。

钢材公司述称：已与陆××达成协议，约定钢材公司支付陆××车辆维修总价19 000元的60%（11 400元整），一次性解决车辆维修事宜，之后一切其他费用由陆××自行承担，与钢材公司无关。钢材公司根据与其他受害人签订的协议赔偿比率，实际于2016年9月2日向陆××赔偿70%的修理费即13 300元。

陆××述称：事故发生后，其作为受损车主通知了警方和保险公司，修车支付了修理费19 000元后凭修车单据找保险公司理赔，保险公司在没有解释的情况下，按修理费的70%赔给我13 300元。另外30%的损失，我找钢材公司讨要，钢材公司与我协议，共赔款60%即11 400元，其中30%是修车款，30%是补偿款，实际支付给我13 300元。

判决主文

一审法院判决：驳回原告保险公司的诉讼请求。

本案判决生效后，原告保险公司另行起诉被告陆××返还保险金，最终该案经调解，以被告陆××返还原告公司保险金1万元结案。

裁判要旨

第三者在保险人赔付保险金的通知到达前向被保险人支付赔偿金，第三者为善意清偿，可对抗保险人的代位求偿权，保险人应向被保险人主张返还保险金。

重点提示

在因第三者造成的保险事故案件的司法实践中，应当由保险人向被保险人赔偿后，再向第三者行使代位求偿权，但在实务中常有被保险人同时在保险人和第三者处受偿的情况出现，针对此类情况，应当注意以下两点：（1）第三者在保险人赔偿后又向被保险人作出赔偿的法律后果。根据《最高人民法院关于适用〈中华人民共和国保险法〉若干问题的解释（四）》第10条的有关规定可知，第三者在保险人赔偿后又向被保险人作出赔偿时，具有以下两种法律后果：第一种是保险人在获得代位求偿权后，未将该情况及时通知第三者，或在通知到达第三者之前，第三者已经完成向被保险人的赔偿，此时第三者的积极赔偿行为属于善意清偿行为，保险人不得向第三者行使代位求偿权，但对于已经赔付的保险金，保险人可以向被保险人主张返还。第二种是第三者已经清楚保险人向被保险人完成了赔付并取得代位求偿权后，仍然向被保险人支付赔偿，此时第三者的赔偿行为并非善意，保险人仍然可以向第三者行使代位求偿权。（2）被保险人获得重复赔偿不符合保险法中的损失补偿原则。损失补偿原则是保险法中的一项基本原则，其基本含义包括两层：一是只有保险事故发生造成保险标的毁损致使被保险人遭受经济损失时，保险人才承担损失补偿的责任；二是不能使被保险人获得多于或少于损失的补偿，尤其是不能让被保险人通过保险获得额外的收益。对于因第三者的过错产生的保险事故来说，被保险人的损失应当由第三者来承担赔偿责任，此时被保险人对第三者和保险人同时享有赔偿请求权，被保险人就有可能重复受偿，而这正是损失补偿原则下所禁止的。

3. 保险代位求偿权的行使对象

【案例】中国××财产保险股份有限公司江苏分公司诉江苏××安装集团有限公司保险人代位求偿权纠纷案

案例信息

案例来源：《最高人民法院公报》2017年第6期（总第248期）
审判法院：江苏省高级人民法院
判决日期：2014年5月30日
案　　号：（2012）苏商再提字第0035号

基本案情

2008年10月28日，××联合制罐有限公司（以下简称制罐公司）、××联合制罐第二有限公司（以下简称制罐第二公司）与江苏××安装集团有限公司（以下简称安装公司）签订《建设工程施工合同》。签订的《建设工程施工合同》约定，安装公司负责制罐公司、制罐第二公司整厂机器设备迁建安装等工作。其中，合同第38条以及第40条分别约定，"承包人按专用条款的约定分包所承包的部分工程，并与分包单位签订分包合同，未经发包人同意，承包人不得将承包工程的任何部分分包""工程分包不能免去承包人任何责任与义务。承包人应在分包场地派驻相应管理人员，保证本合同的履行。分包单位的任何违约行为或疏忽导致工程损害或给发包人造成其他损失，承包人承担连带责任""工程开工前，发包人为建设工程和施工场地内的自有人员及第三人人员生命财产办理保险，支付保险费用""运至施工场地内用于工程的材料和待安装设备，由发包人办理保险，并支付保险费用""发包人可以将有关保险事项委托承包人办理，费用由发包人承担""承包人必须为从事危险作业的职工办理意外伤害保险，并为施工场地内自有人员生命财产和施工机械设备办理保险，支付保险费用"。

2008年11月16日，安装公司与镇江××大件起重有限公司（以下简称运输公司）签订《工程分包合同》，约定将《建设工程施工合同》中设备吊装、运输进行分包。

2008年11月20日，制罐公司和制罐第二公司就上述设备安装工程向中国××财产保险股份有限公司江苏分公司（以下简称财保公司）投保了安装工程一切险，并在保单中明确说明被保险人为制罐公司和制罐第二公司。投保设备包括SEQUA彩印机2台，合计原值为29 894 340.88元。此外，"物质损失投保项目和投保金额"栏载明"安装项目投保金额为177 465 335.56元"；附加险"内陆运输扩展条款A"约定每次事故财产损失赔偿限额为200万元。投保期限为2008年11月20日至2009年7月31日。

2008年12月19日，运输公司驾驶员姜××在驾驶苏L060××、苏L0××挂重型半挂车转弯时因车上钢丝绳断裂，致使彩印机侧翻滑落地面，造成损坏。经交警现场查勘，认定姜××负事故全部责任。财保公司在接险后确定了受损标的清单。

经制罐公司、制罐第二公司、财保公司、安装公司及运输公司共同委托，并达成一致意见认可最终理算结果，公估公司出具了公估报告，报告显示出险原因系设备运输途中翻落（意外事故）；保单责任成立；定损金额总损1 518 431.32元、净损1 498 431.32元；理算金额1 498 431.32元。

财保公司支付了47 900元的公估费用。此后，制罐公司、制罐第二公司向安装公司发出《索赔函》，并在财保公司赔付后出具赔款收据及权益转让书。

财保公司向法院提起诉讼，请求判令安装公司支付赔偿款和公估费。

一审判决后，安装公司不服，提起上诉称：财保公司无权对作为被保险人整体搬迁工程项目组成人员的安装公司行使代位求偿权，本公司并非本案一审适格的被告；本公司不应承担赔偿责任；一审判决将本公司确定为可以被实施保险代位求偿的"第三者"，属于适用法律错误；财保公司作为保险人、制罐公司及制罐第二公司作为被保险人，应对涉案事故分担其在监管权限内应负的法律责任。综上所述，请求撤销一审民事判决，驳回财保公司对本公司的起诉。

财保公司辩称：本公司对安装公司享有保险代位求偿权；安装公司对涉案事故造成的损失应承担赔偿责任；本公司有权向安装公司行使保险代位求偿权；本公司及被保险人在本案所涉事故中无任何过错。

二审判决后，财保公司不服，申请再审称：二审判决关于被保险人明知安装公司的分包行为、安装公司不具有过错的认定错误；二审判决认为根据《保险法》第60条第1款的规定，本公司只能向损害保险标的从而造成保险事故的侵权行为人行使保险代位求偿权,不能向非侵权行为人安装公司行使保险代位求偿权,系适用法律错误;安装公司对涉案保险事故具有严重过错,其违约分包行为不能免除其连带赔偿责任。综上所述,请求撤销二审民事判决,判决安装公司支付赔偿款 1 498 431.32 元,并承担本案一审、二审诉讼费用。

安装公司辩称:发包人对承包人将运输设备业务分包给运输公司是完全明知和认可的;二审判决适用法律正确;本公司对所涉保险事故的发生无任何过错。综上所述,请求驳回财保公司的再审请求。

判决主文

一审法院判决:被告安装公司于判决生效后 10 日内给付原告财保公司 1 498 431.32 元;驳回原告财保公司关于给付 47 900 元公估费的诉讼请求。

二审法院判决:撤销一审法院判决;驳回被上诉人财保公司的诉讼请求。

再审法院判决:撤销二审法院判决;维持一审法院判决。

裁判要旨

因第三者的违约行为给被保险人的保险标的造成损害的,可以认定为属于《保险法》第 60 条第 1 款规定的"第三者对保险标的的损害"的情形。保险人由此依法向第三者行使代位求偿权的,人民法院应予支持。

重点提示

所谓保险代位求偿权,就是指因第三者对保险标的的损害而造成保险事故的,保险人自向被保险人赔偿保险金之日起,在赔偿金额范围内代位行使被保险人对第三者请求赔偿的权利。但对于保险代位求偿权的行使对象,即第三者范围的界定问题在司法实践中仍存在诸多争议,针对上述问题,在解决过程中应当注意以下两点:(1)保险代位求偿权中"第三者"的界定。从《保险法》中代位求偿权的有关规定的条款内容来看,从文义解释的角度出发,对于"第三者"可以理解为保险关系以外的致害人;但若因此将"第三者"的范围局限于实施侵权行为的第三者,则显然是对代位求偿权行使对象的"第三者"范围作出的限缩。根据《民法典》的有关规定可知,当事人一方因第三人的原因造成违约的,应当向对方承担违约责任,在此情况下,违约的当事人也应当认定为代位求偿权中的"第三者"。在实务中,常有实施侵权行为的"第三者"与存在违约行为的"第三者"并存的情况出现,此时保险人在承担保险责任后即取得被保险人的地位,可以在赔偿金范围内要求多个"第三者"承担连带责任,或者要求其中一方承担赔偿责任,承担赔偿责任的"第三者"赔偿后,可以向其他"第三者"追偿。(2)代位求偿权限制行使的对象。《保险法》第62条规定:"除被保险人的家庭成员或者其组成人员故意造成本法第六十条第一款规定的保险事故外,保险人不得对被保险人的家庭成员或者其组成人员行使代位请求赔偿的权利。""第三者"是否为被保险人的家庭成员很容易判断,因此,该问题的难点在于判断第三者是否为被保险人的组成人员,可以从是否具有保险利益的角度去判断。根据《保险法》的有关规定可知,被保险人是在保险事故发生时对保险标的具有保险利益的人员,即若第三者对于保险事故的发生不具有保险利益,则可以作为保险人行使代位求偿权的对象。

三、代位求偿权的其他法律问题

1. 侵权人未实际执行生效判决时被保险人可否要求保险人赔偿

【案例】王×龙诉中国××财产保险股份有限公司芜湖市中心支公司财产保险合同纠纷案

案例信息

案例来源:《最高人民法院公报》2021年第7期(总第297期)
审判法院:上海金融法院
判决日期:2019年6月21日
案　　号:(2019)沪74民终238号

基本案情

2016年11月,王×龙就其车辆向中国××财产保险股份有限公司芜湖市中心支公司(以下简称财保芜湖支公司)投保机动车损失险、第三者责任险及不计免赔,保险期间为2016年12月至2017年12月,机动车损失险保险金额为341 174元。2017年4月,周×国驾驶浙牌小型普通客车与王×豹驾驶的王×龙所有的保险车辆发生碰撞,造成保险车辆受损,交警部门认定周×

国负全责。浙牌小型普通客车在中国××财产保险股份有限公司天津分公司（以下简称天津分公司）投保了交强险。事故发生后，王×龙以天津分公司应当在交强险范围内承担损失赔偿责任，且周×国应当赔偿不足部分为由，提起诉讼。经上海市闵行区人民法院判决，周×国应赔偿原告320 333元、案件受理费3067.50元。王×龙向人民法院申请强制执行，天津分公司履行了判决义务，但周×国未履行判决义务，且无财产可供执行，故一审法院裁定终结本次执行程序。

王×龙以周×国未赔偿其损失，而保险车辆已向财保芜湖支公司投保为由，提起诉讼，请求判令财保芜湖支公司基于保险合同先行赔偿其上述损失。

财保芜湖支公司辩称：本公司对事故发生及责任认定无异议，但王×龙在事故发生后未向本公司报案，根据合同约定不同意赔付。本案系保险合同纠纷，王×龙获得天津分公司的赔偿，故不能再要求本公司赔付。另对于损失金额，本公司有权重新定损。且保险车辆已报废无法修复，评估费和案件受理费不属于保险理赔范围。

一审法院判决后，财保芜湖支公司不服，提起上诉。

王×龙辩称：一审判决查明事实清楚，适用法律正确，请求二审驳回上诉，维持原判。

判决主文

一审法院判决：被告财保芜湖支公司支付原告王×龙理赔款314 673元。

二审法院判决：撤销一审法院判决；上诉人财保芜湖支公司支付被上诉人王×龙保险理赔款220 900元；驳回上诉人财保芜湖支公司的其他上诉请求。

裁判要旨

被保险人起诉要求侵权人赔偿损失获生效判决支持但未实际执行到位的，有权要求保险人承担赔偿责任，并不违反"一事不再理"原则，保险人履行保险赔偿责任后依法获得保险代位求偿权。但在保险事故发生后，被保险人怠于通知致使保险人未能参与定损的，损害了保险人的知情权及参与定损权，其依据侵权生效判决所确认的损失金额主张保险理赔的，保险人有权申请重新鉴定。

重点提示

"一事不再理"系诉讼中的基本原则。依据该原则，对于已经作出生效判决裁定的案件，除法律另有规定外，当事人不得再就同一事实再行起诉、人民法院也不得受理。司法实践中，认定侵权人未实际执行生效判决的，被保险人能否请求保险人承担赔偿责任的问题时，应当注意以下三点：（1）被保险人诉请侵权人赔偿损失获生效判决支持但未实际执行到位，后又向保险人提起诉讼要求其赔偿的，不属于重复诉讼。从法律关系上看，被保险人就保险标的向保险人投保，双方建立的保险合同法律关系成立并且生效。基于该法律关系，当保险标的在保险期间内发生保险事故并受到损失时，保险人就当然具有对被保险人损失进行赔付的义务。对于被保险人来说，保险事故发生后，既可以向侵权人及其保险人主张损害赔偿，也可以向己方的保险人主张保险赔付。诉讼中应当坚持"一事不再理"原则，对于被保险人诉请侵权人赔偿损失获生效判决支持但未实际执行到位后，再向人民法院提起诉讼要求保险人承担赔偿责任是否违反该原则的问题，应作如下理解。一般来说，被保险人已经提起诉讼向侵权人主张了赔偿责任，但侵权人并未实际执行判决致使损失并未得到填补的，其仍有权要求保险人按照保险合同约定承担保险责任，且并不违反"一事不再理"原则。即被保险人的起诉要求侵权人承担侵权赔偿责任获生效判决支持，并不影响保险人在向被保险人履行完赔偿责任后依法获得保险代位求偿权，在支付保险金额的范围内取得被保险人依生效判决对侵权人享有的赔偿请求权，并有权向侵权人追偿。（2）保险事故发生后，被保险人应当通知保险人。《保险法》第21条规定："投保人、被保险人或者受益人知道保险事故发生后，应当及时通知保险人。故意或因重大过失未及时通知，致使保险事故的性质、原因、损失程度等难以确定的，保险人对无法确定的部分，不承担赔偿或给付保险金的责任，但保险人通过其他途径已经及时知道或者应当及时知道保险事故发生的除外。"由此可知，为了确保保险人能够参与保险标的定损，使双方对于定损结果达成一致，并保障保险理赔顺利进行，在保险事故发生之后，被保险人应当及时向其投保的保险人报险。对于保险公司而言，如果投保人在保险事故发生后未及时报险，导致保险公司未能参与保险标的定损的，该行为损害了其知情权与参与定损权，在被保险人主张保险赔付时，保险人有权向有关机构要求对保险标的重新进行定损并计算损失，从而在最大程度上维护保险人的合法权益。（3）"一事不再理"原则的判断。一般来说，应当从以下三个方面判断是否违反"一事不再理"原则：一是判断前诉、后诉中的当事人是否为同一个。若前诉与后诉中的当事人并不相同，就不会违反"一事不再理"原则。二是判断前诉后诉中的诉讼标的是否为同一个。诉讼标的是当事人之间的权利义务关系。若前诉与后诉的诉讼标的相同，那么人民法院对于后诉将以违反"一事不再理"原则而拒绝受理。三是判断前后诉的诉讼请求是否相同，或后诉的诉讼请求实质上能否否定前诉裁判结果，若存在此类情况，那么后诉的提起也就违反"一事不再理"原则。

2. 有效仲裁协议能否约束保险代位求偿权人

【案例】中国××财产保险股份有限公司重庆市分公司诉××在线财产保险股份有限公司等保险人代位求偿权纠纷案

案例信息

案例来源：最高人民法院《人民司法·案例》2019年第8期（总第847期）
审判法院：四川省成都市中级人民法院
判决日期：2018年6月20日
案　　号：（2018）川01民辖终868号

基本案情

2017年4月，四川省×××动力设备有限公司（以下简称动力设备公司）与上海××物流有限公司（以下简称物流公司）签订货物运输合同，委托物流公司运输一批设备，动力设备公司为此向中国××财产保险股份有限公司重庆市分公司（以下简称财保重庆分公司）投保货物运输保险。同月，物流公司在运输时发生事故，并由财保重庆分公司依法承担保险责任。后，财保重庆分公司向物流公司行使追偿权。

财保重庆分公司以其在承担保险责任后有权向物流公司追偿，且物流公司向××在线财产保险股份有限公司（以下简称财险公司）投保了物流责任险，贺×海系物流公司唯一股东为由，将物流公司、财险公司以及贺×海作为共同被告提起诉讼。

财险公司在提交答辩状期间，对管辖权提出异议，认为货物运输合同已经约定出现纠纷时由××仲裁委员会管辖，一审法院不具有管辖权。

一审判决后，财保重庆分公司不服，提起上诉。

判决主文

一审法院判决：被告财险公司对管辖权提出的异议成立，本案移送××仲裁委员会处理。

二审法院判决：驳回上诉，维持原判。

裁判要旨

保险人代位求偿权源于法律的直接规定，保险人代被保险人之位起诉第三者时，以被保险人与第三者之间法律关系的性质确定管辖法院，有利于查明案件事实，便利诉讼。没有涉外因素的，有效的仲裁协议对于行使代位求偿权的保险人而言，具有扩张效力，保险人应当受仲裁协议的约束。

重点提示

所谓保险代位求偿权，是指在补偿性保险合同中，因第三人对保险标的的损害而造成保险事故的，保险人在赔偿被保险人的损失后，有权行使由被保险人享有的，依法在赔偿金额的范围内向负有赔偿责任的第三人请求赔偿的权利。司法实践中，认定有效仲裁协议能否约束保险代位求偿权人的问题时，应当注意以下两点：（1）保险代位求偿权管辖法院的认定。一般来说，应当根据被保险人与第三人的关系确定管辖。①保险代位求偿权是保险人代位行使被保险人对第三人请求赔偿的权利，其实质是法定的债权转移。即无论保险合同或被保险人与第三人的合同中是否存在约定，保险人在支付保险金后，就当然取得了原应由被保险人享有的请求第三人返还债权的权利，管辖协议也当然由保险人取得。此外，《最高人民法院关于适用〈中华人民共和国民事诉讼法〉的解释》第33条也规定，合同转让的，合同的管辖协议对合同受让人有效，但转让时受让人不知道有管辖协议，或者转让协议另有约定且原合同相对人同意的除外。②保险代位求偿权与债权人代位权存在以下多个不同点：第一，目的不同。保险代位求偿权是为了弥补被保险人的损失，而债权人代位权则是为了保障债权得以实现。第二，权利范围不同。保险人应当在赔偿金额的范围内代位行使被保险人对第三人请求赔偿的权利，而债权人代位权则以债权人的债权为限。第三，限制领域不同。债权人代位权纠纷属于合同纠纷，而保险人代位求偿权则属于保险纠纷。因此，保险代位求偿权与债权人代位权存在着本质的差别，保险代位求偿权同样也就不应适用债权人代位权的管辖确定规则。综上所述，人民法院处理保险代位求偿权纠纷并确定管辖法院时，应当以被保险人与第三人的合同关系或者侵权关系为依据。（2）被保险人与第三人签订的有效仲裁协议能够约束保险代位求偿权人。虽然《最高人民法院关于适用〈中华人民共和国仲裁法〉若干问题的解释》第9条明确规定："债权债务全部或者部分转让的，仲裁协议对受让人有效，但当事人另有约定、在受让债权债务时受让人明确反对或者不知有单独仲裁协议的除外。"但保险人代位求偿权的行使实际上属于法定的债权转移，其不同于一般的债权转让，且缺乏一些明确的规定，故实务中对于该条的适用存在着不同的看法。第一种观点认为，被保险人与第三人之间有效的仲裁协议能够约束保险代位求偿权人。保险人接受被保险人与第三人之间的请求权时，也一并接受了管辖协议、仲裁条款等合同争议的解决条款。此外，有效仲裁协议原则上能够约束保险代位求偿权人，但同时存在着例外情况。第二种观点认为，被保险人与第三人之间有效的仲裁协议并非一定约束保险代位求偿权人。仲裁协议的订立双方为被保险人与第三人，保险人并未参与其中，只有当保险人基于其真实意思表示明确接受仲裁条款时，该条款才对其产生约束力。本文更同意第一种观点。保险人代位求偿权的行使属于法定的债权转移，即保险人在其向被保险人支付的保险金额范围内受用被保险人与第三人之间的权利义务内容，该权利义务内容既包括实体权利，同样包括管辖协议、仲裁条款等。据此，一般情况下，被保险人与第三人之间有效的仲裁协议能够约束保险代位求偿权人。但若保险人有相关证据能够证明其对于被保险人与第三人之间签订的仲裁协议并不知情或明确拒绝，或其与被保险人之间对于管辖也存在约定的，此时被保险人与第三人之间的有效仲裁协议并不会对保险人产生约束力。

3. 免费停车致车辆受损时保险人能否向车位所有人主张代位求偿权

【案例】××联合财产保险股份有限公司绍兴中心支公司诉长沙时代××大酒店有限公司追偿权纠纷案

案例信息

案例来源：最高人民法院中国应用法学研究所《人民法院案例选》2013年第2辑（总第84辑）

审判法院：湖南省长沙市岳麓区人民法院

判决日期：2012年7月30日

案　　号：（2012）岳民初字第01304号

基本案情

湖南××房地产开发有限公司（以下简称开发公司）于2008年3月与长沙时代××大酒店有限公司（以下简称酒店公司）签订《办公用房租赁合同》。该合同中约定，酒店公司将其第八层出租给开发公司用作办公，且免费提供停车位，房屋的租赁期限至2011年3月27日。经查明，浙江××房地产集团有限公司系开发公司的控股公司，其将所有的涉案车辆，在××联合财产保险股份有限公司绍兴中心支公司（以下简称联合财保绍兴公司）处进行了投保。开发公司在签订上述租赁合同后，即将涉案车辆停放在了酒店公司的地下停车场。

2008年6月8日，天降暴雨，湘江水位上涨，洪水倒流进入市政排水管道，致酒店公司地下车库被淹。酒店公司立即以电话通知的方式，告知车辆使用人，并采取了相应的抗洪措施，但涉案车辆仍被洪水淹没。浙江××房产集团有限公司绍兴分公司（以下简称房地产公司绍兴分公司）在车辆被淹后，及时通知联合财保绍兴公司，对车辆损失险的赔偿事宜进行协商。经双方共同定损，将车辆损失确认为890 753元，联合财保绍兴公司先行赔付。房地产公司绍兴分公司与联合财保绍兴公司另外签订了《机动车辆保险权益转让书》，转让一切保险理赔权益给联合财保绍兴公司，联合财保绍兴公司有权以自己名义向责任方追偿或提起诉讼。

联合财保绍兴公司于 2010 年 5 月 26 日发函给酒店公司,称车辆损失系由酒店公司原因造成,要求其赔偿损失。5 月 7 日,酒店公司回函,称联合财保绍兴公司缺乏行使代位求偿权的事实依据,酒店对车辆不负保管责任,车辆的淹没系由不可抗力引起。

联合财保绍兴公司以酒店公司对保险车辆负有保管责任,酒店公司是造成车辆损害的原因,且其已获得保险理赔的一切利益,有权以自己的名义向酒店公司追偿车辆损失为由,提起诉讼,请求判令酒店公司支付其追偿款 890 753 元。

酒店公司辩称:(1)其免费提供地下车库,在其无重大过失的前提下,无须对停放车辆的损失承担赔偿责任。若联合财保绍兴公司无法证明酒店公司在事故中存在重大过错,则酒店公司无须承担赔偿责任。(2)本案事故发生系由洪水引起,属不可抗力,故其不应对事故的发生承担任何责任。(3)保险代位求偿权为从属于被保险人对第三者的赔偿请求权,诉讼时效与保险人向第三者的赔偿请求权时效一致。保管责任的诉讼时效为 1 年,2008 年 6 月 8 日保险事故发生,被保管人及联合财保绍兴公司未在 1 年的时间内向其索赔或主张权利,超过诉讼时效。因此,请求驳回联合财保绍兴公司的诉讼请求。

判决主文

一审法院判决:驳回原告联合财保绍兴公司的诉讼请求。

裁判要旨

权利与义务相一致原则是我国法律关系中一项重要的基本原则,其要求当事人享受的权利与承担的义务对等;在因免费借用车位的过程中,车辆被水淹导致损失的案件中,车位所有人并未收取费用,故其仅承担有限的注意义务,在保险人不能提供相反证据的情况下,应当认定车位所有人主观上不存在过错,保险人无权主张代位求偿权。

重点提示

被保险人在免费借用车位的过程中,车辆被水淹导致损失的案件中,保险人在对被保险人完成赔偿后,是否对车位所有人取得代位求偿权的问题,在司法实践中存在许多争议。针对上述问题,在司法实践中应当注意以下两点:

（1）从权利与义务相一致原则的角度分析。权利与义务的一致性是法律的基本原则之一，即当事人的权利与义务应当保持平衡和一致，该原则体现了法律的公平性和正义性，是维护社会秩序和保障公民权利的重要基础。权利与义务相一致原则主要体现在以下几个方面：①权利与义务是相互依存的，没有无义务的权利，也没有无权利的义务，在享受权利的同时，必须承担相应的义务，在履行义务的同时，也享有相应的权利；②权利与义务是平等的，在法律面前，每个公民都享有平等的权利和义务，不因身份、地位、财富等因素而有所区别；③权利和义务是统一的，权利和义务在法律关系中是相互统一的，不能割裂开来，只强调权利而忽视义务，或者只强调义务而忽视权利，都是片面的。因此，在免费借用车位的过程中车辆被水淹导致损失的案件中，车位所有人未向被保险人收取费用，基于权利与义务相一致原则，其对车位内所停车辆仅承担有限的注意义务，在保险人不能提供相反证据证明的情况下，应当推定酒店已履行必要注意义务，主观上不存在过错，保险人无权向车位所有人主张代位求偿权。（2）此类案件诉讼时效的计算。保险代位求偿权的本质是法定请求权的转移，从属于被保险人对第三者的赔偿请求权，属于债权请求权，我国现行法律中对于保险代位求偿权的案件并未单独设置独立的诉讼时效，故应当参照《民法典》第188条对于诉讼时效的一般规定。若保险人在诉讼时效之内向第三者主张过代位求偿权，则诉讼时效自保险人主张权利时中断，应重新计算。

第八章 人身保险合同

一、人身保险合同概述

1. 保险公司对外卖"众包骑手"的保险事故能否免赔

【案例】段××等诉中国人民××保险股份有限公司南京市分公司人身保险合同纠纷案

案例信息

案例来源：最高人民法院发布的十六件人民法院高质量服务保障长三角一体化发展典型案例（2023年5月22日）

审判法院：安徽省芜湖市中级人民法院

判决日期：2021年5月20日

案　　号：（2021）皖02民终799号

基本案情

美团平台注册众包骑手叶××在美团平台进行首次接单时，福建人××科技有限公司为其在中国人民××保险股份有限公司南京市分公司（以下简称人保公司）投保了美团骑手保障组合产品保险，其中意外身故、残疾保额为60万元，叶××为此支付保费3元，由美团平台扣收。该险种的客户群体为众包骑手，人保公司出具的电子保单上没有投保人和被保险人的签名或签章。叶××的美团App上的"保险说明"第1条载明"突发疾病身故：最高赔偿限额60万元人民币。在保险合同保险期间内，被保险人在工作时间内和工作岗位上突发疾病死亡或者在48小时之内经抢救无效死亡（既往病症原因除外），保险人按照保险合同约定的保险金额给付突发疾病身故保险金，本附加保险合同终止"。第2条载明"保险期间为被保险人当日第一次接单开始至当日24时，如在当日24时送单尚未结束的，保险期间最长可延续至次日凌晨1时30分，最长为25.5小时"。第3条第3款载明"由既往病史导致的突发疾病身故不属于保险责任；如发生猝死事故，必须由有鉴定资格的医院或者公安部门指定法医鉴定机构进行尸检以确定死亡原因，如未能提供相关证明材料导致无法确定死亡原因的，在已有证据可排除既往病症原因的情况下，保险人按不超过身故限额的10%进行赔付"。

投保当日18时40分，叶××在××商业街晕倒，并被接警民警送往医院救治，经门诊诊断为脑出血，随后叶××被转往其他医院继续救治，该院门诊病历记载处理意见为脑干出血、双瞳散大、无自主呼吸，无手术指征、预后不良，随时有死亡可能、维持生命体征。次日，叶××出院，出院诊断中载明"脑干出血、高血压"，出院情况为"深昏迷、双侧瞳孔散大固定、对光反射消失、刺痛无反应、机械通气中、去甲肾上腺素维持血压"。当日，叶××在家中死亡，原因为脑内出血。

叶××的妻子段××、母亲季××及儿子叶×以叶××在人保公司投保意外身故保险，现叶××因病身故，人保公司应当承担保险责任为由提起诉讼，请求法院判令人保公司支付叶××死亡赔偿金60万元。

人保公司辩称：涉案事故发生时，叶××配送的是"饿了么"平台的订单而非美团平台订单，不符合保险合同的生效条件，且叶××的真实死因未能查明，本公司仅应承担不超过身故责任限额10%的赔偿责任。

一审判决后，人保公司不服，提起上诉。

判决主文

一审法院判决：被告人保公司支付原告段××、季××、叶××死亡赔偿金60万元。

二审法院判决：驳回上诉，维持原判。

裁判要旨

外卖的"众包骑手"与"专职骑手"不同，众包骑手与外卖平台之间相对独立，不构成劳动关系；骑手通过外卖平台为自己投保的保险属于商业保险，投保人、被保险人和受益人都是骑手本人，而非外卖平台；此时保险合同未明确约定骑手在配送投保平台之外的平台订单时发生保险事故，保险公司免赔的，即使骑手发生保险事故时配送的订单系其他平台，保险公司仍应承担赔偿责任。

重点提示

随着互联网的快速发展，外卖行业也随之不断完善，但由此而引发的外卖骑手的权益保护问题也成了争议的焦点。在司法实践中，对于一家外卖平台给"众包骑手"投保后，该骑手在配送另一家平台的订单过程中意外身故的，保险公司能否主张免赔的问题，应当注意以下三点：（1）"众包骑手"的特点及与平台之间的关系。外卖骑手从性质上来讲，可以分为"专职骑手"和"众包骑手"，而其中"众包骑手"占据了外卖骑手中的大多数。所谓"众包骑手"，就是指通过抢单自由选择配送时长和配送范围，而非平台公司为其指定，其可以为一个平台工作，也可以同时为几个平台工作。在众包骑手的模式下，外卖平台或第三方代理商对于骑手的上下班时间以及接单数量不作任何要求，骑手只接受外卖自营平台或第三方代理商一定的监督与管理，在工作中相对独立，双方并不具备紧密的人身从属性，众包骑手也可以随时注册或注销其骑手身份，故众包骑手与平台或代理商之间不存在隶属关系，也就不存在劳动关系。（2）"众包骑手"通过平台投保的人身保险合同的性质。由前述分析可知，众包骑手与外卖平台之间仅构成雇佣关系而非劳动关系，故骑手通过外卖平台为自己投保的保险，也就不可能属于工伤保险，而是为保障骑手的人身安全及分担致人损害的赔偿责任的商业保险。（3）"众包骑手"配送其他平台订单时发生交通事故保险公司的理赔责任。在骑手通过外卖平台为自己投保的保险中，骑手自行支付保费，保险的投保人、被保险人以及受益人均为骑手，而非外卖平台，因此，骑手配送其他平台的外卖订单，并不影响保险公司与骑手之间的保险关系认定。同时，在众包骑手的模式下，骑手作为兼职，自然会接受多个平台的配送订单，而保险公司作为保险合同格式条款的提供者，对于此类被保险人的工作特性以及可能存在的风险隐患应当最为了解，保险公司未在保险合同中将骑手配送其他平台的订单作为责任免除事由的，对于骑手在配送其他平台订单的过程中发生的保险事故也应当承担保险赔偿责任。

2. 人身保险合同中复效期间的法律性质认定

【案例】仝×梅诉中国××保险股份有限公司宿迁市分公司人寿保险合同纠纷案

案例信息

案例来源：最高人民法院《人民司法·案例》2020年第35期（总第910期）

审判法院：江苏省宿迁市中级人民法院

案　　号：（2017）苏13民终1712号

基本案情

1999年6月，仝×梅投保中国××保险股份有限公司宿迁市分公司（以下简称宿迁分公司）的××养老金保险，合同约定缴费期间为20年，缴费方式为年缴，保费金额为2280元。仝×梅逐年缴费至2009年，后宿迁分公司通知仝×梅办理了银行代扣手续。2010年，因代扣问题，导致保费缴纳失败，但仝×梅的缴费账户充足，足以缴纳保费，保险合同一直处于效力中止状态，宿迁分公司并未通知仝×梅解除保险合同。

仝×梅在得知保费代扣失败后，到宿迁分公司进行保费补缴，但由于超过两年，宿迁分公司拒绝收费且拒绝解除保险合同。

仝×梅以宿迁分公司拒绝收费且拒绝解除保险合同为由，提起诉讼，请求判令宿迁分公司立即恢复双方签订的××养老金保险合同的效力；仝×梅按约定补缴保险费用。

宿迁分公司辩称：本公司对于仝×梅于1999年投保的事实无异议，仝×梅共缴纳了11期保费；本公司不同意恢复涉案保险合同的效力。

一审判决后，宿迁分公司不服，提起上诉。

判决主文

一审法院判决：保险合同继续履行，原告仝×梅补缴相应的保险费。

二审法院组织双方当事人自愿达成调解协议：双方继续履行涉案保险合同，被上诉人仝×梅补缴保险费及相应的利息。

裁判要旨

根据《保险法》规定，人身保险合同中，因投保人未按期支付保险费致使合同效力中止，经保险人与投保人协商并达成协议，在投保人补缴保险费后，合同效力恢复；但是，自合同效力中止之日起满两年双方未达成协议的，保险人有权解除合同。该规定中的两年是对保险公司在保险合同效力中止情况下行使合同解除权的时间限制，并非限制投保人只能在两年内申请恢复合同效力。人身保险合同效力中止满两年后，投保人提出恢复效力申请并同意补交保险费，保险公司既不行使合同解除权，又以超过两年期间为由拒绝复效的，人民法院不予支持。

重点提示

司法实践中，对于保险合同两年复效期间的法律性质问题始终是争议的焦点，在解决因此而引发的争议的过程中应当注意以下三点：（1）对于《保险法》第37条中"自合同效力中止之日起满二年"的理解。《保险法》第37条规定："合同效力依照本法第三十六条规定中止的，经保险人与投保人协商并达成协议，在投保人补交保险费后，合同效力恢复。但是，自合同效力中止之日起满二年双方未达成协议的，保险人有权解除合同。保险人依照前款规定解除合同的，应当按照合同约定退还保险单的现金价值。"实务中，对于《保险法》第37条中规定的"自合同效力中止之日起满二年双方未达成协议的，保险人有权解除合同"的理解存在不同的观点：第一种观点认为，合同复效期限届满后，保险人并未与投保人解除保险合同的，保险合同应当视为恢复效力继续履行；第二种观点认为，投保人申请恢复合同效力的，不应超过恢复合同效力的申请期限；第三种观点认为，自合同效力中止之日起满二年中的二年是保险人有权解除合同的时间限制，并非投保人申请恢复合同效力的时间限制。本文同意第三种观点，《保险法》相关法律中并未明文规定将投保人申请恢复合同效力的期限限制在两年内，上述法条中的两年期限是用来限制保险人行使解除合同的权利，为的是避免出现保险人在两年之内解除合同并损害投保人合法权益的行为，故并不会限制投保人申请恢复合同效力。因此，在保险合同效力中止满两年后，投保人仍有权申请恢复合同效力并申请补交保险费，除非双方在保险合同中另行约定或保险人已经解除了保险合同。（2）保险合同效力的中止以及保险人在中止后应当履行的义务。保险合同效力的中止即保险合同失去效力，但该失效是暂时的，仍有机会复效。对于人身保险合同，通常会采取分期缴费方式进行，因而相比于其他保险合同来说更具有风险性。因此，为了保障双方的合法权益，并给予投保人一定的时间，我国《保险法》第36条第1款规定："合同约定分期支付保险费，投保人支付首期保险费后，除合同另有约定外，投保人自保险人催告之日起超过三十日未支付当期保险费，或者超过约定的期限六十日未支付当期保险费的，合同效力中止，或者由保险人按照合同约定的条件减少保险金额。"但在保险合同中止后，保险人仍应当履行一定的义务。《人身保险业务基本服务规定》第21条第2款规定："保险合同效力中止的，保险公司应当自中止之日起10个工作日内向投保人发出效力中止通知，并告知合同效力中止的后果以及合同效力恢复的方式。"因此，因一些原因造成保险合同中止后，保险人应当履行相应的通知与告知义务，即通知投保人或被保险人合同已经中止、中止的后果以及恢复保险合同效力的方式。（3）保险人改变其与投保人约定的交易方式造成保险合同中止的，投保人有权申请恢复保险合同效力。投保人与保险人之间按照保险合同的约定，以固定的缴费方式进行缴费，双方便形成了特定的交易习惯。保险人提出以其他方式缴纳保费改变了双方之间的交易习惯，并因其原因造成缴费失败、合同中止且未通知投保人的，在投保人知情后，其有权联系保险人申请补缴保费并在不存在危险程度显著增加的情况下要求恢复保险合同效力。

3. 人身保险新型产品中保险人的信息披露义务

【案例】黄××诉中国××人寿保险股份有限公司、中国××人寿保险股份有限公司上海分公司人身保险合同纠纷案

案例信息

案例来源：《人民法院报》2015年8月20日刊载

审判法院：上海市第二中级人民法院

判决日期：2015年6月19日

案　　号：（2015）沪二中民六（商）终字第220号

基本案情

黄××于2012年11月8日向中国××人寿保险股份有限公司（以下简称人寿公司）投保××金裕人生两全保险（分红型），并于当日签订《人身保险合同》，约定被保险人为其子吴××，投保主险为××金裕人身两全保险（分红型），保险期间终身，缴费年限为10年，红利领取方式为累积生息。保险合同同时约定，人寿公司每年根据分红保险业务的实际经营状况确定红利分配方案。投保时，人寿公司就《保险利益和分红测算图表》以低、中、高三档分红水平向黄××进行了利益演示，以此体现红利来源的保险精算内容。黄××亲笔书写"本人已阅读保险条款、产品说明书和投保提示书，了解本产品的特点和保单利益的不确定性"。截至2014年11月8日，黄××从人寿公司处领取生存金20 000元、红利1576.29元。经查，人寿公司向黄××发送了载明上一红利核算年度分红保险保费收入及可分配盈余的金额，以及黄××累积红利从本期红利分配日到下一红利分配日期间适用的累计利率的通知书，告知黄××上一红利核算年度该公司分红保险业务保费收入、可分配盈余、红利分配金额以及红利计算方法。

黄××以人寿公司拒绝履行信息披露义务，人寿公司及中国××人寿保险股份有限公司上海分公司（以下简称人寿上海分公司）构成根本违约，致其合同目的无法实现为由，提起诉讼，请求法院判令撤销系争人身保险合同；人寿公司及人寿上海分公司返还已缴纳的保险费109 880元。

审理中，黄××变更诉请为请求判令系争人身保险合同于2014年12月8日解除。

人寿上海分公司、人寿公司辩称：黄××签字确认了保险合同的条款，其对分红的相关信息是知晓的，人寿上海分公司、人寿公司已按照利益测算表中的约定分红，分红通知书中亦向黄××说明相关分红信息，故不存在违约行为，黄××要求退还全额保费的依据不成立。

一审判决后，黄××不服，提起上诉称：本人购买系争保险的主要目的是获得红利分配，而人寿公司未按照保监会的有关规定对分红保险进行风险告知，致使本人根本无法预见所能获得的红利分配远远低于预期，人寿公司未履行披露红利来源等信息的主要合同义务，构成根本违约。据此，请求撤销一审判决，改判支持本人一审所有诉请。

人寿公司、人寿上海分公司共同辩称：两公司在投保提示书、合同条款中均对分红保险的风险进行了提示，并经投保人签字确认。合同条款已经说明了分红的来源，并以分红测算图表的方式体现了死差、费差、利差等红利来源，分红通知书中也告知了红利分配的来源和计算方式，故其不存在任何违约行为。

判决主文

一审法院判决：驳回原告黄××的诉讼请求。

二审法院判决：驳回上诉，维持原判。

裁判要旨

分红人身保险属于人身保险新型产品，兼具人身保障功能和投资功能，保险人应当就红利的不确定性风险和红利分配的相关信息履行信息披露义务。人民法院可以通过审查保险公司是否客观、准确、完整地披露了产品特性、利益测算和经营成果，作为判断保险公司是否已经履行信息披露义务的依据。

重点提示

近年来，我国保险市场上兼具人身保障以及风险理财功能的人身保险产品逐渐增多，但在此类新型人身保险产品中，一旦投资收益未能达到投保人预期，双方可能就该产品产生争议。在司法实践中，针对人身保险新型产品中保险人是否负有信息披露义务的问题，应当注意以下两点：（1）保险人对人身保险新型产品负有信息披露义务。人身保险新型产品与传统人身保险产品之间最大的不同就在于其具有投资理财的功能，正是由于这一特点，此类人身保险产品的保险合同条款大多内容繁多，若投保人非专业人士则很难完全理解。为了平衡保险人与投保人之间因信息不对称而产生的缔约地位失衡，我国保险监督管理委员会制定了《人身保险产品信息披露管理办法》，规定了人身保险新型产品的保险人负有信息披露义务，同时还规定了保险人履行信息披露义务时的方式以及范围等。但应当注意的是，信息披露义务并不等同于格式条款中的提示与说明义务，根据《民法典》的有关规定可知，保险人不履行提示与说明义务将导致相关免责条款不具有法律效力；但我国现行法律对于保险人不履行信息披露义务的法律后果尚未有明确规定，通常来讲可以视为侵害合同相对人合法权益，参照适用相关法律规定进行处理。(2) 保险人已履行信息披露义务的认定。在《人身保险产品信息披露管理办法》中，规定了保险人履行信息披露义务时，应当向投保人、被保险人、受益人以及社会公众描述新型产品的特性、演示保单利益测算以及介绍经营成果等相关信息，由此可知，在判断保险人是否完成信息披露义务的履行时，应当着重审查保险人是否已经客观、准确、完整地披露了产品特性、利益测算和经营成果，以及是否存在欺骗、误导和隐瞒的行为。此外，履行信息披露义务可以在事先或事后阶段履行，保险人事先履行的，可以在产品说明书、保险条款等书面材料中预测未来利益演示及测算，载明犹豫期及退保等内容；而事后履行的，保险人可以向投保人进行回访，确认其知悉保险产品说明书的内容，并定期向投保人寄送涉及收益信息的相关文件。人民法院审查后确定保险人已经履行信息披露义务的，投保人无权以保险人违约为由主张解除保险合同。

二、意外伤害保险合同

学校为免除己方责任与家长签订的补偿协议能否免除保险赔偿责任

【案例】仇××等诉中国××财产保险股份有限公司灌云支公司等意外伤害保险合同纠纷案

案例信息

案例来源：《最高人民法院公报》2017年第7期（总第249期）

审判法院：江苏省连云港市中级人民法院

判决日期：2015年7月1日

案　　号：（2015）连商终字第126号

基本案情

仇×出生于1994年10月，系江苏省××高级中学（以下简称高级中学）高二年级在籍学生。2013年1月6日6时左右，仇×在参加所在班级组织的跑步活动时摔倒在地，被送往医院进行抢救，病史录中载明："跑步时跌倒后十余分钟，由老师用汽车于6时25分送入本院……于7时30分宣布死亡，诊断：猝死（院外死亡）。"仇×于当月24日被火化。

仇××与卞××系仇×父母，二人与高级中学签订协议书，载明双方确认仇×系因自身原因导致意外死亡，高级中学对其死亡后果无任何责任；但鉴于仇×系该学校的在校学生，且家庭生活困难，高级中学出于爱心关怀和人道援助一次性付给仇××、卞××二人人民币150 000元，仇××、卞××二人及其近亲属均不得就仇×死亡再向高级中学主张任何赔偿或补偿费用，亦不得申请仲裁或起诉。协议签订后，仇××二人已从高级中学处领取该150 000元。

另查明：江苏省教育厅作为投保人在中国××财产保险股份有限公司江苏省分公司（以下简称财保江苏分公司）处投保校（园）方责任保险（2007版），由江苏省人民政府通过财政拨款将保险费用缴纳至财保江苏分公司，被保险人为江苏省范围内的经国家有关部门批准设立的普通教育机构，其中人身伤害每人每年累计赔偿限额为300 000元，涉案事故发生在该险种保险期间内。

还查明：仇×的监护人作为投保人在中国××财产保险股份有限公司灌云支公司（以下简称财保灌云支公司）投保学生、幼儿意外伤害保险，若被保险人意外身故、残疾、烧伤、疾病身故给付保险金额为7500元。涉案事故发生在保险期间内。

仇××、卞××以仇×作为高级中学学生，在学校跑步过程中死亡，且教育部门已为仇×购买学生人身意外伤害校（园）方责任险，但高级中学拒不提供索赔证据协助其向保险人索赔为由提起诉讼，请求法院判令财保江苏分公司给付校（园）方责任保险赔偿金300 000元，财保灌云支公司给付学生、幼儿意外伤害保险赔偿金7500元。

财保灌云支公司辩称：仇××二人需要进一步提供证据证实在本公司投保责任险，本公司不是死亡事件的侵权人，与仇××二人之间也不存在保险合同关系，仇××二人提起合同之诉要求支付300 000元保险赔偿无法律依据；仇×系因自身原因死亡，与学校没有关联，学校方面亦不存在任何过失或疏忽；学校基于人道主义考虑已补偿150 000元，且仇××二人已承诺不再向学校主张任何赔偿或起诉，应视为其已放弃诉权，故请求法院依法驳回其诉求或起诉。关于学生、幼儿意外伤害保险，仇××二人的理赔材料已经提交本公司，本公司将依法受理。

财保江苏分公司辩称：同意财保灌云支公司的意见。

高级中学辩称：本案所涉的校（园）方责任险，本校并非投保人，仇××二人要求本校提供证据没有法律依据，故请求法院驳回其诉讼请求。

江苏省教育厅未作答辩。

一审判决后，财保灌云支公司不服，提起上诉称：（1）本案情形不属于意外险和校（园）方责任险的保险情形，意外险承保的是非患病意外事故，校（园）方责任险承保的是被保险人依法应当承担的赔偿责任，一审法院认定仇×摔倒与学校有关联，推断学校管理与仇×死亡存在因果关系明显错误，仇×系疾病导致的猝死，不属于意外事故，不属于保险责任承担范围，且教育局和公安机关均未认定学校有责任，法院仅凭公安机关询问笔录就认定学校承担50%的责任，没有事实和法律依据；（2）仇××、卞××二人与高级中学有权就仇×死亡赔偿事宜进行平等协商并达成协议，且其已明确表示收到150 000元后放弃仇×死亡所产生的各项权利，高级中学赔偿150 000元后责任已经终了，即使该事故属于保险责任，本公司也仅应在150 000元内承担赔偿责任；（3）一审判决认定高级中学应向仇××、卞××二人赔偿363 949.75元，其已经实际支付150 000元，名为"补偿"实为赔偿，即使仇×死亡属于校方赔偿责任，也应当扣减此款，避免重复受偿；（4）本案不属于《保险法》规定的被保险人怠于行使索赔权的情形，仇××二人不是本案的适格主体，其在领取150 000元补偿款后已经放弃对高级中学的诉权，其无权向财保江苏分公司行使代位追偿权；（5）财保江苏分公司已经履行了明确说明义务，如果本案属于保险责任，涉案精神抚慰金应当免赔，且高级中学明知"路沿石"设施可能导致学生摔倒而继续使用，由此造成损害也属于免赔情形，财保江苏分公司与江苏省教育厅签订合同时已就免赔责任条款履行了明确说明义务，故精神损害抚慰金不应赔偿。综上所述，请求二审法院查明事实，依法驳回仇××、卞××二人的诉讼请求。

仇××、卞××辩称：财保灌云支公司只能对一审第一项判决提起上诉，超出部分不在二审法院审理范围内。该公司就其有效上诉内容的主张亦不能成立，本案包含意外险和校（园）方责任险两个险种，故一审判决认定事实清楚，证据充分，判决合法公正，请求二审法院予以维持。

财保江苏分公司辩称：本公司陈述意见与财保灌云支公司的上诉意见一致。

高级中学述称：一审判决认定学校存在过错没有事实和法律依据，对校方和家长达成的协议效力不认可亦无法律依据，学校系因学生家庭特殊才没有提起上诉，本案由法院依法裁判。

江苏省教育厅述称：同意财保灌云支公司的观点，学校与学生之间系教育行政关系而非监护关系，学校对限制行为能力人侵权应按照《民法典》规定适用过错责任原则。

判决主文

一审法院判决：被告财保灌云支公司赔偿原告仇××、卞××保险金7500元；被告财保江苏分公司赔偿原告仇××、卞××保险金300 000元；驳回原告仇××、卞××的其他诉讼请求。

二审法院判决：驳回上诉，维持原判。

裁判要旨

学校的教学环境、活动设施必须符合安全性要求，以保障学生生命健康不受损害。若因可归责于学校的原因导致学生生命健康权受损，按照投保的校（园）方责任险应由学校承担赔偿责任的，应当依据保险合同约定由保险公司代为赔偿。学校以免除己方责任为条件与家长签订人道主义援助补偿协议，应主要认定其所具有的补偿性，而非免除保险公司的赔偿责任，在学校怠于请求保险赔偿时，不应依据该协议剥夺受害人的保险索赔权。

重点提示

涉及校园学生伤害类的保险合同纠纷，始终是司法实践中的难点，对于由可归责于学校的原因导致的学生伤亡，学校以免除己方责任为条件与家长签订人保主义援助补偿协议的，家长能否依据校方投保的校方责任险主张保险赔偿的问题，应当注意以下三点：（1）学校对学生的生命健康负有安全保障义务。安全保障义务，是指经营者、社会活动者在基于经营活动或者社会活动而负有责任的领域内，有采取必要的防范措施以保护消费者、潜在消费者或者其他进入服务场所或其他相关场所者人身和财产权益免于危险的义务；安全保障义务的内容主要包括危险预防义务、危险消除义务以及损害后的救助义务，义务人需要在场所内或活动中，采取一定的措施防范和抵御可能给他人造成损害的危险，以及在损害发生后对受害人给予一定的救助。学校从性质上来讲虽不属于经营者，学生亦不属于消费者，但《民法典》第1199条至第1201条规定，对于无民事行为能力人的学校伤害事故，适用过错推定原则，即如果学校不能证明自己尽到教育、管理职责，则不能免除其侵权责任；对于限制民事行为能力人的学校伤害事故，适用的是过错责任原则，即在学校未尽到教育、管理职责时，才应当承担侵权责任；而当无民事行为能力人或者限制民事行为能力人在校园内受到第三人侵害的，由第三人承担侵权责任，学校未尽管理职责的需承担补充责任。由此可知，学校虽非经营者，但其对于学生仍然负有相应的安全保障义务，且在未尽到该义务时，应当对学生在校园内受到的损害承担侵权责任。(2) 学校尽责的判断标准。在实务中对于学校是否尽到教育、管理职责的判断问题，应当以客观标准为依据，包括学校的教学设施是否符合安全要求，是否存在安全隐患并及时排除，是否已采取必要的防范措施等；此外还需要考虑学校在日常管理中是否遵循了相关法律法规的规定，是否尽到了对学生安全的教育和管理职责。若学校在上述方面存在疏忽或不足，就可以认定学校未尽到教育、管理职责，需要对学生的损害后果承担相应的法律责任。(3) 学校为免除己方责任与家长签订的人道主义援助补偿协议的性质及效力。政府部门为校方投保的在学生意外事故中免除校方责任的保险，其被保险人是校方，在校学生系第三者。在学生发生保险事故后，根据《保险法》第65条的有关规定可知，保险人应当直接向第三者支付保险赔偿金；保险人未支付的，校方作为被保险人应当依法向保险人主张保险责任；而校方怠于行使请求权的，第三者有权就其应获赔偿部分直接向保险人请求赔偿保险金。校方为免除己方责任而与受害学生家长签订的要求家长领取补偿金后不得再向校方主张责任的人道主义补偿协议，本质上属于人道主义补偿款，而非具有赔偿性质的款项，若双方达成的协议中未对赔偿责任问题以及保险索赔权的有关问题作出规定，则该协议与保险赔偿事宜无关，受害学生家长仍有权直接向保险公司主张权利。

三、健康保险合同

投保老年人健康保险是否履行如实告知义务的认定

【案例】李×诉×保险公司健康保险合同纠纷案

案例信息

案例来源：最高人民法院发布的八起老年人权益保护典型案例（2023年4月27日）

审判法院：四川省成都高新技术产业开发区人民法院

判决日期：2021年10月25日

案　　号：（2021）川0191民初14473号

基本案情

李×于2020年9月与×保险公司签订《支付宝老年防癌险电子保险单》，投保老年防癌险。保险单中的健康告知部分需要告知的疾病、体征或症状不包括慢性支气管炎。投保半年后，李×被确诊为气管肿瘤癌变，故向×保险公司提出索赔申请。×保险公司以李×投保时未告知其患有慢性支气管炎，严重影响其承保决定为由拒绝赔偿。

李×以×保险公司拒绝履行保险合同为由提起诉讼，请求法院判令其赔付医疗费用。

判决主文

一审法院判决：被告×保险公司继续履行保险合同，支付原告李×医疗费16万余元。

裁判要旨

如实告知义务是投保人在投保过程中应当履行的义务，但如实告知的范围并非无限告知，而应以保险人询问以及投保人实际知情为界限，投保人未告知保险人未具体询问的事项或以投保人的情况不可能实际知情的内容的，不能作为投保人未履行如实告知义务的依据。

重点提示

所谓如实告知义务，就是指在订立保险合同之时，被保险人或者投保人必须要将保险标的中的重要事项如实告知保险人，并确保保险人能够全面、准确地掌握这些重要事项，只有这样才能够让保险人正确地认识并评估危险状况，继而决定是否承保或者在何种条件下承保。但对于如实告知义务的界限范围，以及如实告知义务是否要求无限告知的问题仍存在许多争议。在司法实践中，对于投保老年人健康保险的投保人是否履行如实告知义务的认定问题，应当注意以下两点：（1）如实告知义务应以询问范围和实际知情为界。《保险法》第16条第1款规定："订立保险合同，保险人就保险标的或者被保险人的有关情况提出询问的，投保人应当如实告知。"这是《保险法》中对投保人如实告知义务的规定，根据该规定可知，确定投保人如实告知义务的范围，应从以下两个方面进行考量：①如实告知义务应当以保险人的询问范围为界，保险人就保险标的或者被保险人的有关情况提出询问，对于保险人未询问的情况，投保人无须主动告知，且询问的内容应当是具体的、明确的，对于概括性询问以及兜底性条款，如"冠心病等心脏疾病""其他应告知事项"之类的笼统抽象、缺乏明显指向性的询问，投保人未作全面性回答的，不应视为未履行如实告知义务。②如实告知义务应以投保人实际知情为界，在订立保险合同的过程中，尤其是人身保险合同，一些保险人对于投保人身体状况进行的询问对于不具备医疗知识的人来讲是难以进行区分的，若以此类问题未能明确回答苛责投保人，作为投保人未如实履行如实告知义务的依据对投保人而言显失公平。故投保人的如实告知义务也应当以投保人实际知情为界，若保险人提问的内容超出了投保人知道或者应当知道的情况，保险人不得据此主张投保人未履行如实告知义务。（2）保险人询问内容的证明。对于保险人所询问的内容的证明，通常情况下保险人要求投保人在告知事项表上进行签字确认并将该确认作为主张自己已向投保人进行询问以及具体询问的依据，在实务中，若投保人已在相关询问事项表格中进行签字确认，人民法院通常可以据此认定保险人已经进行过询问，相关表格中的回答即为投保人真实的意思表示。但也存在有相反的证据足以推翻认定的例外情况，如投保人在签字时并未实际阅读询问表格中的内容，而是在经办的保险业务员的要求下进行签字，对签字的内容也并不知情的，若有证据证明上述情况，则可以认定保险人未进行询问，不能据此认定投保人存在故意或重大过失未履行如实告知义务。

四、人寿保险合同

保险人单方改变保费缴纳方式致投保人未及时缴费时保单的效力

【案例】陆××诉中国××保险股份有限公司太仓支公司保险合同纠纷案

案例信息

案例来源：《最高人民法院公报》2013年第11期（总第205期）
审判法院：江苏省苏州市中级人民法院
判决日期：2013年1月18日

基本案情

陆××于1997年2月13日向中国××保险公司太仓市支公司（于2003年更名为中国××保险股份有限公司太仓支公司，以下简称人保太仓支公司）投保少儿一生幸福险，被保险人为董××，保险期限自投保次日开始，缴费期为15年，每年保费720元。保险条款中"关于缴费、失效、复效的约定"第11条载明"按年缴纳保险费的缴费期限为保险单每年生效对应日所在的月"。第12条载明"缴费期限的次月为宽限期，宽限期内保险人仍负保险责任。如果在宽限期内仍未缴纳保险费，保险单自动失效，保险人不负保险责任"。第13条载明"在保险单失效后的两年内，投保人及被保险人如果仍符合本条款第三条规定的投保条件，可以向保险人申请复效。经保险人审核同意后，投保人补缴失效期间的保险费及利息，保险单方能恢复效力"。

陆××投保时直接缴纳了第一年的保费，之后两年均由人保太仓支公司的业务员刘×上门向陆××收取现金保费。自2000年开始，人保太仓支公司委托邮政部门向陆××发送缴费通知单，陆××每年按照缴费通知单的提示向人保太仓支公司指定的银行缴纳保费至2008年。2009年人保太仓支公司仍委托邮政部门发送缴费通知单，但陆××称其并未收到，2010年之后在缴费期限即将届满时，人保太仓支公司终止了委托邮政部门向陆××发送缴费通知书的业务。

2011年5月，刘×委托姐姐至陆××处上门办理银行代扣保费业务时，陆××知晓自己因未按期缴纳保费致保单失效，故于当月向人保太仓支公司申请复效，被人保太仓支公司拒绝。

陆××以人保太仓支公司无故不再发出缴费通知书，致使其未能按期缴纳保费后保单失效，且拒收保费为由提起诉讼，请求法院判令：人保太仓支公司恢复保单效力，继续收取保费；赔偿陆××为保单复效的损失2000元。

人保太仓支公司辩称：缴纳保险费是《保险法》规定的投保人的义务，而催缴保费不是保险人的法定义务；《保险法》规定人身保险合同超过两年未缴费的，永久失效，本案保险合同因超过两年未缴费已经失去法律效力，故请求法院驳回陆××的诉讼请求。

一审判决后，人保太仓支公司不服，提起上诉称：一审判决将保险人收取保费的权利视为保险人的义务，是对保险人权利义务概念的混淆，且合同效力的恢复也并非保险人的义务，而应由双方自行协商决定是否复效，故一审法院认定有误；缴纳保费是投保人的法定义务，无论保险人是否通知，投保人都应当履行，且投保人已经缴费12年，应当明知缴费的时间，不能仅以未收到缴费通知为由拒不缴费，一审法院适用法律不当，故请求二审法院撤销一审法院判决，依法改判。

陆××辩称：作为普通人的陆××在投保时无法准确认知保险合同内容是否公平公正，签订合同时也无法真正理解条款内容和相关法律规定，合同履行的前期都是由人保太仓支公司的业务员上门收取保费，后来又凭缴费通知单去银行缴费，在完成12年保费的缴纳后缴费期限即将届满，人保太仓支公司却违背诚信在本人不知情的情况下单方面停发缴费通知单，不是本人拒缴保费，而是保险公司企图使合同失效，以逃脱理赔义务，故本人未能缴纳保费的责任完全在于人保太仓支公司。故请求二审法院驳回上诉，维持原判。

判决主文

一审法院判决：原告陆××与被告人保太仓支公司继续履行于1997年2月13日签订的《少儿一生幸福保险合同》；被告人保太仓支公司收取原告陆××应缴纳的2009年以及之后的应缴纳的保费；驳回原告陆××的其他诉讼请求。

二审法院判决：驳回上诉，维持原判。

裁判要旨

人寿保险合同未约定具体的保费缴纳方式，投保人与保险人之间长期以来形成了较为固定的保费缴纳方式的，应视为双方达成了特定的交易习惯。保险公司单方改变交易习惯，违反最大诚信原则，致使投保人未能及时缴纳保费的，不应据此认定保单失效，保险公司无权中止合同效力并解除保险合同。

重点提示

在未约定具体缴费方式的保险合同纠纷的司法实践中，对于保险人擅自变更缴费方式导致投保人未能按期缴纳保费的，保险人能否以投保人未缴纳保费为由主张保单失效，对此应当注意以下两点：（1）未约定具体保费缴纳方式的应按交易习惯履行。针对保险合同中投保人保费缴纳方式的变更问题，《民法典》第543条作出了规定："当事人协商一致，可以变更合同。"但这是针对合同中对于缴纳方式作出了明确规定的情形而言的。对于双方针对投保人的保费缴纳方式未在合同中作出明确约定的，应当适用《民法典》第509条第2款的规定："当事人应当遵循诚信原则，根据合同的性质、目的和交易习惯履行通知、协助、保密等义务。"虽然投保人与保险人未就保费的缴纳方式作出明确约定，但若双方长期采用同样的方式进行保费的收取与缴纳，则应当认定此种缴纳方式已经形成交易习惯，基于诚信原则，合同当事人应当予以遵守。（2）单方面改变交易习惯致使投保人未缴纳保费的责任认定。擅自更改合同内容属于违反合同约定，不仅对其他合同当事人不具有法律约束力，给对方造成损失的，更改一方还应当承担相应的赔偿责任。根据《民法典》第577条的有关规定可知，具体的违约责任包括以下几种：①继续履行，是指债权人在债务人不履行合同义务时，可请求人民法院或者仲裁机构强制债务人实际履行合同义务；②补救措施，是指债务人履行合同义务不符合约定，债权人在请求人民法院或者仲裁机构强制债务人实际履行合同义务时，可根据合同履行情况要求债务人采取的补救履行措施；③损害赔偿，即当事人一方不履行合同义务或者履行合同义务不符合约定的，在履行义务或者采取补救措施后，对方还有其他损失的，应当承担损害赔偿责任，具体包括赔偿损失、支付违约金和适用定金罚则等多种情况。由前述分析可知，即使未在合同中作出明确约定，在合同长期履行的过程中，形成的交易习惯实质上与合同约定无异，也不可随意更改，否则应当承担相应的不利后果。

第九章 财产保险合同

一、财产损失保险合同

(一) 企业财产保险合同

财产保险合同中意外事故的认定

【案例】江苏省常州××之星数码图文快印有限公司诉中国××财产保险股份有限公司江苏分公司财产损失保险合同纠纷案

案例信息

案例来源：最高人民法院《人民司法·案例》2014年第12期（总第695期）
审判法院：江苏省南京市中级人民法院
判决日期：2013年11月18日
案　　号：（2013）宁商终字第1237号

基本案情

江苏省常州××之星数码图文快印有限公司（以下简称快印公司）于2012年8月3日在中国××财产保险股份有限公司江苏分公司（以下简称财险江苏分公司）投保财产一切险，财险江苏分公司出具保险单，载明被保险人为快印公司等，受益人为快印公司，具体细节在特别约定中详细载明。保险期限共12个月，自2012年8月4日零时起至2013年8月3日24时止，保险标的物位于江苏省常州市××区××丽都4幢1号等，保险项目为机器设备，保险金额为8 269 000元，设备清单系保险金额的确定依据；每次事故绝对免赔额为1000元人民币或损失金额的10%，两者以高者为准；附加险为水箱、水管爆裂扩展条款；总保险费为15 793.79元，于2012年8月3日之前交清保险费。保单特别约定：（1）按设备清单投保，若保额不足，出险时按比例赔付。（2）本保单另有两个被保险人及财产地址，分别为：①常州××好普达数码图文有限公司（以下简称好普达公司），地址为常州市××区通江中路×××号1楼北；②常州××超印速数码图文有限公司（以下简称超印速公司），地址为常州市××区湖塘镇武宜中路××号。该份保险单附有三份设备清单，快印公司设备价格为336.9万元，超印速公司设备价格为217.1万元，好普达公司设备价格为272.9万元（其中国产裁纸刀价格为25 000元）。

财产一切险的保险条款中，对于保险标的的损坏、灭失等情形下的赔偿责任、赔偿方式以及免责情形均作出了约定。

好普达公司员工严××于2012年11月25日上午正常使用裁纸刀裁切文本时，固定裁纸刀的支架突然落下，将操作员双手手指切伤。周围同事立刻报119、120、110。119到场后，通过消防液压设备破拆事故设备，将操作员的双手从机器中脱离，救出后立刻转往无锡医院进行救治。工作人员对事故原因进行初步调查，称该事故与操作不当无关，应是机器设备自身发生故障。财险江苏分公司业务员也于当天到现场进行了查勘，调查结果为机器设备事故，因设备本身故障导致员工人身伤害，此设备在清单内，国产裁纸刀。

后财险江苏分公司2012年11月26日出具理赔通知书，文书中认定此次事故属非外力造成机械或电气设备本身的损失，保险责任不成立，不同意赔付。

另查明，《扬子经济时报》于2012年11月27日刊登一篇报道，题目为"裁纸刀出故障卡住女子手指"，报道了消防人员为将被困女士救出，将机器进行拆解。

2013年5月10日，好普达公司、超印速公司出具证明，证实快印公司与财险江苏分公司签订的涉案保险合同，被保险人是快印公司、好普达公司、超印速公司三家单位，约定受益人为快印公司。故好普达公司、超印速公司确认，由快印公司行使诉讼权利，所得赔款由快印公司作为受益人享有。

2013年5月27日，上海××实业有限公司出具证明文件，证明快印公司及关联公司使用的切纸机均系其制造、销售，销售价格为38 700元，经检查认定该切纸机因外力强制拆解，已全面损坏无法再行使用，且无修复价值。

快印公司以涉案设备在其投保的财产清单内，现设备因消防拆解已全面损坏，彻底无法使用，财险江苏分公司作为设备保险人应当对设备损坏承担保险责任为由提起诉讼，请求法院判令其支付保险金 2.5 万元。

财险江苏分公司辩称：对于双方存在保险合同无异议，保险合同约定了被保险人为快印公司等三家公司，但受损设备系好普达公司所有，快印公司并不具备当然的诉讼主体资格；保单记载快印公司的受益人是指保险金最终的赔付主体。保险合同约定，快印公司应提供保险事故发生的原因、性质以及损失的充分证据，而现有证据证明本次事故是由机器本身的故障造成的，属于保险条款中约定的保险人的免责范畴；事故中，因职工手被卡住，设备拆解造成的损失是可以预见的，具有选择性，而非意外事故，不属于保险赔偿责任范围，请求法院依法判决。

一审判决后，财险江苏分公司不服，提起上诉称：造成保险标的损失的原因并非意外事故，意外事故造成的后果是人员受伤，事故本身并未导致设备损坏，而保险标的是设备，不是人伤或其他责任，造成设备损坏的原因是消防拆解行为，不属于保险责任的范围，即使属于保险责任，根据保险合同约定，保险人对设备内在或潜在的缺陷造成的损失也不承担赔偿责任，因此本公司不应承担保险责任。保险标的损失认定无事实依据，残值也未处理，保险合同约定，保险标的受损，残值应由双方协商处理，如折归保险人，由双方确定其价值，并在保险赔款中扣除，原审判决并未处理保险标的的相应残值。故请求二审法院撤销一审判决，依法改判或发回重审。

快印公司辩称：进行消防抢救是基于意外事故的发生，抢救行为是意外事故的一部分，本身也不可预料、不可控制，财险江苏分公司对整体意外事故进行断章取义、恶意分割有违保险业的诚信；保险标的损失的事实证据充分，财险江苏分公司按照保单及设备价值收取保费，却不履行理赔义务，不符合合同的对等性，且一审判决已明确受损设备归财险江苏分公司所有，不存在设备残值问题，故一审判决无错误。请求二审法院驳回上诉，维持原判。

判决主文

一审法院判决：被告财险江苏分公司赔付原告快印公司保险金 22 500 元。
二审法院判决：驳回上诉，维持原判。

裁判要旨

保险标的发生意外事故，未发生直接损失，但造成人员伤害，为抢救人员而对保险标的物进行拆解等,与员工受伤构成系统不可分割的整体性意外事件所造成的损失,属于保险责任的范围。法院判令保险公司赔偿损失,符合合同约定的文义、目的解释,也符合社会价值观的判断。

重点提示

财产保险是指以各种物质财产及其有关利益为保险标的的保险,其保险事故通常为因意外而发生的事故,人为原因造成的财产损失通常不在财产保险的赔偿范围内。在司法实践中,对于意外事故发生后,为抢救人民群众生命安全而不得不采取解救措施而造成的财产损失是否属于财产保险中因意外事故造成的损失,即是否属于财产保险赔偿范围的问题,应当注意以下三点:(1)从意外事故的定义角度分析。财产保险合同中所指的意外事故,通常是指不可预料的以及被保险人无法控制并造成物质损失的突发性事件,由此可知,保险法领域中的意外事故应当具备的条件包括:①突发性,也就是该事故应当是常人无法预料的,超出预想范畴的;②无法控制,若事故的发生在人力控制的范围内,或是在人力控制下造成的,则不构成意外事故;③造成损失,若仅是发生了意外情况,但未造成任何损失,则不能称之为事故。就为抢救他人生命安全而实施的消防拆解行为造成的财产损失而言,其是否属于意外事故,应当通过其是否符合前述三点特征来进行判断。首先,若造成他人生命安全受到威胁的情况不在常人可以预料的范围之内,则应认定其具有突发性;其次,为保证生命安全而进行的拆解行为具有必要性,是否需要进行拆解不在被保险人可以控制的范围内;最后,拆解行为造成了财产损失,已经构成事故。因此,即使保险标的财产的损失并非因意外情况本身造成,但因随后的拆解行为造成的保险标的损失,也应当认定为保险合同约定的意外事故。(2)从近因原则角度出发对保险事故的性质进行判断。近因原则是保险法学领域下的一项基本原则,它指的是在确定保险赔偿责任时,保险人仅对造成损失的最直接、最有效原因为承保范围内的保险事故承担赔偿责任。这个原则要求判断风险事故与保险标的的损失之间的因果关系,从而确定保险赔偿责任的归属。近因不一定是指时间上或空间上最接近的原因,而是在风险和损失之间,对损失发生具有支配力或有效的原因。在因消防拆解造成财产损失的情形下,虽然意外事故不是造成财产损失的时间或空间上最接近的原因,但若不存在该事故,则无需进行消防拆解,也就不会导致财产损失,因此,意外事故仍是导致损失发生的最直接的、起决定性作用的原因。因此，认定保险公司应当对为抢救人民群众生命安全进行的消防拆解行为造成的财产损失承担赔偿责任，符合保险法中的近因原则。

（3）此类型案件实务中对意外事故认定的把握。虽然以上论述中分析了为解救人员而进行消防拆解造成的财产损失属于保险事故的情形，但在实务中对于此类案件是否构成意外事故还应当注意把握以下几点：①发生意外事故的应当是保险标的，若因非保险标的发生意外造成的人员解救过程中导致的保险标的的损失，不应认定为保险事故；②意外情况应当使人民群众的生命财产受到威胁，若保险标的发生的意外情况并未造成人员伤亡，而是在修复的过程中造成的损失，也不应被认定为保险事故；③解救行为应当是必要且适当的，若非处于必要和紧急情况下，有其他途径可以解决问题时，造成保险标的的损失的，不应认定为保险事故。

（二）运输保险合同

共同保险中出单方违法对外赔付后对共保人的赔偿责任

【案例】中国人民财产保险股份有限公司××市分公司诉中国平安财产保险股份有限公司××分公司责任保险合同案

案例信息

案例来源：最高人民法院中国应用法学研究所《人民法院案例选》2022年第1辑（总第167辑）

审判法院：上海金融法院

判决日期：2020年7月30日

案　　号：（2020）沪74民终541号

基本案情

中国人民财产保险股份有限公司××市分公司（以下简称人保分公司）、中国平安财产保险股份有限公司××分公司（以下简称平安分公司）以及中国太平洋财产保险股份有限公司××市分公司（简称太平洋财险分公司）签订《共保协议书》，约定共保险种为上海市道路客运承运人责任保险，其中人保分公司承保50%，为主要承保人，平安分公司及太平洋财险分公司各承保25%，为副承保人；出单公司于结案后向被保险人支付保险赔款，其他两方在出单公司支付保险赔款后再按照共保的承保比例支付保险款给出单公司。

2013年6月，上海××休养度假服务公司（以下简称度假公司）向平安分公司投保前述险种，保险标的为大客车一辆，同时保险条款的共保信息栏记载了三家承保人的保险份额。投保后，前述保险标的发生侧翻事故，造成三人当场死亡以及多人受伤的后果。

平安分公司就前述事故作为出单公司进行理赔，并出具《承运人责任险赔款计算书》，载明了对三名死者家属的预赔款金额，人保分公司对预赔款按比例分摊后，共计向平安分公司支付1 487 264元。

随后，三名死者家属因未收到足额赔款，分别对三家保险公司提起责任保险合同诉讼，度假公司作为第三人参加诉讼。受案法院在本案中查明，平安分公司为涉案事故向度假公司支付预付款后，度假公司将部分赔款用于处理其他伤者。法院认为平安分公司直接向度假公司支付赔偿款时，未审核其是否已向第三者支付保险赔偿金，亦未提供证据证明第三者已足额收到保险赔偿金，故应继续履行保险赔偿责任；三家保险公司应当按照《共保协议书》中约定的保险比例承担保险责任，遂判决人保分公司按照50%的共保比例支付保险金。随后人保分公司依判决履行了相应的付款义务。

人保分公司以其已按《共保协议书》约定支付过保险金额，现因平安分公司过失导致其重复支付保险赔偿款为由提起诉讼，请求法院判令平安分公司上述重复支付的保险赔偿款共计681 342.40元及利息。

平安分公司辩称：本次特大交通事故造成了多人伤亡，至今尚未理赔完毕，人保分公司向本公司支付的款项是对全事故理赔的预赔付，并无明确指向性；本公司虽为出单方，但实际从事窗口协调工作，对出险案件无独立的处分权，每个案件的理赔服务均由各共保人共同完成，人保分公司作为主承保人自然应当承担更多的审慎核查责任，但人保分公司未对案件预赔付提出异议，应视为同意本公司向度假公司支付预赔款；人保分公司作为共保方，在根据法院判决履行赔付责任后，应向度假公司要求返还已支付的预赔款，而非向本公司主张赔偿。故本公司不同意人保分公司的诉请。

一审判决后，人保分公司不服，提起上诉。

判决主文

一审法院判决：驳回原告人保分公司的诉讼请求。

二审法院判决：撤销一审法院判决；被上诉人平安分公司赔偿上诉人人保分公司保险金 681 342.40 元及利息。

裁判要旨

在共同保险中，出单方根据《共保协议》约定，在执行出具保单、收取保费以及对外赔付等共保体事务时，具有代理其他共保人的权能，应在代理权限范围内谨慎、勤勉地行使代理权。如其违反《保险法》规定对外赔付，给其他共保人造成损失的，应承担赔偿责任。

重点提示

虽不比单独保险，但共同保险在实务中也是较为常见的一种保险类型。在共同保险的情况下，因出单方的违法赔付行为给其他共保公司造成损害时，赔偿责任应当如何认定，在司法实践中仍存在一定的争议，针对上述问题，在解决的过程中应当注意以下三点：（1）共同保险的定义与特征。所谓共同保险，就是指投保人与数个保险人之间就同一保险利益、同一风险共同订立一个保险合同。共同保险具有以下特点：①共保人的保险责任期限必须是相同的；②共保人承保的责任范围必须是相同的；③共保人承保的标的必须是相同的。在共同保险下，各保险人之间的承保比例可能会有所不同，对于发生的保险事故，各保险人之间也应当根据各自的承保比例承担相应的保险赔偿责任。（2）共同保险中出单方的义务。在共同保险中，常采取的理赔方式是由一个保险人作为出单方，向被保险人进行理赔，然后其他保险人再按照各自的承保比例进行赔付。这样可以简化理赔程序，节约理赔时间成本。在此过程中，就要求出单方履行相应的义务：首先，出单方根据共保协议约定，在执行出具保单、收取保费以及对外赔付等共保体事务时，具有代理其他共保人的权能；其次，正是由于出单方可以作为共保事务代理人，其更应当谨慎、勤勉地行使代理权，避免因其自身的过失而给其他共保人造成损害。（3）共同保险中出单方违法对外赔付时对其他共保公司的赔偿责任。如前所述，共同保险的出单方负有谨慎审查的义务，如其违反《保险法》规定，在责任保险的被保险人尚未向第三者赔付前即向前者支付赔偿金，导致其他共保人重复赔偿的，即违反了《共保协议》约定，应对由此给被代理的其他共保人造成的损失承担赔偿责任，在此情况下，其他共保人可直接要求出单方赔偿重复支付的保险金，无需先行向被保险人要求返还不当得利。但出单方赔偿后，亦有权要求被保险人返还不当得利。

（三）机动车辆保险合同

1. 增驾实习期内驾驶牵引挂车发生事故时保险赔偿责任的认定

【案例】陈×川诉蔡××等机动车交通事故责任纠纷案

案例信息

案例来源：最高人民法院中国应用法学研究所《人民法院案例选》2023年第8辑（总第186辑）

审判法院：湖南省高级人民法院

基本案情

2020年9月12日，蔡××持其由B照增驾取得的处于实习期的"A2"型机动车驾驶证驾驶牵引车牵引自卸半挂车，途中恰有行人陈×清站在道路北侧非机动车与行人混合道路内，由于蔡××在驾驶过程中过度疲劳，导致涉案车辆失控驶入非机动车与行人混合道路内与陈×清相撞，造成陈×清受伤及车辆受损的道路交通事故。本次事故经当地交通警察大队出具的道路交通事故认定书认定，蔡××承担本次事故的全部责任，陈×清无责。

陈×清受伤后住院治疗至9月30日，共计18天，后又前往另一医院住院治疗7天，最终因医治无效于10月22日死亡。

另查明，涉案车辆的登记车主系彭×，其于2020年4月25日以124 800元的价格将该车转让给欧阳××，同年9月11日，郑××以相同的价款从欧阳××处购得该车辆成为实际车主，但上述转让行为均未办理车辆过户手续。彭×作为被保险人为涉案车辆在中国××财产保险股份有限公司湖南分公司（以下简称财保分公司）投保了交强险以及保额为100万元的第三者责任保险及不计免赔，保险期限止于2021年4月18日24时，本次事故发生在保险期限内。蔡××系郑××雇佣的司机，在事故发生时，蔡××所持有的"A2"型机动车驾驶证处于实习期内，实习期至2021年8月30日。蔡××已向陈×清支付医疗费28 000元，郑××已向陈×清支付医疗费176 000元，财保分公司已向陈×清支付医疗费10 000元。陈×清在医治无效死亡时已年满65周岁，陈×川系其唯一第一顺位继承人。

陈×川以陈×清发生交通事故身亡，蔡××负事故的全部责任，郑××与彭×分别系事故车辆的实际车主及被保险人，财保分公司系涉案车辆的保险人，均应对陈×清死亡的损害后果承担责任为由提起诉讼，请求法院判令前述四方赔偿医疗费303 501.59元、误工费6180.98元、护理费7609.6元、住院伙食补助费和住宿费8610元、营养费1230元、丧葬费38 781.5元、死亡赔偿金597 630元、交通费10 000元、精神抚慰金50 000元。以上共计1 023 543.67元。财保分公司在保险责任范围内承担赔偿责任。

蔡××辩称：本次事故发生属实，对责任认定无异议，本人受郑××雇请驾驶涉案车辆，该车辆已在财保分公司投保，事故发生于保险期限内，应由财保分公司予以赔偿，本人已支付的28 000元医疗费也请求在本案中一并处理。

郑××辩称：本人雇请蔡××驾驶涉案车辆并发生交通事故属实，本人是涉案车辆车主，该车辆已在财保分公司投保，事故发生于保险期限内，应由财保分公司予以赔偿，本人已支付的176 000元请求在本案中一并处理并从保险理赔款中予以返还。

彭×辩称：本人系事故车辆的登记车主，车辆已经出售只是未办理登记，事故损失应当由财保分公司予以赔偿。

财保分公司辩称：蔡××在实习期间驾驶牵引拖挂车，属于行政法规的禁止性规定，本公司同意在交强险限额内依法承担保险责任，但不承担商业险的保险理赔责任。且本公司已经在交强险医疗费用限额内垫付陈×清医疗费1万元，应当在交强险理赔时扣除。请求法院核实陈×川是否为本案唯一的诉讼主体；本案车辆经过多次转让，但均未向本公司申请保险批改，导致事故发生时的危险程度增加，保险人也不应当承担商业险的赔付责任；陈×清所产生的医疗费用应当根据医院开具的正规票据予以审查认定，并应当核减20%的非医保用药费用。

一审判决后，郑××不服，提起上诉。

二审判决后,财保分公司不服,申请再审。

判决主文

一审法院判决:被告财保分公司在交强险医疗费用赔偿限额项下赔偿医疗费、住院伙食补助费、营养费共计 10 000 元(已履行),在死亡伤残赔偿限额项下赔偿误工费、护理费、丧葬费、死亡赔偿金、交通费、亲属办理丧葬事宜交通费共计 110 000 元;被告郑××赔偿 836 769.42 元(956 769.42 元 -10 000 元 -110 000 元),已赔偿 204 000 元(含蔡××支付的 28 000 元),还应当赔偿 632 769.42 元;驳回原告陈×川的其他诉讼请求。

二审法院判决:维持一审判决第一项;被上诉人财保分公司在商业险项下向陈×川赔偿 632 769.42 元。

再审法院裁定:驳回再审申请人财保分公司的再审申请。

裁判要旨

驾驶证为准许机动车上路行驶的法定证件,其效力始于登记,终于注销。驾驶证增加车型后的实习期并不等同于驾驶证必然丧失效力。对保险合同中免除保险人责任的条款,保险人应当在投保单、保险单或者其他凭证上作出足以引起投保人注意的提示,并对该条款的内容以书面或者口头的形式向投保人作出明确说明;未作提示或者明确说明的,该条款不产生效力。

重点提示

我国机动车驾驶人的准驾车型在其所持有的驾驶证上有明确标注,驾驶人在符合一定条件的情况下可以申请增加准驾车型。在司法实践中,对于驾驶证增加准驾车型处于实习期内驾驶牵引挂车发生的交通事故,认定保险公司的保险责任时,应当注意以下三点:(1)增加准驾车型实习期的理解。根据《道路交通安全法实施条例》第 22 条的规定可知,机动车驾驶人初次申领驾驶证的 12 个月实习期内不得驾驶公共汽车、警车等,且驾驶的机动车不得牵引挂车。而根据《机动车驾驶证申领和使用规定》的相关规定可知,实习期不仅包括初次申领驾驶证也包括增加准驾车型,且 A2 驾驶证增加的准驾车型包括牵引半挂车。虽然后者属于规章制度,且与行政法规规定不同,但并不与行政法规相冲突,而是对行政法规的一种补充。因此,机动车驾驶人在增加准驾车型实习期内驾驶牵引半挂车并不违反法律的禁止性规定。其次，保险公司与投保人在签订保险合同时虽然约定驾驶人在实习期内驾驶牵引挂车的机动车发生交通事故，保险公司免责。但鉴于免责条款系格式条款，保险公司应当在投保单、保险单或者其他凭证上作出足以引起投保人注意的提示，并对该条款尽明确说明义务。未尽提示或说明义务，该免责条款不产生效力。此外，鉴于免责条款中未明确约定"实习期"的具体含义，故根据不利解释原则，应作出对保险公司不利的解释，即认定该实习期不包含增加准驾车型的实习期。综上，增加准驾车型实习期并非保险公司免责的事由。（2）增驾实习期内驾驶员驾驶资格的认定。驾驶证是驾驶员驾驶机动车上路行驶的法定证件，驾驶证自登记之日起生效，注销之日止失效。而根据上述论述可知，增加准驾车型实习期并非初次申领驾驶证的实习期，即驾驶人申请增加准驾车型的实习期不等同于原驾驶证丧失效力。同时，由于增驾后的准驾车型与初次申领驾驶证的准驾车型不同，驾驶员需要在实习期内熟悉相关车辆的驾驶情况，否则实习期就失去了意义。因此，驾驶员所持的驾驶证包含的增驾车型仍处于实习期，并不必然导致驾驶员丧失驾驶资格。（3）增加准驾车型处于实习期与事故发生之间的因果关系。交通事故的责任认定通常是以道路交通事故责任认定书为重要依据，驾驶证处于实习期不能证明驾驶人不具备驾驶资格，交警部门出具的责任认定书也无法认定驾驶证处于实习期是导致交通事故发生的决定性因素。因此，保险公司以驾驶员所持的驾驶证处于增加准驾车型实习期内为由拒绝理赔的主张不应得到支持。

2. 联合收割机应否投保机动车交通事故强制保险

【案例】王×玲等诉张×堂机动车交通事故责任纠纷案

案例信息

案例来源：最高人民法院《人民司法·案例》2021年第5期（总第916期）

审判法院：延边朝鲜族自治州中级人民法院

判决日期：2020年5月25日

案　　号：（2020）吉24民终359号

基本案情

李×有系王×玲的丈夫、李×强和李×梅的父亲。2019年9月，李×有驾驶普通两轮摩托车与驾驶轮式联合收割机的张×堂相撞，后李×有经抢救无效死亡。经××县公安局交通警察大队对事故进行认定，因李×有违反《道路交通安全法》的法律规定，张×堂未依法取得机动车驾驶证，认定李×有负主要责任，张×堂负次要责任。李×有非农业户口，死亡原因为颅脑损失。

王×玲、李×强、李×梅以张×堂应对其三人予以赔偿为由，提起诉讼，请求判令张×堂赔偿王×玲、李×强、李×梅292 799.75元。

张×堂辩称：其不同意王×玲、李×强、李×梅的诉讼请求。李×有未违反了《道路交通安全法》，应承担全部责任；本人驾驶的农户使用收割机属农机具，不需要驾驶证，且即使仅因无证驾驶认定本人负次要责任，责任也不应该超过10%；王×玲、李×强、李×梅要求本人承担交强险限额范围内的责任没有法律依据；精神损害抚慰金只有在本人有责任的情况下才能赔偿，且王×玲、李×强、李×梅主张的数额过高。

一审判决后，王×玲、李×强、李×梅、张×堂均不服，提起上诉。

张×堂辩称：涉案联合收割机属于特种车辆，不符合《道路交通安全法》所规定的机动车范畴。王×玲、李×强、李×梅要求其在交强险限额内承担赔偿责任没有依据；王×玲、李×强、李×梅主张的精神抚慰金没有依据，本案交通事故中死者李×有存在较大过错，一审判决本人承担20%的责任过高。

判决主文

一审法院判决：被告张×堂支付原告王×玲、李×强、李×梅赔偿款115 472.5元，驳回原告王×玲、李×强、李×梅的其他诉讼请求。

二审法院判决：撤销一审判决；上诉人张×堂支付上诉人王×玲、李×强、李×梅赔偿款156 346.10元；驳回上诉人王×玲、李×强、李×梅的其他诉讼请求。

裁判要旨

联合收割机属于机动车。联合收割机碰撞事故发生后，为了保障受害人能够获得相应的赔偿，投保义务人应当履行为联合收割机投保交强险的法定义务，以此降低联合收割机道路交通事故后的责任风险。

重点提示

随着农业机械的不断改良，涌现出大批用于农业生产的机械设备。其中，联合收割机为了方便使用而被专家设计成能够上路的样式，致使与联合收割机相关的道路交通事故也经常发生，此种事故易造成双方遭受巨大的损害。司法实践中，认定联合收割机应否投保机动车交通事故强制保险的问题时，应当注意以下三点：（1）机动车交通事故责任强制保险的认定。机动车交通事故责任强制保险简称交强险，其是指由保险公司对被保险机动车发生道路交通事故造成车内人员，以及其他受害人的人身伤亡、财产损失，在责任限额内予以赔偿的强制性责任保险。该险的设立就是为了保障机动车道路交通事故受害人能够得到及时的救治以及后续的赔偿，维护公共交通的安全，是投保人的一种法定义务。此外，投保人向保险人投保机动车交通事故责任强制保险时，双方不得行规定免责事项，应当以法律明确规定的免责事项作为依据进行免责。因此，已经投保机动车交通事故责任强制保险机动车在道路上发生交通事故后，即使投保人一方无责，保险人也应当在机动车交通事故责任强制保险的赔偿额度内进行赔偿。（2）联合收割机的性质认定。《道路交通安全法》第119条第3项中将我国的机动车规定为以动力装置驱动或者牵引、上道路行驶的供人员乘用或者用于运送物品以及进行工程专项作业的轮式车辆。即依靠动力装置驱动，能够上道路行驶作为运输工具的车辆就属于机动车。由此可知，联合收割机是由发动机等非人力装置驱动的，且在公路上行驶时需要遵守《道路交通安全法》相关规定，因此属于机动车。此外，根据《拖拉机和联合收割机驾驶证管理规定》第7条规定："驾驶拖拉机、联合收割机，应当申请考取驾驶证。"故驾驶联合收割机还需要取得农用机械驾驶证。（3）联合收割机也应当投保交强险。根据前述可知，结合联合收割机性质其属于机动车的一种。《机动车交通事故责任强制保险条例》第2条第1款规定："在中华人民共和国境内道路上行驶的机动车的所有人或者管理人，应当依照《中华人民共和国道路交通安全法》的规定投保机动车交通事故责任强制保险。"且依据《拖拉机和联合收割机驾驶证管理规定》和《拖拉机和联合收割机登记规定》的规定，联合收割机亦需要交纳交强险。由此可知，作为机动车的联合收割机上路行驶，其所有人或管理人应当依法投保交强险。这是该所有人或管理人的法定义务。道路交通事故发生后，保险公司应当对该机动车造成的人身损害、财产损失，在责任范围内进行赔偿。但若联合收割机的所有人或管理人未依法投保交强险的，在道路上发生交通事故造成损害时，联合收割机的所有人或管理人应在交强险责任限额内进行赔偿。

3. 从事顺风车是否改变了车辆的使用性质

【案例】李×潇诉中国平安财产保险股份有限公司××分公司保险合同纠纷案

案例信息

案例来源：《最高人民法院公报》2021年第12期（总第302期）
审判法院：北京市第二中级人民法院
判决日期：2019年7月30日
案　　号：（2019）京02民终8037号

基本案情

李×潇为其车辆向中国平安财产保险股份有限公司××分公司（以下简称财保公司）投保了交强险、商业三责险及机动车损失商业险，保险期限为2018年4月至2019年4月。2018年12月17日，李×潇驾驶被保险车辆与宋×驾驶的小客车发生交通事故并造成两辆车受损，经交通管理部门认定，李×潇负全责。李×潇修理被保险车辆花费67 729元，并垫付了宋×的车辆修理费66 573.90元。后李×潇向财保公司提出理赔申请，2019年1月，财保公司以被保险车辆改变使用性质为由，出具拒赔通知书。

另查明，李×潇于2018年12月17日承接了顺风车单，诉讼中，李×潇称该顺风车单行程起点与其工作部门地址的距离为公交车一站地。

李×潇以财保公司的拒赔理由无事实和法律依据为由，提起诉讼，请求判令财保公司在保险责任限额内赔付其修车费损失134 482.90元。

财保公司辩称：李×潇在财保公司投保了交强险、商业三责险，以上均不计免赔。虽仍在保险期间内，但事故发生时李×潇从事顺风车业务，改变了被保险车辆的使用性质，从而提高了被保险车辆的危险性，故此事故不属于本公司承保的责任范围。本公司同意在交强险限额内赔偿第三者车辆损失 2000 元，不同意李×潇的其他诉讼请求。

一审判决后，财保公司不服，提起上诉称：一审法院认定李×潇发生涉案交通事故时从事的网约车业务并收取报酬的行为没有改变车辆使用性质没有事实及法律依据，李×潇通过网约车平台发布行程，载客并收取对价，已属于网约车性质，但涉案车辆的登记属性为非营运车辆，性质已经改变。而结合本案事实，李×潇也无法证明发生事故的时间及其载客路线为固定下班回家的时间及路线，且事故发生于 21 时，根据事发时间为夜晚，且载客需要与乘客进行沟通以及对陌生环境的辨识观察，足以导致车辆危险程度显著增加，与李×潇是否有固定职业无关。此外，李×潇向乘客收取费用，法院认定其收费不由个人意志决定，且未超过平台计算标准，所以载客行为不具有营运性质存在逻辑性错误，事实上本案中该费用确实超过了形成的实际成本，故本公司不应承担赔偿责任。

李×潇辩称：同意一审判决，不同意财保公司的上诉意见。本人的行为符合有关规定，并未改变车辆使用性质。

判决主文

一审法院判决：被告财保公司赔偿原告李×潇机动车损失 67 729 元、第三者车辆损失 66 753.90 元。

二审法院判决：驳回上诉，维持原判。

裁判要旨

顺风车通过分摊出行成本或免费互助方式，达到缓解拥堵、方便出行的目的。从事顺风车是否改变被保险车辆的使用性质，应结合收取费用情况、车辆行驶区间、车辆所有人职业状况以及接单频率等情况予以综合判定。

重点提示

顺风车是指出行线路相同的人共同搭乘其中一人小客车的出行方式。顺风车通过分摊出行成本或免费互助方式,达成缓解拥堵、方便出行的目的。司法实践中,对于被保险人在从事顺风车业务的过程中发生交通事故时的保险责任应当如何认定,即从事顺风车能否改变车辆使用性质的问题时常成为争议的焦点,在解决此类问题的过程中应当注意以下三点:(1)网约顺风车的性质。《网络预约出租汽车经营服务管理暂行办法》第38条规定:"私人小客车合乘,也称为拼车、顺风车,按城市人民政府有关规定执行。"《北京市私人小客车合乘出行指导意见》第1条规定:"私人小客车合乘,也称为拼车、顺风车,是由合乘服务提供者事先发布出行信息,出行线路相同的人选择乘坐驾驶员的小客车、分摊合乘部分的出行成本(燃料费和通行费)或免费互助的共享出行方式。"通过上述规定可知,顺风车是在车辆自用的基础上顺便搭乘出行线路相同之人。目的在于互帮互助,并不具有盈利性质,与营运行为并不相同,若其路线合理,频次不高,危险的加重程度不足以动摇当事人之间的对价平衡关系,则被保险人无需履行通知义务,也不宜认定为危险显著增加。即顺风车真实的顺路搭载,不能认定为改变车辆使用性质。(2)网约顺风车与网络预约出租汽车的区别。网约顺风车与网络预约出租汽车虽均为以互联网技术为依托达成交易或促成合乘行为,在提供服务的模式外观上有着相同之处,但两种服务的性质和目的却大不相同。第一,从服务性质来看。顺风车偏向于共享经济,车主为分摊出行成本,分享空闲的座位,出行路线以车主的自身需求为主要考量;网约车则是互联网技术高速发展前提下,为满足社会公众多样化出行需求而产生的区别于传统出租车的经营模式,网约车是以乘客需求为主,以乘客需求来定制出行路线的出租车业务。第二,从营利性目的来看。提供顺风车服务的目的主要在于分摊出行成本,顺风车车主的该部分收入较为固定,且并非车主的主要经济来源;而网约车车主则以营利为目的,价格受乘客的出行里程和行程时间而定,就大部分网约车司机而言,该部分收入是其经济收入的主要来源。故网约顺风车与营运性质的网约车在本质上有着明显的不同。(3)是否构成顺风车的认定。实务中,应当从出行目的、行驶线路、出行频率、费用分摊等事实来判断是否构成顺风车。若车主长期以车辆为主要运输工具,接单频次较高,且以此获得主要经济收入来源。那么就应当认定该车主的行为系以私家车搭载乘客为主业的运营行为,并不属于顺风车。同时,又根据《保险法》第52条规定,保险标的的危险程度显著增加,发生保险事故后保险公司免责。因此,若不能证明车主系在合理路线上顺路搭载乘客的,发生保险事故后,保险人不承担赔偿责任。

4. 责任保险的被保险人给第三者造成损害的保险赔付问题

【案例】尉××诉中国人民财产保险股份有限公司××市分公司财产保险合同纠纷案

案例信息

案例来源：最高人民法院中国应用法学研究所《人民法院案例选》2019年第8辑（总第138辑）

审判法院：山东省日照市中级人民法院

判决日期：2018年5月21日

案　　号：（2018）鲁11民终449号

基本案情

2016年4月22日，黄××驾驶赵××所有的重型自卸货车与尉××驾驶的重型自卸货车相撞，致使尉××及车上乘车人陈××受伤，两车均有部分损坏。该事故经当地公安局交通警察大队认定，黄××负事故的主要责任，尉××负事故的次要责任，陈××无责。后尉××提起诉讼，要求黄××、李××、赵××，以及中国人民财产保险股份有限公司××市分公司（以下简称财保分公司）赔偿其各项经济损失共计113 570元。该案经审理后作出判决，判令财保分公司在交强险限额内赔偿尉××医疗费2033.79元、精神损害抚慰金1000元、护理费2420元、交通费300元、误工费24 510元、残疾赔偿金63 090元，合计93 353.79元；在交强险赔偿限额外，赵××赔偿尉××医疗费18 715.5元、住院伙食补助费560元、法医鉴定费700元，合计19 975.5元的70%约13 983元，并承担案件受理费2571元。判决生效后，财保分公司依照判决履行了其赔付义务，但赵××未在判决指定期间内履行赔偿义务。

另查明，黄××所驾驶的重型自卸货车的登记车主系李××，实际车主系赵××，车辆买卖后未办理过户手续，赵××为该车辆在财保分公司处投保机动车综合商业保险，其中机动车第三者责任保险赔偿限额为500 000元并不计免赔。涉案事故发生在保险期间内。

还查明，财保分公司于 2016 年 12 月 26 日向赵××的银行账户支付了理赔款 61 652.85 元。

尉×× 以赵××未按判决指定的日期支付赔偿款，财保分公司作为其车辆责任险的保险人应当直接支付保险金为由提起诉讼，请求法院判令财保分公司赔偿各项损失共计 16 554 元。

一审判决后，财保分公司不服，提起上诉称：尉××与本公司之间不存在保险合同关系，涉案交通事故导致尉××受伤，本案应为机动车道路交通事故纠纷而非财产保险合同纠纷；本次事故造成的损失已经法院判决，且本公司已经履行了判决书中确定的支付义务，保险合同中未约定将商业险理赔款直接支付给受害人，故本公司已将商业险理赔款支付给了赵××，现尉××的损失并未增加，其应当就其未获得履行的损失申请执行，而不能就同一损失再次提起诉讼，违反了一事不再理的原则；赵××作为本案事故的赔偿责任主体，与本案的审理结果存在重大利害关系，本公司在一审中依法申请追加赵××作为当事人参加诉讼，但一审法院无正当理由不允许，属于程序违法，现再次提起申请追加。故请求二审法院依法撤销一审判决，改判本公司不承担赔偿责任。

尉××辩称：相关民事判决书生效后本人已经申请执行，执行法院在执行过程中要求提存财保分公司的保险理赔款，但财保分公司未予理会，仍将理赔款支付给了赵××，故本人只能对财保分公司提起本案诉讼。一审判决认定事实清楚，适用法律正确，请求驳回上诉，维持原判。

判决主文

一审法院判决：被告财保分公司支付原告尉××赔偿款 16 554 元。

二审法院判决：驳回上诉，维持原判。

裁判要旨

责任保险设立的目的就在于保障保险事故中受害的第三者均能得到赔付，且根据《保险法》第 65 条第 2 款的有关规定，责任保险的保险人应当直接向第三者赔付保险金，对于保险人已经向被保险人进行赔付的，可以事后进行追偿。

重点提示

在因机动车交通事故损害赔偿责任划分而引起的纠纷中，责任保险的赔付方式问题常称为争议的焦点，对于责任保险的被保险人造成第三者损害的，保险人应当如何进行赔付的问题，应当注意以下两点：（1）责任保险的立法目的及基本特征。所谓责任保险，是指保险人在被保险人依法应对第三者负赔偿民事责任并被提出赔偿要求时，承担赔偿责任的财产保险形式，其以被保险人对他人依法应负的民事赔偿责任为保险标的，在合同中无保险金额，而规定赔偿限额。责任保险的赔偿不同于一般的财产保险，其以被保险人对第三方的损害并依法应承担经济赔偿责任为前提条件，必然要涉及受害的第三者，而一般财产保险或人身保险赔案只是保险双方的事情；同时责任保险的赔偿也更以法院的判决或执法部门的裁决为依据，责任保险的赔偿款也并非归被保险人所有，而是实质上支付给了受害方。此外，责任保险中因是保险人代替致害人承担对受害人的赔偿责任，被保险人对各种责任事故处理的态度往往关系到保险人的利益，从而使保险人具有参与处理责任事故的权利。（2）责任保险的被保险人给第三者造成损害时的赔付方式。由前述分析可知，责任保险的保险金实质上是支付给被害第三者的，但对于保险赔偿款是应当由保险人直接支付给第三者，还是支付给被保险人，由被保险人支付给第三者，在实践中则存在分歧。《保险法》第65条第2款规定："责任保险的被保险人给第三者造成损害，被保险人对第三者应负的赔偿责任确定的，根据被保险人的请求，保险人应当直接向该第三者赔偿保险金。被保险人怠于请求的，第三者有权就其应获赔偿部分直接向保险人请求赔偿保险金。"因此，责任保险的保险人应当直接向第三者支付保险赔偿，对于已经支付给被保险人的，保险人也应当重新向第三者进行赔付，事后再对被保险人进行追偿。

5. 价格鉴证意见能否独立认定保险车辆损失

【案例】 陈×诉××财产保险股份有限公司盐城中心支公司保险合同纠纷案

案例信息

案例来源：最高人民法院《人民司法·案例》2019年第8期（总第847期）

审判法院：江苏省高级人民法院
判决日期：2018 年 6 月 29 日
案　　号：（2018）苏民再 101 号

基本案情

2014 年 5 月，陈 × 在 ×× 财产保险股份有限公司盐城中心支公司（以下简称财险公司）投保保险金额为 359 370 元的机动车辆损失险（不计免赔）、保险金额为 50 万元的商业第三者责任险，交强险与电话营销专用机动车商业保险的保险期限为 2014 年 5 月至 2015 年 5 月、2014 年 5 月至 2015 年 5 月 21 日。2014 年 7 月，陈 × 驾驶其车辆，因避让他人驾驶的电动自行车时撞到路边，致车辆损坏，花木受损。陈 × 赔偿有关部门花木损失 4500 元，公安局交通巡逻警察大队出具赔偿凭证，陈 × 支付拖车施救费 500 元。2014 年 7 月，公安局交通巡逻警察大队作出道路交通事故认定书，认定陈 × 负此次事故的全部责任。

另查明，2015 年 1 月，盐城市 ×× 价格评估有限公司对该车因涉案事故的损失进行价格鉴证，鉴证意见为涉案小型普通客车因道路交通事故的车辆修复价格为 329 566 元（已扣除残值 500 元）。估损价格鉴证清单中载明变速箱总成 1 个，单价 104 714 元。陈 × 就该价格鉴证支付评估费 11 500 元。次月，赵 × 祥以 5.5 万元的价格购入陈 × 的涉案车辆，后进行了过户登记。

陈 × 以其财险公司就理赔款数额未达成一致为由，提起诉讼，请求判令财险公司支付陈 × 保险合同理赔款 10 万元（具体等评估后确定）。后变更诉讼请求为请求判令财险公司在车辆损失险中赔偿陈 × 车辆损失费、施救费、评估费、花木损失费等费用合计 346 066 元。

一审判决后，财险公司不服，提起上诉。

二审判决后，财险公司不服，申请再审。

判决主文

一审法院判决：被告财险公司应在车辆损失险中赔偿陈 × 车辆损失 329 566 元、施救费 500 元、评估费 11 500 元；在交强险中赔偿花木损失 2000 元；在第三者责任险中赔偿 2500 元；合计 346 066 元。

二审法院判决：驳回上诉，维持原判。

再审法院判决：撤销一审、二审民事判决；再审申请人财险公司在车辆损失险中赔偿再审被申请人陈×车辆损失236 852元、施救费500元；在交强险中赔偿花木损失2000元；在第三者责任险中赔偿花木损失2500元，以上合计241 852元；驳回再审被申请人陈×的其他诉讼请求。

裁判要旨

保险人与被保险人就车辆受损的修复形式、所需费用等存在争议时，价格鉴证机构作出的受损保险车辆的价格鉴证不能独立得出该车辆的损失。此外，在双方因保险车辆的损失存在诉讼纠纷且对价格鉴证意见存在争议时，被保险人在未经保险人同意的情况下出售保险车辆，若造成难以确定修复价格的后果则应由被保险人承担举证不能的后果。

重点提示

价格鉴证是价格鉴证机构经司法机关等有关部门的委托对涉案存在争议的财产、服务项目等进行价值鉴定、认证和评估，并得出具有证明效力的鉴证意见。司法实践中，探究价格鉴证能否独立认定保险车辆损失的问题时，应当注意以下两点：（1）价格鉴证意见不能独立得出保险车辆受损金额。为了解决交通事故损害赔偿纠纷并确定车辆损失，一般来说，相关司法机关会委托相关部门对受损车辆进行车辆损失价格评估鉴定。《资产评估法》第2条规定："本法所称资产评估（以下称评估），是指评估机构及其评估专业人员根据委托对不动产、动产、无形资产、企业价值、资产损失或者其他经济权益进行评定、估算，并出具评估报告的专业服务行为。"由此可知，价格鉴证得出的鉴证意见并不能够独立确认车辆受损金额，其仅为对财产、服务项目等进行价值鉴定、认证和评估后得出的结论。同时，车辆维修时可能因车辆配件受损严重而需更换受损配件，而对于车辆配件是否需要更换以及若需要更换，所更换的新车辆配件的好坏不同造成配件价格不同，上述均会导致车辆损失价格鉴证得出的车损金额与车辆最终维修金额存在一定分歧。因此，虽受损车辆已经过专门的机动车鉴定评估机构鉴定并得出鉴证意见，但在无证据证明车辆配件损坏不能修复而只能更换的情况下，上述机构出具的价格鉴证意见中的价格仅为车辆配件价格，而并非车辆受损金额。（2）受损车辆的定损存在争议且未实际修理时，被保险人擅自处理车辆造成的后果应由其承担。当保险人对车辆受损金额的价格鉴证意见书提出多项争议，即保险人与被保险人就车辆损失金额及价格鉴证意见书的证明力存在重大争议，且受损车辆也未进行修理并产生修理费用的情况下，被保险人若在有关保险车辆损失纠纷的民事诉讼尚未作出生效判决的情形下擅自对外转让受损车辆，造成无法以重新勘察、评估或鉴定等方式认定修复所需金额，进而无法认定受损车辆损失金额的，该擅自转让的被保险人应承担举证不能的不利后果。

6. 主、挂车相撞后，主车驾驶人是否属于商业三责险的赔付对象

【案例】李×家、尤×、李×诉××财产保险股份有限公司六安中心支公司、中国××财产保险股份有限公司六安市分公司机动车交通事故责任纠纷案

案例信息

案例来源：《人民法院报》2016年5月26日刊载

审判法院：安徽省六安市中级人民法院

判决日期：2015年12月5日

案　　号：（2015）六民一终字第01053号

基本案情

2015年5月，李×军驾驶重型半挂汽车在高速公路上行驶时，与路边护栏相撞后掉头又与挂车及货物相撞，致使牵引车驾驶室脱落，驾驶员李×军经抢救无效死亡，车辆、车辆所载货物及高速道路设施不同程度受损。事故发生后，交警大队作出事故责任书认定：李×军负本次事故的全部责任。涉案车辆登记车主为六安市金安区××汽车运输服务车队（以下简称运输服务车队），该车队为涉案车辆的牵引车在中国××财产保险股份有限公司六安市分公司（以下简称财保分公司）投保了交强险，在××财产保险股份有限公司六安中心支公司（以下简称六安中心支公司）投保了不计免赔500 000元商业三责险和不计免赔20 000元车上人员（司机）责任险，为涉案车辆的挂车在六安中心支公司投保了不计免赔50 000元商业三责险。本次事故发生在保险期间内。另查明，李×家系李×军的父亲，尤×、李×系李×军的妻子、

儿子。

李×家、尤×、李×以交通事故致李×军死亡为由，提起诉讼，请求判令财保分公司在交强险范围内赔偿丧葬费、死亡赔偿金、精神抚慰金、被扶养人生活费、施救费112 000元，六安中心支公司在车上人员责任险限额内赔偿20 000元，在商业三责险限额内赔偿50 000元。

财保分公司辩称：涉案车辆在本公司投保交强险是事实，但李×军作为涉案车辆的驾驶员属于车上人员，不在交强险的赔付范围内，对此本公司不应承担赔偿责任。但事故造成的路损属于交强险的赔付范围，本公司愿意赔偿2000元。

六安中心支公司辩称：李×军作为涉案车辆的驾驶员，属于车上人员，本公司同意赔偿车上人员险20 000元，但涉案车辆的牵引车和挂车连接使用时应视为一体，互为三者不成立，故本公司不应赔偿挂车的商业三责险50 000元。

一审判决后，六安中心支公司不服，提起上诉称：《保险法》和双方的保险条款均规定涉案车辆牵引车与挂车连接使用时应视为一体，李×军作为涉案车辆的驾驶员并非商业三责险的赔偿范围，故请求依法改判。

李×家、尤×、李×辩称：六安中心支公司提出的规定是该公司内部规定，违背了法律原则；事故发生是由于挂车撞击主车，挂车是第三者，一审法院判决正确。故请求驳回上诉，维持原判。

财保分公司辩称：李×军是在主车驾驶室死亡，其发生单方事故后主挂车相撞，应由法院判断主车是否属于挂车的第三者。

判决主文

一审法院判决：被告六安中心支公司在车上人员险限额内赔偿原告李×家、尤×、李×20 000元；被告六安中心支公司在商业三责险限额内赔偿原告李×家、尤×、李×丧葬费、死亡赔偿金50 000元；被告财保分公司不承担赔偿责任；驳回原告李×家、尤×、李×的其他诉讼请求。

二审法院判决：驳回上诉，维持原判。

裁判要旨

交通事故发生时，主车驾驶室被挂车撞击脱落，致主车驾驶员死亡。此时,主车的驾驶员相对于挂车转化为第三者,挂车的承保公司应承担商业三责险的赔偿责任。主车的驾驶员相对于主车仍是车上人员,主车的承保公司应承担司机座位险赔偿责任。

重点提示

　　商业第三者责任险中的第三者,通常是指除被保险人与保险人以外的,因保险车辆的意外事故致使保险车辆下的人员或财产遭受损害的受害方。关于"第三者"的认定,既是司法实践中争议较大的问题之一,又是保险公司拒赔的理由之一。在司法实践中,发生主车与挂车相互碰撞的事故的,认定主车驾驶员的身份,以及保险公司应否在商业三责险限额内承担赔偿责任的问题,应当注意以下两点:(1)主、挂车相撞后主车驾驶员身份的认定。主车与挂车在法律性质上来讲属于两部机动车,但在实际运营过程中,主车与挂车通常需要连接使用,此时主、挂车应当视为一体。但在发生交通事故导致主、挂车分离的情况下,二者应视为各自独立的主体。主、挂车分离并相撞时,对于主车而言,其作用力的来源是挂车,此时主车的车上人员相对于挂车来讲就是商业三责险中的"第三者";而主车的驾驶员其本身并未脱离主车的范围,其身份仍是主车的车上人员。因此,在主车与挂车碰撞发生交通事故这一特定的时空上,相对于挂车而言,主车驾驶员的身份已发生转化,系商业三责险中的"第三者"。(2)主车与挂车碰撞发生交通事故后保险公司的商业三责险责任。主、挂车在实际运营时需要分别办理号牌及保险。若主、挂车均投保了交强险及商业三责险,发生交通事故后,对于第三者的人身伤亡及财产损失,可以按照应承担责任的比例,由主、挂车的承保公司分别承担相应的赔偿责任。但在主、挂车分离并相撞的情况下,由前述可知,主车的驾驶员相对于挂车已经转变为第三者,由挂车造成的主车驾驶员伤亡,应由承保挂车商业三责险的保险公司承担相应的赔偿责任。此外,由于主车驾驶员相对于主车仍为车上人员,则主车的承保公司应在车上人员责任险限额内向主车驾驶员承担赔偿责任。

7. 保险人应否对驾驶人的好意施惠行为承担赔偿责任

【案例】陈×军诉中国平安××保险股份有限公司广东分公司保险合同纠纷案

案例信息

案例来源：最高人民法院中国应用法学研究所《人民法院案例选》2016年第2辑（总第96辑）

审判法院：广东省广州市中级人民法院

判决日期：2015年6月15日

案　　号：（2014）穗中法金民终字第742号

基本案情

陈×军在中国平安××保险股份有限公司广东分公司（以下简称平安保险公司）为其车辆投保保险金额为10 000元的车上人员责任险（司机）与保险金额为4座×1万元/座（均含不计免赔）的车上人员责任险（乘客），保险期间为自2010年6月起1年。平安保险公司出具的保险单所附的《机动车辆保险条款（2009版）》中第1条规定，在保险期间内，保险人应当对被保险人及其允许的合法驾驶人驾驶被保车辆发生的意外交通事故对车上人员造成的人身伤亡承担经济赔偿；第10条规定，保险人应当根据驾驶人在道路交通事故中确定应负的事故责任比例承担赔偿责任。2011年5月，陈×军驾驶被保车辆搭载陈×淼、陈×礼、李×英、陈×学在路上行驶时，因方×华驾驶的大货车距离过近，刹车不及时与陈×军驾驶的车辆相撞，造成陈×军的车辆损坏及陈×军车上乘坐人员受伤的交通事故。经交警部门作出《道路交通事故认定书》，认定方×华负全责，陈×军及乘坐人员均无责。后，陈×淼、陈×礼、李×英、陈×学被送往广州医学院第二附属医院进行治疗。

陈×礼起诉方×华、重庆市南岸区××汽车运输有限公司（以下简称汽车运输公司）、重庆市南岸区××汽车运输有限公司万盛分公司（以下简称汽车运输公司分公司）、中华××财产保险股份有限公司重庆分公司（以下简称保险股份公司）至广州市××区人民法院。2011年12月，该院作出一审判决，认定陈×礼的医疗费56 823.5元及其他费用。后陈×礼上诉，但未交纳上诉费，被二审法院裁定撤回上诉。

陈×森起诉方×华、汽车运输公司、汽车运输公司分公司至广州市××区人民法院。2012年7月，该院作出一审判决，认定陈×森的医疗费、交通费、误工费、营养费，共计2086.36元。

陈×学起诉方×华、汽车运输公司、汽车运输公司分公司至广州市××区人民法院。2012年7月，该院作出一审判决，认定陈×学的医疗费21 433元及其他费用。

李×英起诉方×华、汽车运输公司、汽车运输公司分公司至广州市××区人民法院。2012年7月，该院作出一审判决，认定李×英的医疗费、交通费、误工费、营养费，共计3120.73元。

后陈×军向陈×礼、陈×学支付10 000元、向陈×森支付2136元、向李×英支付3170元，并取得了四人开具的收条。

陈×军以其在向车上人员赔付后向平安保险公司索赔但被拒绝为由，提起诉讼，请求判令：平安保险公司向陈×军支付车上人员险的保险金25 306元；平安保险公司承担本案诉讼费用。

一审判决后，平安保险公司不服，提起上诉。

判决主文

一审法院判决：被告平安保险公司向原告陈×军支付保险赔偿金25 207.09元；驳回原告陈×军的其他诉讼请求。

二审法院判决：撤销一审判决；驳回被上诉人陈×军的全部诉讼请求。

裁判要旨

好意搭乘属于好意施惠行为。好意搭乘期间发生意外交通事故，驾驶人非因故意或重大过失无需承担民事赔偿责任的，保险人也同样无需承担车上人员险的保险赔偿责任。

重点提示

当今社会，车辆已经成为人们日常出行的主要方式之一。因此，驾驶人好意施惠邀请他人同乘的现象也越来越多。但若在此期间因意外发生交通事故，并造成车上人员伤亡，该由谁赔偿。司法实践中，探究责任保险中保险公司应否对驾驶人的好意施惠行为承担保险赔偿责任的问题时,应当注意以下三点:(1)机动车车上人员责任保险的认定。机动车车上人员责任保险可以简称为车上人员责任险,该险与商业第三者责任险相同,均是一种责任保险,旨在为被保车辆在行驶途中因交通事故导致车上人员出现的伤亡状况提供赔偿,其中车上人员主要指驾驶人与乘客。该险具体指的是被保险人允许的合格驾驶员在使用保险车辆过程中发生保险事故,导致车内乘客出现人身伤亡时,保险公司应当依法按照保险合同的规定,进行相应的赔偿。为车辆投保车上人员责任险,能够为驾驶人与乘客的人身安全提供重要保障,对于车辆所有人来说是一种十分明智的选择。(2)好意同乘的特征。所谓好意同乘是指驾驶人出于善意,邀请他人免费乘坐其驾驶车辆的情谊行为。一般来说,好意同乘具有以下特征:一是乘坐的车辆应当具有非营运性,具有营运性的例如商场免费班车等不属于好意同乘。二是好意同乘的驾驶人不应当收取报酬,该行为应当属于一种无偿搭乘的情谊行为。三是好意同乘是一种好意施惠行为,系无法律关系的一种事实行为。故驾驶人与乘车人在好意同乘期间形成的合意均不具有民事合同效力。(3)好意同乘事故驾驶人无责,保险公司无需承担车上人员险的保险赔偿责任。车上人员险是一种责任保险,只有当保险合同中载明的保险事故发生时,保险人才应当承担保险责任。根据《保险法》第 65 条第 4 款的规定:"责任保险是指以被保险人对第三者依法应负的赔偿责任为保险标的的保险。"由此可知,车上人员险的保险标的应当是被保险人因意外事故可能对车上人员应负的赔偿责任。驾驶人好意搭乘的行为属于好意施惠行为,若好意搭乘期间出现意外事故,且作为好意施惠人的驾驶人并无过错,也无事故责任,那么驾驶人对于车上人员也依法无需承担赔偿责任。因此,驾驶人投保的车上人员责任险并未成就,故保险公司就无需对驾驶人的好意施惠行为承担保险赔偿责任。

8. 因暴雨造成机动车发动机损坏的保险理赔问题

【案例】成××诉中国××财产保险股份有限公司财产保险合同纠纷案

案例信息

案例来源:《人民法院报》2015 年 6 月 4 日刊载

审判法院:上海市第一中级人民法院

案　　号:(2015)沪一中民四(商)申字第 2 号

基本案情

2013年4月22日，成××和中国××财产保险股份有限公司（以下简称保险公司）签订了多份保险合同，为其车辆分别投保了交强险、商业第三者责任保险、车辆损失险等险种，保险期限为2013年5月17日起1年内。同年的9月13日16时50分左右，因暴雨造成道路积水而导致成××正常行驶的车辆发动机损坏，随后其向保险公司说明了事故情况。第二天上午，保险公司派人通过拍照定损等方式处理车辆事故，将受损车辆送往维修，但对于保险理赔的数额等问题不能协商一致。

成××以保险理赔数额不足为由提起诉讼，请求法院判令保险公司赔偿车辆牵引和修理支付的28 807元，并承担诉讼费用。

一审判决后，保险公司不服，申请再审。

判决主文

一审法院判决：被告保险公司赔付原告成××保险金人民币28 807元。

再审法院裁定：驳回平安保险公司的再审申请。

裁判要旨

车辆损失险作为对保险车辆遭受保险责任范围的自然灾害和意外事故所造成的车辆损失进行赔付的保险，作为车辆最为核心且不可分割的部件的发动机自然也应认定为保险标的的一部分；因暴雨造成道路积水而导致正常行驶的车辆发动机损坏，符合保险合同约定的，保险人应当按照车辆损失进行理赔。

重点提示

夏季暴雨多发，因暴雨造成道路积水而正常行驶的车辆发动机进水损坏的情况也时有发生，对于此类情况下的车辆损失，车辆损失险的保险人是否应当进行理赔的问题，在司法实践中应当注意以下两点：（1）机动车发动机属于车辆损失险的保险标的。车辆损失险是机动车保险的一种，其主要是指对于保险车辆遭受除地震外的保险责任范围内的自然灾害或意外事故，造成保险车辆本身损失进行赔付的险种，多数保险公司提供的车辆损失保险一般保障的是因雷击、暴风、暴雨、洪水等自然灾害和碰撞、倾覆等意外事故造成保险车辆的损失以及相关的施救费用。对于投保人的损失是否在保险赔偿范围内,应当以造成该损失的保险事故是否在保险范围内,以及损失财产是否在保险标的范围内作为判断依据。就因暴雨造成的车辆发动机损坏而言,投保人投保车辆损失险时涵盖的保险标的并未排除车辆发动机,而车辆损失险作为多数私家车车险中保费最高的一个险种,投保人投保时必然是就车辆整体风险支付全额保费,发动机作为车辆不可分割的、最为关键的部件,在投保人与保险就发动机损失未做除外约定的情形下,自然应当认定发动机属于车辆损失保险标的的一部分。(2)保险车辆发动机损坏原因的举证责任承担。对于保险人与投保人确实在保险合同中约定了车辆发动机因水淹或涉水行驶造成的损坏,不由保险人承担赔偿责任的,也应当在诉讼过程中对发动机损坏的原因进行举证,而该举证责任,应当由保险人承担。若保险人能够证明,驾驶人员系在天气晴朗的情况下故意在积水深处涉水行驶导致发动机进水损坏的,则可以免除保险人对发动机损坏承担赔偿责任的情形;但若保险人无法证明车辆发动机是因人为故意原因造成的进水损坏,如驾驶人在暴雨天气中,驾驶车辆在道路上正常行驶,无法避免在路面积水中行驶导致的发动机进水损坏,则保险人仍应承担相应的赔偿责任。但应当注意的是,前述免责条款,应当按照《民法典》对于格式条款效力问题的有关规定,在保险人尽到提示说明义务后,方才具有法律效力。

9. 随车指导的教练是否为本车保险事故的第三者

【案例】南通××驾驶培训有限公司诉中国××财产保险股份有限公司南通市城区支公司财产保险合同纠纷案

案例信息

案例来源:最高人民法院《人民司法·案例》2015年第20期(总第727期)
审判法院:江苏省南通市中级人民法院
判决日期:2014年9月17日
案　　号:(2014)通中商终字第0161号

基本案情

2012年3月,南通××驾驶培训有限公司(以下简称××培训公司)与中国××财产保险股份有限公司南通市城区支公司(以下简称××财产保险公司）签订机动车保险合同，约定：××培训公司为其自有涉案车辆投保机动车损失险（保险金额为3.5万元）、第三者责任保险（保险金额为30万元）并附加教练车特约条款和不计免赔率特约条款；保险期间至2013年3月30日。其中，第三者责任保险条款载明：无驾驶证或者驾驶证有效期已经届满的，××财产保险公司免责；教练车特约条款载明：××财产保险公司对未取得合法机动车驾驶证，但已通过合法教练机构正式学车手续的学员，在固定练习场所或指定路线有合格教练随车指导的情况下，驾驶涉案车辆发生可承保范围的事故，承担保险责任。

同年10月，××培训公司的学员高××在驾校场地内驾驶涉案车辆练习时，因驾驶不慎将在车外指导的教练倪×撞伤。经诊断，倪×系左尺骨远端骨折、左下尺桡关节脱位、左侧多发肋骨骨折，××培训公司共支付倪×手术费、护理费、营养费、误工费等共计62054.76元。事发后，××培训公司随即向公安部门报警，公安部门接警记录了事故的发生经过，并将事故记录为非道路交通事故。另查明，倪×持有准教车型为C1的机动车驾驶培训教练员证，有效期至2017年3月23日。学员高××通过了驾驶员科目考试的科目一考试。

××培训公司以按照其就涉案车辆投保的第三者责任保险及教练车特约条款的约定，其学员在固定的练习场所驾驶涉案车辆发生承保范围内的事故，××财产保险公司应承担保险理赔责任为由，提起诉讼，请求判令××财产保险公司支付理赔款人民币62054.76元。

××财产保险公司辩称：教练在车外指导学员练车行为不属于随车指导，不符合教练车特约条款的赔偿条件。同时，学员驾驶行为是在教练的指导和控制之下，应当由教练承担学员驾车产生的风险，故教练并不属于三责险中的"第三者"，本公司不应当承担赔偿责任。另外，倪×误工费的计算有误，不应支持。综上，请求驳回××培训公司的诉讼请求。

一审判决后，××财产保险公司不服，提起上诉称：学员驾驶技能不足，教练车在副驾驶位置装有制动装置，发生危险情况时教练可采取措施，教练实际上是练习车辆的支配人，学员练习时产生的事故责任应由教练承担，故教练并非第三者，一审法院判决本公司承担第三者责任险是错误的；根据《机动车驾驶培训教学与考试大纲》的规定，"独立在场内安全驾驶"是指教练判断学员练习所达到的标准，并非指教练可以不用随车指导，只有在车上才称为随车。依附加的教练车特约条款约定，在教练不随车指导，发生保险事故时，本公司不承担保险责任，故按合同约定处理，本公司免责。

××培训公司辩称：第三者责任险的"第三者"是在保险车辆外被撞伤的人，不同于事故责任由谁承担的认定。此外，学员在练车过程中会出现需要教练在倒桩移库等练习时在车外指导的情况，且法律法规及保险合同均未对"随车"作明确的定义、释义，在双方理解不同时，应作出不利于格式条款提供者即上诉人××财产保险公司的解释，而不应遵循××财产保险公司从字面意义上的理解。

判决主文

一审法院判决：被告××财产保险公司向原告××培训公司赔付保险金62 054.76元。

二审法院判决：撤销一审法院判决；驳回被上诉人××培训公司的诉讼请求。

裁判要旨

驾校教练在指导学员训练时，通过教练车的辅助刹车控制驾驶风险，其在车外指导不属于随车指导。学员在训练场地操作失误将在车外指导的教练撞伤，因教练属于风险控制人，不能认定为保险事故第三者，驾校赔偿后无权要求保险公司理赔。

重点提示

根据《道路交通安全法实施条例》第20条的规定可知，学员在学习机动车驾驶技能时，不具有驾驶资格，其学习机动车驾驶技能应当使用教练车，并在教练员随车指导下进行，其间发生交通事故致人身损害的，由教练员承担责任。司法实践中，存在由于学员缺乏驾驶技能将在车下指导的教练撞伤的情况。此种情形下，认定教练的受伤是否属于保险公司的承保范围，颇有争议。对此问题的处理，应当注意以下三点：（1）教练在车外指导不应认定为随车指导。虽然我国相关法律法规对"随车"并未作出明确的释义，也未作出车内或车外的区分，但由于学员在练习驾驶教练车时，其还未具备独立驾驶车辆的能力，有发生交通事故的可能，故《道路交通安全法实施条例》规定，驾校教练在传授驾车技巧时应当随车指导，以便在发生紧急情况时能够使用教练位置的车辆制动系统避免事故的发生。而驾校教练在车外指导不能有效控制教练车，也不能避免事故的发生，故应认定其在车外指导的行为不符合《道路交通安全法实施条例》的立法目的，其在车外指导的行为不应认定为随车指导。（2）教练是教练车风险的控制人，不能认定为本车保险事故的第三者。教练车与一般车辆相比，其具有两套共同的制动系统，作用在于学员在驾驶过程中存在失误或错误驾驶时，教练能够使用另一套制动系统避免交通事故的发生。教练车这样制造的主要目的在于，让教练车驾驶的风险总体控制在教练手中，并在教练传授驾车技巧时保障教练车及学员的人身安全，即控制教练车的风险是教练应尽的职责。因此，教练是教练车的实际控制者、驾驶者，在特定的练习场地不能转化成为教练车保险事故中的第三者。（3）保险公司对教练发生事故时不应承担保险责任。由前述分析可知，对于在驾校练习场地发生的交通事故，应由教练承担责任，且教练无论是在教练车上还是教练车下，均不应认定为教练车保险事故中的第三者。因此，在教练被学员撞伤的情形下，教练并不属于保险公司的承保范围，对教练遭受的人身损害，保险公司无须承担赔偿责任。

10. 驾驶证过期且未换领期间发生事故的保险人应否理赔

【案例】李×乾诉陈×起、中国××财产保险股份有限公司北京分公司财产保险合同纠纷案

案例信息

案例来源：最高人民法院中国应用法学研究所《人民法院案例选》2016年第1辑（总第95辑）

审判法院：北京市丰台区人民法院

判决日期：2014年5月20日

案　　号：（2014）丰民初字第04771号

基本案情

2013年7月，陈×起驾驶小型轿车与步行的李×乾发生碰撞，造成李×乾受伤，车辆损坏。陈×起立即驾车将李×乾送至医院救治后报警。经北京市公安局公安交通管理局丰台交通支队××大队认定，陈×起的驾驶证超

过有效期仍驾驶机动车，且未按照操作规范安全驾驶，是道路交通事故发生的主要原因，李×乾横过道路未走人行横道，是道路交通事故发生的次要原因。事故后，李×乾被送往中国人民解放军第307医院治疗，被诊断为左股骨颈骨折等，共住院30日。出院后，李×乾又被送往北京市丰台区铁营医院住院治疗，被诊断为左股骨颈骨折人工股骨头置换术后等，共住院28日。经中天司法鉴定中心出具司法鉴定认为，李×乾左股骨颈骨折人工股骨头置换术后评定为八级伤残，伤残赔偿指数为30%，交通事故受伤后需营养152日，护理150日，误工152日。李×乾支付鉴定费4400元。

另查明，事故发生时，涉案车辆已经在中国××财产保险股份有限公司北京分公司（以下简称财产保险公司北京分公司）投保了交强险，事故发生在保险期间内。事故发生后，陈×起办理了驾驶证换证手续，新驾驶证有效期为2013年6月至2023年6月，李×乾户籍性质为非农业户口。财产保险公司北京分公司以陈×起的行为满足保险合同中约定驾驶证逾期不理赔的免责条款内容，拒不赔偿保险金额。

李×乾以财产保险公司北京分公司提出的驾驶证逾期不理赔的条款未向其明示，不具有效力，在事故发生时其有驾驶资格为由，提起诉讼，请求判令由财产保险公司北京分公司承担赔偿责任。

陈×起辩称：本人的驾驶证件已在规定的期限内办理，超期1个月内均可办理续期，交通事故发生在驾驶证有效期内，故保险公司仍应承担赔偿责任。本人在事故发生后支付了医药费90 001.9元，其中医疗费的票据中有2万元是李×乾支付的。李×乾的诉讼请求部分和保险公司的意见一致。

财产保险公司北京分公司辩称：本公司对于事故事实及责任认定无异议，事故中驾驶员驾驶证过期，属于没有驾驶资格，补后也属于事故时驾驶人没有驾驶资格；原告计算护理费和营养费的期限有误，且费用的标准过高；交通费数额过高；残疾赔偿金计算标准应按照2012年的标准计算。精神损害抚慰金主张金额过高，鉴定费不属于保险理赔范围。

判决主文

一审法院判决：被告财产保险公司北京分公司在交强险限额内赔偿原告李×乾医药费3716.5元，住院伙食补助费1723.5元、营养费4560元；被告财产保险公司北京分公司赔偿原告李×乾交通费600元、护理费11 870元、残疾赔偿金 60 481.5 元、精神损害抚慰金 11 000 元；被告财产保险公司北京分公司在商业三责险限额内赔偿原告李×乾医疗费 5960.08 元；被告陈×起赔偿原告李×乾鉴定费 3080 元；驳回原告李×乾的其他诉讼请求。

裁判要旨

事故发生时，驾驶人的驾驶证虽已到期，但其在事故发生后，在换证有效期内及时换领驾驶证的，驾驶证仍有效，不属于事故发生时驾驶人未取得驾驶资格的情形，未违反相关法律的禁止性规定，保险人仍应当承担保险责任。

重点提示

在交通领域保险合同中，无证驾驶、肇事逃逸等均是较为常见的免除保险人责任的条款，该类条款不仅规定了保险人得以免除保险赔偿责任的情形，更是我国相关法律法规中明令禁止的违法行为。司法实践中，认定保险人是否应当对驾驶证过期且未换领期间发生的事故承担保险责任的问题时，应当注意以下三点：（1）不宜当然地认为驾驶人持有效期满但未换领新证的驾驶证开车属于无证驾驶。所谓无证驾驶，是指未考取驾驶证或因驾驶证被吊销、准驾许可被注销等原因而使其驾驶资格消灭的驾驶人驾驶车辆的情形。机动车驾驶证存在有效期限，持证人应当在期限届满后及时换证。但在驾驶证过期后，持证人未及时换证并不必然导致驾驶证无效。首先，我国有关机动车驾驶证的法律中明确规定了，机动车驾驶人在驾驶证有效期届满后 1 年内未及时换证的，有关部门将注销其机动车驾驶证。即该规定为机动车驾驶人争取了一定期限的换证宽限期，驾驶人在有效期内按规定换领驾驶证，那么该驾驶证就仍有效。其次，换领驾驶证系行政管理，根据《道路交通安全法实施条例》第 28 条的规定，机动车驾驶证超过有效期，驾驶人不得驾驶机动车。该情形的法律后果与无证驾驶中驾驶人应当承担违法责任的法律后果大不相同。因此，无证驾驶并不包含驾驶证有效期已届满情形。（2）将驾驶人持有效期满但未换领新证就驾驶机动车的行为认定为无证驾驶会违反公平、诚信原则。驾驶证有效期届满与无驾驶证的表达意思并不相同，若想当然地将二者理解为一种形式，会违反公平与诚信原则，不利于平衡投保人与保险人之间的保险利益，并在一定程度上扩大保险人的赔付风险。同时，上述行为也会影响被保险人的合法权益。因此，驾驶人持有效期满但未换领新证就驾驶机动车的行为不属于无证驾驶。

（3）保险人应当对驾驶证过期且未换领期间发生的事故承担保险责任。驾驶员只要通过公安机关车辆管理部门组织的驾驶证资格考试，具有驾驶资格，未被依法取消驾驶资格即应确认具备驾驶资格。事故发生时，驾驶人的驾驶证虽已到期，但在事故发生后按照规定换领了驾驶证，因此在事故发生时驾驶人并不属于未取得驾驶资格的情形，也就不属于违反法律、行政法规中的禁止性规定情形，保险公司不得对此作扩大解释。保险人以无驾驶证为责任免除情形，以此为由主张不承担保险责任的，人民法院不予支持。故保险人不可以投保人的驾驶证超过有效期为由拒绝赔偿。

11. 车辆因被盗起火造成的损失是否属于盗抢险赔偿范围

【案例】李×诉××联合财产保险股份有限公司南阳中心支公司财产损失保险合同纠纷案

案例信息

案例来源：《人民法院报》2012年8月30日刊载

审判法院：河南省南阳市中级人民法院

判决日期：2012年6月29日

案　　号：（2012）南民一终字第386号

基本案情

马×为自有车辆在××联合财产保险股份有限公司南阳中心支公司（以下简称财险公司）购买了包括盗抢险在内的机动车商业险，其中盗抢险保险金额为8万元，并缴纳了保险费用。两个月后，马×将投保车辆卖给了李×。次月，投保车辆在遭到不法分子盗窃过程中，引起电路短路而起火，以致报废。之后，经认证，该车辆残值价值为人民币2000元。保险事故发生后，马×以盗抢险事实发生为由，向财险公司索赔被拒绝。

李×遂以其购买的车辆购买了盗抢险且盗抢险事实已经发生为由，提起诉讼，请求判令财险公司赔偿其损失。

财险公司辩称：事故车辆未被盗窃成功，且车辆的损失系因起火造成的，不属于盗抢险理赔范围，本公司不应理赔。

一审判决后，财险公司不服，提起上诉。

判决主文

一审法院判决：被告财险公司赔偿原告李×因车辆被盗造成损失的保险赔偿金 7.8 万元。

二审法院判决：驳回上诉，维持原判。

裁判要旨

保险车辆因遭到盗窃而引发线路短路起火并烧毁，构成盗抢险的保险责任事故，保险公司应当承担保险责任。

重点提示

对于保险车辆因盗窃行为烧毁是否在盗抢险的保险赔偿范围内，司法实践中存在争议，针对这一问题应当注意以下两点：（1）从因果关系角度分析。要想认定保险车辆因盗窃行为被烧毁的事故是否构成盗抢险的保险责任事故，应当首先确认盗窃行为与车辆损毁的后果之间是否具有法律上的因果关系。在我国的民事法律关系体系中，认定行为与结果之间存在因果关系，应当具备以下三个特征：①连续性，即要求行为与结果之间在时间上存在先后顺序，应当行为在先，结果在后；②客观性，应当以社会一般人在通常情况下对该行为可能产生的后果可以预见作为标准；③高度盖然性，即当人们对行为与结果之间的认识达不到逻辑必然性条件时，如果一方当事人提出的证据已经足以证明行为与结果之间存在较强的因果联系的，人民法院可以采纳该证据。就盗窃行为与车辆起火被烧毁的结果之间，首先在时间上具有连续性，且通过技术手段以及报警记录等证据均可以判断盗窃行为是否存在，若认定车辆起火的原因是由盗窃行为引起的，则应认定盗窃行为与车辆被烧毁的结果之间具有法律上的因果关系。（2）从格式条款的解释角度分析。所谓盗抢险，是指保险车辆全车被盗窃或被抢劫，对被保险人造成的直接经济损失，保险人应按保险金额或出险时车辆实际价值进行赔偿。在盗抢险的保险条款中，必然会对保险事故的范围进行约定，通常来讲，盗抢险的保险责任包括因被盗窃、被抢劫、被抢夺造成保险车辆的损失，以及因保险车辆被盗窃、被抢劫、被抢夺造成的合理费用支出，对于此类条款的理解，应当参照《民法典》第 498 条的有关规定，作出不利于提供格式条款一方的解释，也就是说，在没有特殊约定的情况下，只要是因遭受盗窃、抢劫、抢夺的行为而造成的损失都应由保险公司进行理赔，即因盗窃行为引发的车辆烧毁，属于保险公司理赔范围内的保险事故。

二、责任保险合同

1. 上门静脉输液致死是否属于医疗责任险免赔情形

【案例】 滨海县××中心卫生院诉中华××财产保险股份有限公司盐城中心支公司责任保险合同纠纷案

案例信息

案例来源：最高人民法院《人民司法·案例》2018年第17期（总第820期）
审判法院：江苏省盐城市中级人民法院
判决日期：2017年7月10日
案　　号：（2017）苏09民终1228号

基本案情

2015年12月，滨海县××中心卫生院（以下简称卫生院）在中华××财产保险股份有限公司盐城中心支公司（以下简称财保支公司）投保了医疗责任险并交纳了保费，保险合同约定：保险期间为2016年1月1日至2016年12月31日，执行地点是诊所或卫生所（仅有门诊业务）；在保险期间或追溯期限内及在承保区域范围内，卫生院的医务人员在从事与其资格相符的诊疗护理中，因执业过失造成患者人身损害的，财保支公司应承担赔偿责任；其中责任免除条款约定："出现下列任一情形时，财保支公司不负赔偿责任：（一）未经国家有关部门认定合格的医务人员进行的诊疗护理工作；（二）被保险人从事未经国家有关部门许可的诊疗护理工作……"次年2月，卫生院聘用的具有执业助理医师证的刘×甲到患有发热、咳嗽症状的刘×乙家中，按照前一天的处方继续为其输液的3~4分钟后，刘×乙出现不适，经抢救无效死亡。当月，卫生院以"药物过敏"导致死亡为由作出居民死亡医学证明书。滨海县医学会次月就此事故作出了专家分析意见书，认定卫生院负主要责任。

卫生院以其已为诊所的执业医生投保责任保险，事故发生在保险期限内，财保支公司应承担保险赔偿责任为由，提起诉讼，请求判令财保支公司支付医疗责任保险金20万元。

一审判决后，卫生院不服，提起上诉称：首先，一审法院依据部门规章《村卫生室管理办法》的规定认定刘×甲至刘×乙家中输液的行为有违医疗规范错误，刘×甲具有执业医师资格，其上门服务的行为未违反法律法规的规定；其行为即使违反部门规章的规定导致患者死亡，也属于医疗事故；不属于保险合同中约定免责事项。其次，本医院的门诊业务包括急诊和出诊，符合保单中机构类别注有"仅有门诊业务的诊所"要求，刘×甲执业助理医师注册地点在友联村，服务对象是友联村村民，可以单独从事上门静脉注射服务，且执业地点在保险责任区域范围内，财保支公司应承担赔偿责任。最后，免责条款属于格式条款，财保支公司未尽提示说明义务，认定该格式条款无效。综上，请求撤销一审法院判决，改判支持本医院的一审诉求。

财保支公司辩称：首先，签订责任保险合同时对免责条款本公司已尽到提示说明义务；其次，刘×甲在不具备相关医疗安全条件的患者家中输液，违反《村卫生室管理办法》中静脉给药的规定，符合保险条款第6条第2款规定的未经国家有关部门许可从事诊疗护理工作的免责范畴；且去患者家中不在保险承保责任范围内。因此，本公司不应承担保险赔偿责任。

判决主文

一审法院判决：驳回原告卫生院的诉讼请求。

二审法院判决：驳回上诉，维持原判。

裁判要旨

医疗机构在保险公司投保责任保险，保险合同约定"出现下列任一情形时，保险人免赔……（二）被保险人从事未经国家有关部门许可的诊疗护理工作"。静脉给药（输液）系风险较高的诊疗方式，按照国家主管部门相关规定应具备防范医疗风险的必要条件。医疗机构的医生在不具备防范医疗风险必要条件的情况下，上门为患者静脉给药（输液），导致患者因发生风险没有相应抢救条件而死亡，该诊疗行为应认定为"未经国家有关部门许可的诊疗护理工作"，根据保险合同约定，保险人免除保险责任。

重点提示

由于乡村医疗条件等客观存在的情况，乡村医疗机构为患者提供上门诊疗服务的情况并不少见。在司法实践中，对于乡村医生为患者提供上门静脉输液服务导致病人死亡是否属于医疗责任险免赔情形的问题，应当注意以下两点：（1）静脉注射属于风险较高的诊疗方式，开展该业务需要相应资质。静脉注射是指把血液、药液、营养液等液体物质直接注射到静脉中，这是医疗活动中最为常见的医疗方法之一，但其操作的过程中仍然存在着较多风险，该风险包括但不限于因输液环境或器具等被污染造成的患者感染，因输液速度过快引发的急性肺气肿，因输液药物浓度较高或刺激性强造成的静脉炎，以及在输液过程中因空气未排净导致空气进入人体等。也正是由于前述风险的存在，我国有关部门对于具有提供静脉注射服务的医疗机构的资质也作出了明确规定，村卫生室只有在符合相关条件，并经县级卫生计生行政部门核准后，方可开展静脉注射输液服务，具体包括具备独立的静脉给药观察室及观察床；配备常用的抢救药品、设备和供氧设备；具备静脉药品配置的条件；开展静脉给药服务的村卫生室人员应当具备预防和处理输液反应的救护措施和急救能力；开展抗药物静脉给药业务的，应当符合抗菌药物临床应用相关规定。（2）乡村医生上门提供静脉输液服务致人死亡时医疗责任险免赔。医疗责任保险是指保险人承保的，因医疗机构执业过失所造成的患者的人身损害，但医疗责任保险的赔偿范围并不包括所有医疗事故。由前述分析可知，医疗行为本身具有较高的风险性，在此过程中也容易导致患者伤残或者死亡，为了平衡医疗责任保险中保险人与被保险人的利益，医务人员有义务遵守国家医疗规范，审慎地采取诊疗措施，尽可能降低医疗事故发生的风险。就乡村医生上门提供静脉输液服务的行为而言，乡村医生作为具备专业医学知识以及相关执业证书的医疗从业人员，理应知晓静脉注射的风险，并应在具备相应风险防范条件的情况下为患者进行静脉输液的治疗，上门进行输液治疗显然不符合风险防范条件，在此情况下造成患者死亡属于医疗事故方的主要责任，构成未经国家有关部门许可的诊疗护理工作，保险人有权拒绝对该事故承担赔偿责任。

2. 雇主责任纠纷中的原告主体资格认定

【案例】马××诉中国××财产保险股份有限公司北京分公司人身保险合同纠纷案

案例信息

案例来源：最高人民法院《人民司法·案例》2019年第26期（总第865期）

审判法院：北京铁路运输法院

判决日期：2017年3月14日

案　　号：（2017）京7101民初52号

基本案情

马××同时受雇于北京旭日××保洁服务有限公司（以下简称旭日公司）、北京××保洁服务有限公司（以下简称保洁公司）、北京竭诚××清洗有限公司（现更名为北京竭诚××环境工程有限公司）三家公司，其中保洁公司及旭日公司均为其在中国××财产保险股份有限公司北京分公司（以下简称财险公司）处购买了一份雇主责任险。2015年11月1日，马××受公司指派进行高楼清洗工作，在工作时从高处摔下，造成胸12椎体爆裂骨折，住院手术治疗19天。

另查明，马××不确定发生事故时的工作由哪家公司指派，其主张由三家公司同时指派。

马××以保洁公司为其投保雇主责任保险，财险公司作为保险人有权对其损害进行赔偿为由提起诉讼，请求法院判令财险公司赔偿其残疾赔偿金10万元、误工费1.6万元、住院伙食补助费570元，共计116 570元。

财险公司辩称：对保险事故的真实性无异议，但在事故发生后，旭日公司已经依据其在本公司投保的雇主责任险向本公司申请索赔，并提交了马××的医疗费用票据以及相关事故证明，本公司在审核后已经向旭日公司赔偿了保险金共计49 405.93元，现该款项已经汇款至旭日公司账户，本次保险事故的理赔已经完成，故不同意马××的诉求，请求法院驳回其诉讼请求。

判决主文

一审法院裁定：驳回原告马××的起诉。

裁判要旨

雇主责任保险是为了分担雇主的风险而设置，被保险人为雇主，原则上由雇主作为原告向保险人主张保险金。在满足法律规定的情形下，作为第三者的雇员可以作为原告向保险人主张保险金。

重点提示

在雇主责任保险纠纷中，原告的主体资格应当如何确定的问题是司法实践中争议的焦点，在此类案件中，对于是应当由受损害的雇员作为原告主张权利，还是由雇主作为原告主张权利的问题，应当注意以下三点：（1）雇主责任险的内容及设立目的。雇主责任是一种无过错责任，即只要雇员在从事雇佣工作的过程中遭受了人身损害，无论雇员是否存在过错，雇主均应当对雇员的损害承担赔偿责任。而雇主责任险作为建设工程安全生产领域的主要险种之一，其具有独特的保险功能。所谓雇主责任险是指被保险人所雇佣的员工在受雇过程中从事与保险单所载明的与被保险人业务有关的工作而遭受意外或患与业务有关的国家规定的职业性疾病，所致伤、残或死亡，被保险人根据《劳动法》及劳动合同应承担的医药费用及经济赔偿责任，包括应支出的诉讼费用，由保险人在规定的赔偿限额内负责赔偿的一种保险。由此可知，雇主责任险保障的对象系雇主，该险种的功能在于转移雇主的风险责任，保险标的则是雇主依法应当对雇员承担的经济赔偿责任，因此，雇主责任险的设立目的应当主要是减轻雇主责任、分担雇主风险。（2）原则上来讲雇主责任险纠纷中应当由雇主向保险人主张保险金。首先，由前述分析可知，雇主责任险中的被保险人以及受益者均为雇主，雇员并非雇主责任险的合同当事人。其次，《保险法》第65条第4款规定，责任保险是指以被保险人对第三者依法应负的赔偿责任为保险标的的保险。也就是说，雇主责任险作为责任保险的一种，其被保险人只能是雇主，而雇员仅是雇主应当赔付的第三者。因此，在通常情况下来讲，雇主责任险纠纷类案件，应当由雇主作为诉讼的原告方主张权利，而雇员不得向保险人主张要求赔偿。（3）特殊情形下可由雇员作为原告直接向保险人主张保险金。

雇主责任险作为责任保险的一种,《保险法》第 65 条第 2 款也同样规定了第三者可以就其应当获得的赔偿直接向保险人主张保险金的法定情形,即"责任保险的被保险人给第三者造成损害,被保险人对第三者应负的赔偿责任确定的,根据被保险人的请求,保险人应当直接向该第三者赔偿保险金。被保险人怠于请求的,第三者有权就应获赔偿部分直接向保险人请求赔偿保险金"。也就是说,雇员作为原告直接向保险人主张保险金,需要满足以下条件:①涉案保险赔偿责任已确定,雇主责任险的保险人承担保险责任以雇主对雇员承担赔偿责任为前提,若雇主没有责任或责任金额无法确定,则不能引起雇主责任险的赔付责任;②雇主作为被保险人怠于行使请求权,此时赔偿保险金请求权发生转让,由作为雇员的第三者代位行使债权请求权,该规定的目的在于保障作为第三者的雇员的合法权益不受侵害,但在实务中应当注意把握如何判断被保险人怠于行使请求权。

3. 关于责任保险的适用问题

【案例】佛山市顺德区××物流有限公司诉××财产保险有限公司广东分公司财产保险合同纠纷案

案例信息

案例来源:最高人民法院中国应用法学研究所《人民法院案例选》2015 年第 1 辑(总第 91 辑)

审判法院:湖南省湘潭市中级人民法院

判决日期:2014 年 10 月 17 日

案 号:(2014)潭中民二终字第 25 号

基本案情

2012 年 8 月,佛山市顺德区××物流有限公司(以下简称物流公司)在××财产保险有限公司广东分公司(以下简称保险公司广东分公司)购买物流责任险,双方签订物流保险合同,保险时间从 2012 年 8 月至 2013 年 8 月,并约定了赔偿限额。2013 年 4 月,物流公司与豫 S472×× 重型半挂牵引车实际车主陈×伟签订货物委托运输书,约定由豫 S472×× 重型半挂牵引车(牵引赣 D79××)运输物流公司的货物。次日,谷×初驾驶豫 S472×× 重型半挂牵引车的行驶途中，该车起火燃烧，造成豫S472××重型半挂牵引车（牵引赣D79××）载货物全部烧毁。后保险公司广东分公司委托北京××保险公估有限公司（以下简称保险公估公司）对火灾现场查勘、损失鉴定及理算。保险公估公司得出结论：依据保单约定，在被保险人不是实际承运人的情况下，被保险人必须将有关业务委托给有资质的并具备合格驾驶证、行驶证及营运证的货运代理人或承运人运输，否则保险人不赔偿造成的任何损失、费用及责任。陈×伟并非有资质的货运代理人或承运人。保险公司广东分公司认为此次事故不属本保单责任范围，保险责任不成立，保险公司广东分公司无需依据保单的约定承担保险赔偿责任。

另查明，豫S472××重型半挂牵引车行驶证登记车主为河南省固始县××汽运有限责任公司，赣D79××登记车主为江西××物流有限公司，豫S472××重型半挂牵引车及赣D79××有中华人民共和国道路运输证。货车驾驶员谷×初具有合法的驾驶资质。

物流公司以保险公司广东分公司拒绝支付理赔款为由，提起诉讼，请求判令保险公司广东分公司向物流公司支付理赔款146万元。

在审理过程中，物流公司申请对火灾损失进行价值鉴定。一审法院依法委托保险公估公司对货物损失进行价值评估并得出结论，物流公司运输车火灾损失的货物的市场价值为人民币139.76万元，评估费15 000元。

保险公司广东分公司辩称：依据《保险法》规定及保单约定，物流公司未向托运人赔偿的，本公司也不能向物流公司赔偿保险金；物流公司转委托陈×伟实际承运，但陈×伟并非有资质的货运代理人或承运人；物流公司存在诈保嫌疑，其索赔主张不应得到支持；假设本公司需向原告赔偿，也应为有限责任。

一审判决后，保险公司广东分公司不服，提起上诉。

物流公司辩称：本案赔偿数额很大，本公司已无法预先赔偿托运人；保险公估公司评估的火灾损失的数额是合法有效的，应予以采信；本公司与托运人的约定是存在的，但是该约定与保险公司广东分公司无关；陈×伟挂靠在合法资质的运输公司。

判决主文

一审法院判决：被告保险公司广东分公司在本判决生效之日起15日内支

付原告物流公司物流责任险保险理赔款125.784万元；驳回原告物流公司的其他诉讼请求。

二审法院判决：驳回上诉，维持原判。

裁判要旨

在保险人承保的责任保险中，被保险人给第三者造成损害的，在被保险人应当对第三者负赔偿责任但怠于进行赔偿的情况下，第三者可直接向保险人进行索赔。

重点提示

随着责任保险制度的完善，受害第三人的利益在实务中更加受到关注，责任保险致力于维护被保险人自身的利益，避免其无力承担巨额赔款的同时，又维护了受害第三人的利益，保障其获得足够的赔偿。司法实践中，认定责任保险的适用问题时，应当注意以下三点：（1）责任保险的认定。所谓责任保险，是指以被保险人对第三者依法应负的赔偿责任作为保险标的的保险。与一般财产保险从保险类型、保险金额、损失情况等方面确认保险人赔偿金额的方式不同。在责任保险中，保险事故发生后，人民法院或者仲裁机构通过判断保险事故的责任划分、受害人的人身财产受损程度等确认被保险人的赔偿金额。但两者均属于赔偿性保险，均可补偿被保险人经济利益损失。一般来说，责任保险的承保方式可以分为以下两种：第一种是作为单独的责任险，即由保险人开具独立保单的责任保险；第二种是不作为单独的责任险，即作为其他保险的组成部分或附加部分承保。（2）责任保险的第三者享有直接请求权。责任保险设立的目的就是保护被保险人。同时，近年来因被保险人侵害而受到损失的第三人也成为保护的重点。《保险法》第65条第2款规定："责任保险的被保险人给第三者造成损害，被保险人对第三者应负的赔偿责任确定的，根据被保险人的请求，保险人应当直接向该第三者赔偿保险金。被保险人怠于请求的，第三者有权就其应获赔偿部分直接向保险人请求赔偿保险金。"该规定充分体现了我国立法者对于第三人合法权益的保护。首先，在确定被保险人侵害了第三人合法权益以及保险人系被保险人债务人的情形下，规定了保险人可依据被保险人的请求将应赔偿的保险金直接支付给第三人。其次，对于第三人的直接请求权给予了直接的肯定，规定若被保人延迟向保险人提出对第三人进行索赔的，第三人有权直接向保险人要求赔偿其应当被赔偿的部分。（3）保险人对被保险人的赔付以被保险人已向第三者赔偿为前提。《保险法》第65条第3款规定："责任保险的被保险人给第三者造成损害，被保险人未向该第三者赔偿的，保险人不得向被保险人赔偿保险金。"由此可知，在被保险人未将保险金请求权转移给第三人的情形下，只有当被保险人已经向第三人作出赔偿后，保险人才会向被保险人进行赔付。同时，被保险人也要向保险人对其已经向第三人赔偿的情况作出证明。因此，保险人向被保险人支付赔偿金应当满足以下两个条件：一是被保险人要举证证明其对第三人已经进行了赔偿，例如出具收据等；二是保险人也应当在向被保险人进行赔付前，审查被保险人是否向第三人履行了赔偿。

附录　保险纠纷相关法律规定

一、法律类

1. 中华人民共和国社会保险法（2018年12月29日）
2. 中华人民共和国劳动法（2018年12月29日）
3. 中华人民共和国保险法（2015年4月24日）
4. 中华人民共和国军人保险法（2012年4月27日）
5. 中华人民共和国海商法（1992年11月7日）

二、法规类

（一）行政法规

1. 社会保险经办条例（2023年8月16日）
2. 中华人民共和国外资保险公司管理条例（2019年9月30日）
3. 社会保险费征缴暂行条例（2019年3月24日）
4. 机动车交通事故责任强制保险条例（2019年3月2日）
5. 农业保险条例（2016年2月6日）
6. 存款保险条例（2015年2月17日）
7. 工伤保险条例（2010年12月20日）
8. 失业保险条例（1999年1月22日）

（二）地方性法规

1. 广东省失业保险条例（2025年1月12日）
2. 湖南省社会保险基金监管条例（2023年11月30日）
3. 浙江省失业保险条例（2022年7月29日）
4. 福建省失业保险条例（2022年5月27日）
5. 海南省城镇从业人员基本医疗保险条例（2022年3月25日）
6. 海南省城镇从业人员生育保险条例（2022年3月25日）
7. 山西省城乡居民补充养老保险条例（2020年11月27日）

8. 浙江省工伤保险条例（2020年9月24日）

9. 江苏省社会保险费征缴条例（2020年7月31日）

10. 江苏省社会保险基金监督条例（2020年7月31日）

11. 四川省工伤保险条例（2020年7月31日）

12. 天津市基本医疗保险条例（2019年12月11日）

13. 广东省工伤保险条例（2019年5月21日）

14. 黑龙江省失业保险条例（2018年4月26日）

15. 广东省社会保险基金监督条例（2016年3月31日）

16. 内蒙古自治区城镇基本医疗保险条例（2015年11月25日）

17. 福建省城镇企业职工基本养老保险条例（2012年3月31日）

18. 广东省社会养老保险条例（2012年1月9日）

19. 重庆市失业保险条例（2011年11月29日）

20. 贵州省工伤保险条例（2011年11月23日）

21. 海南省城镇从业人员失业保险条例（2011年9月28日）

三、司法解释及文件类

1. 最高人民法院关于审理海上保险纠纷案件若干问题的规定（2020年12月29日）

2. 最高人民法院关于适用《中华人民共和国保险法》若干问题的解释（二）（2020年12月29日）

3. 最高人民法院关于适用《中华人民共和国保险法》若干问题的解释（三）（2020年12月29日）

4. 最高人民法院关于适用《中华人民共和国保险法》若干问题的解释（四）（2020年12月29日）

5. 最高人民检察院关于贪污养老、医疗等社会保险基金能否适用《最高人民法院最高人民检察院关于办理贪污贿赂刑事案件适用法律若干问题的解释》第一条第二款第一项规定的批复（2017年7月26日）

6. 最高人民法院关于海上保险合同的保险人行使代位请求赔偿权利的诉讼时效期间起算日的批复（2014年12月25日）

7. 最高人民法院关于审理工伤保险行政案件若干问题的规定（2014年6月18日）

8. 最高人民法院关于审理出口信用保险合同纠纷案件适用相关法律问题的批复（2013年5月2日）

9. 最高人民法院关于适用《中华人民共和国保险法》若干问题的解释（一）（2009年9月21日）

10. 最高人民检察院关于挪用失业保险基金和下岗职工基本生活保障资金的行为适用法律问题的批复（2003年1月28日）

11. 最高人民法院关于实行社会保险的企业破产后各种社会保险统筹费用应缴纳至何时问题的批复（1996年11月22日）

12. 最高人民法院、中国保险监督管理委员会关于全面推进保险纠纷诉讼与调解对接机制建设的意见（2016年11月4日）

13. 最高人民法院关于申请人彭某与被申请人中国人民财产保险股份有限公司杭州市分公司申请确认仲裁协议效力纠纷一案请示的答复（2016年5月13日）

14. 最高人民法院、中国保险监督管理委员会关于在全国部分地区开展建立保险纠纷诉讼与调解对接机制试点工作的通知（2012年12月18日）

15. 最高人民法院关于汽船互保协会（百慕大）与中国人民财产保险股份有限公司厦门分公司海上保险合同纠纷一案时效法律适用问题的请示的复函（2012年8月1日）

16. 最高人民法院关于在道路交通事故损害赔偿纠纷案件中机动车交通事故责任强制保险中的分项限额能否突破的请示的答复（2012年5月29日）

17. 最高人民法院关于原告潮州市亚太能源有限公司诉被告华阳国际海运有限公司、宏州船务有限公司、中国人民财产保险股份有限公司江苏省分公司海上货物运输合同纠纷管辖权异议案请示报告的复函（2012年5月16日）

18. 最高人民法院关于保证保险合同纠纷案件法律适用问题的答复（2010年6月24日）

19. 最高人民法院行政审判庭关于超过法定退休年龄的进城务工农民因工伤亡的，应否适用《工伤保险条例》请示的答复（2010年3月17日）

20. 最高人民法院关于对安徽省高级人民法院如何理解和适用《机动车交通事故责任强制保险条例》第二十二条的请示的复函（2009年10月20日）

21. 最高人民法院行政审判庭关于《工伤保险条例》第六十四条理解和适用问题请示的答复（2009年6月10日）

22. 最高人民法院行政审判庭关于离退休人员与现工作单位之间是否构成劳动关系以及工作时间内受伤是否适用《工伤保险条例》问题的答复（2007年7月5日）

23. 最高人民法院关于因第三人造成工伤的职工或其亲属在获得民事赔偿后是否还可以获得工伤保险补偿问题的答复（2006年12月28日）

24. 最高人民法院行政审判庭关于工伤保险条例时间效力问题的答复（2005年7月5日）

25. 最高人民法院行政审判庭关于如何适用〈工伤保险条例〉第十四条第（六）项及第十六条第（一）项如何理解的答复（2005年4月1日）

26. 最高人民法院研究室关于新的人身损害赔偿审理标准是否适用于未到期机动车第三者责任保险合同问题的答复（2004年6月4日）

27. 最高人民法院关于学校向学生推销保险收取保险公司佣金入账的行为是否构成不正当竞争行为的答复（2004年1月8日）

28. 最高人民法院关于审理涉及保险公司不正当竞争行为的行政处罚案件时如何确定行政主体问题的复函（2003年12月10日）

29. 最高人民法院关于如何理解《中华人民共和国保险法》第六十五条"自杀"含义的请示的答复（2002年3月6日）

30. 最高人民法院关于保险船舶发生保险事故后造成第三者船舶沉没而引起的清理航道费用是否属于直接损失的复函（2001年2月28日）

31. 最高人民法院关于在审理和执行民事、经济纠纷案件时不得查封、冻结和扣划社会保险基金的通知（2000年2月18日）

32. 最高人民法院研究室关于对《保险法》第十七条规定的"明确说明"应如何理解的问题的答复（2000年1月24日）

33. 最高人民检察院法律政策研究室关于保险诈骗未遂能否按犯罪处理问题的答复（1998年11月27日）

34. 最高人民法院行政审判庭关于拖欠社会保险基金纠纷是否由法院主管的答复（1998年3月25日）

35. 最高人民法院关于中国人民保险公司营口市支公司的债务可否由中国人民保险公司承担的函（1996年8月19日）

四、部门规章及规范性文件类

1. 失业保险金申领发放办法（2024年6月14日）
2. 银行保险机构操作风险管理办法（2023年12月27日）
3. 保险销售行为管理办法（2023年9月20日）
4. 社会保险基金监督举报工作管理办法（2023年1月17日）
5. 银行保险监管统计管理办法（2022年12月25日）
6. 银行保险机构消费者权益保护管理办法（2022年12月12日）
7. 人身保险产品信息披露管理办法（2022年11月11日）
8. 保险保障基金管理办法（2022年10月26日）
9. 保险资产管理公司管理规定（2022年7月28日）
10. 社会保险基金行政监督办法（2022年2月9日）
11. 保险公司非现场监管暂行办法（2022年1月16日）
12. 银行保险机构关联交易管理办法（2022年1月11日）
13. 保险集团公司监督管理办法（2021年11月24日）
14. 保险中介行政许可及备案实施办法（2021年10月28日）
15. 保险公司非寿险业务准备金管理办法（2021年10月15日）
16. 财产保险公司保险条款和保险费率管理办法（2021年8月16日）
17. 中国银行保险监督管理委员会派出机构监管职责规定（2021年7月30日）
18. 再保险业务管理规定（2021年7月21日）
19. 保险公司董事、监事和高级管理人员任职资格管理规定（2021年6月3日）
20. 银行保险机构董事监事履职评价办法（2021年5月20日）
21. 银行保险机构许可证管理办法（2021年4月28日）
22. 中华人民共和国外资保险公司管理条例实施细则（2021年3月10日）
23. 保险公司偿付能力管理规定（2021年1月15日）
24. 互联网保险业务监管办法（2020年12月7日）
25. 保险代理人监管规定（2020年11月12日）
26. 银行保险机构应对突发事件金融服务管理办法（2020年9月9日）
27. 基本医疗保险用药管理暂行办法（2020年7月30日）
28. 保险资产管理产品管理暂行办法（2020年3月18日）

29. 银行业保险业消费投诉处理管理办法（2020年1月14日）

30. 银行保险违法行为举报处理办法（2019年12月25日）

31. 香港澳门台湾居民在内地（大陆）参加社会保险暂行办法（2019年11月29日）

32. 健康保险管理办法（2019年10月31日）

33. 社会保险基金先行支付暂行办法（2018年12月14日）

34. 工伤保险辅助器具配置管理办法（2018年12月14日）

35. 保险公司信息披露管理办法（2018年4月28日）

36. 保险公司股权管理办法（2018年3月2日）

37. 外国保险机构驻华代表机构管理办法（2018年2月13日）

38. 保险公司次级定期债务管理办法（2018年2月13日）

39. 保险经纪人监管规定（2018年2月1日）

40. 保险公估人监管规定（2018年2月1日）

41. 保险资金运用管理办法（2018年1月24日）

42. 人身保险公司保险条款和保险费率管理办法（2015年10月19日）

43. 保险公司管理规定（2015年10月19日）

44. 保险公司设立境外保险类机构管理办法（2015年10月19日）

45. 中国保险监督管理委员会规章制定程序规定（2013年11月15日）

46. 中华人民共和国船舶油污损害民事责任保险实施办法（2013年8月31日）

47. 保险公司控股股东管理办法（2012年7月25日）

48. 国家金融监督管理总局关于印发《反保险欺诈工作办法》的通知（2024年7月22日）

49. 国家金融监督管理总局、上海市人民政府关于加快上海国际再保险中心建设的实施意见（2024年7月19日）

50. 国家金融监督管理总局关于加强和改进互联网财产保险业务监管有关事项的通知（2024年7月17日）

51. 公开发行证券的公司信息披露编报规则第4号——保险公司信息披露特别规定（2024年6月21日）

52. 国家金融监督管理总局关于推进普惠保险高质量发展的指导意见（2024年5月29日）

53. 工业和信息化部、财政部、金融监管总局关于进一步完善首台（套）重大技术装备首批次新材料保险补偿政策的意见（2024年5月24日）

54. 财政部、农业农村部、国家金融监管总局关于在全国全面实施三大粮食作物完全成本保险和种植收入保险政策的通知（2024年5月21日）

55. 国家金融监督管理总局关于银行业保险业做好金融"五篇大文章"的指导意见（2024年5月9日）

56. 国家金融监督管理总局关于商业银行代理保险业务有关事项的通知（2024年4月28日）

57. 人力资源社会保障部、财政部、国家税务总局关于延续实施失业保险援企稳岗政策的通知（2024年4月26日）

58. 国家医疗保障局关于印发《长期护理保险失能等级评估机构定点管理办法（试行）》的通知（2024年4月25日）

59. 国家金融监督管理总局关于推动绿色保险高质量发展的指导意见（2024年4月20日）

60. 国家金融监督管理总局关于印发人身保险公司监管评级办法的通知（2024年3月18日）

61. 国家金融监督管理总局、财政部关于扩大城乡居民住宅巨灾保险保障范围、进一步完善巨灾保险制度的通知（2024年2月24日）

62. 国家金融监督管理总局办公厅关于印发科技保险业务统计制度的通知（2024年1月18日）

63. 财政部、农业农村部、金融监管总局关于实施天然橡胶综合保险政策的通知（2023年12月8日）

64. 国家医保局、财政部关于印发《长期护理保险失能等级评估管理办法（试行）》的通知（2023年12月1日）

65. 国家金融监督管理总局关于印发养老保险公司监督管理暂行办法的通知（2023年11月25日）

66. 国家金融监督管理总局关于印发《银行保险机构涉刑案件风险防控管理办法》的通知（2023年11月2日）

67. 国家金融监管总局关于促进专属商业养老保险发展有关事项的通知（2023年10月20日）

68. 国家金融监督管理总局关于加强中国出口信用保险公司地市级分支机

构管理有关事项的通知（2023年10月16日）

　　69.财政部、税务总局关于保险保障基金有关税收政策的通知（2023年9月22日）

　　70.国家金融监督管理总局关于优化保险公司偿付能力监管标准的通知（2023年9月10日）

　　71.国家金融监管总局关于个人税收递延型商业养老保险试点与个人养老金衔接有关事项的通知（2023年8月31日）

　　72.财政部办公厅关于积极做好农业保险防汛救灾工作有关事项的通知（2023年8月14日）

　　73.国家金融监督管理总局关于适用商业健康保险个人所得税优惠政策产品有关事项的通知（2023年7月4日）

　　74.工业和信息化部、国家金融监督管理总局关于促进网络安全保险规范健康发展的意见（2023年7月2日）

　　75.中国银保监会关于印发农业保险精算规定（试行）的通知（2023年4月21日）

　　76.人力资源社会保障部、财政部、国家税务总局关于阶段性降低失业保险、工伤保险费率有关问题的通知（2023年3月29日）

　　77.应急管理部关于废止原国家安全监管总局印发的《关于在高危行业推进安全生产责任保险的指导意见》的通知（2023年2月21日）